Stephen Cherniske

DHEA: Die Pille für ein langes Leben

Deutsch von Sebastian Vogel

Rowohlt

Die Originalausgabe erschien
1996 unter dem Titel «The DHEA Breakthrough»
bei Ballantine Books, New York

Redaktion Heiner Höfener

Die Ratschläge, Informationen und Hinweise, die dieses Buch bietet, wollen nicht ärztliche Beratung ersetzen. Das hier dargestellte Programm sollte unter fachkundiger Beobachtung durchgeführt werden.

1. Auflage Januar 1998

Schutzumschlaggestaltung Barbara Thoben
(Foto: G + J Photonica, Peter Zeray)
Satz aus der Life PostScript PageOne
Gesamtherstellung Clausen & Bosse, Leck
Printed in Germany
ISBN 3 498 00916 8

Inhalt

Für Deborah, meine Frau und beste Freundin,
und für unsere Söhne Daniel und Mikhail

Einleitung

Wenn man einen gesunden Körper behalten will, ist das wichtigste ein aufgeschlossener Geist. Eine zynische Einstellung behindert das Lernen, aber blindes Hinnehmen ist genauso schädlich: Es führt letztlich zu Verwirrung, Irrtümern und Enttäuschung. Dieses Buch soll Ihnen die Informationen und Hilfsmittel an die Hand geben, mit denen Sie sich eine optimale Gesundheit sichern können, ohne daß Sie hinters Licht geführt werden oder Ihr Wohlbefinden gefährden.

Sie können gleich jetzt losgehen und sich DHEA besorgen, ein hochwirksames Hormon, das überall in Körper und Gehirn bemerkenswerte biologische Wirkungen entfaltet. Sie haben die Wahl zwischen Kapseln und Tabletten und Sprays, und bald wird es auch Hautpflaster geben. DHEA-Kaugummis liegen bei mehr als einer Firma schon in der Schublade. Was ist da los?

Der Verkäufer wird Ihnen erklären, daß man mit DHEA länger leben kann; es steigert das sexuelle Verlangen, vermindert das Risiko für Herzkrankheiten, Krebs und Diabetes und sorgt dafür, daß man sich zwanzig Jahre jünger fühlt. Und wenn Sie nach Risiken und Nebenwirkungen fragen, wird man Ihnen sagen, daß alles völlig natürlich ist.

An dieser Stelle sollte man an zweierlei denken. Erstens gibt es eine Fülle ganz natürlicher Wirkstoffe, an denen man sterben kann. Und zweitens: Sollte man überhaupt jemandem trauen, der keine Ausbildung in Medizin oder Gesundheitsvorsorge hat? An wen kann man sich also wenden, wenn man einen qualifizierten

Ratschlag braucht? Immerhin nehmen vielleicht schon viele Ihrer Bekannten DHEA und berichten über erstaunliche Wirkungen. Wenn die Behauptungen auch nur zur Hälfte stimmen, sollte man es sich nicht entgehen lassen.

Leider können Sie nicht damit rechnen, daß Ihr Arzt in Sachen DHEA auf dem neuesten Stand ist. Er hat das Hormon vielleicht in seltenen Fällen bei einem Verdacht auf eine Fehlfunktion der Nebennieren gemessen, aber die wenigsten Ärzte kennen die Flut neuer Forschungsergebnisse aus der ganzen Welt, wonach DHEA tatsächlich alle Wirkungen hat, von denen der Verkäufer redet.

Dieses Buch soll eine ausgewogene Meinung vermitteln, wobei das häufig vernachlässigte Thema der Sicherheit nicht zu kurz kommt. Noch wichtiger ist aber etwas anderes: Dieses Buch handelt nicht von einer Pille, sondern von einem *Programm,* einer umfassenden Methode, um länger und besser zu leben. Das DHEA-Programm bezieht die neuesten Forschungsergebnisse über das Hormon mit ein und vermittelt gezielte Handlungsanweisungen, mit denen man die bestmögliche Gesundheit und ein langes Leben erreichen kann. Ich schlage vor, das Buch sorgfältig zu lesen und gemeinsam mit dem Arzt kluge Entscheidungen zu treffen. Eines ist sicher: Ignorieren sollte man DHEA nicht.

Was ist DHEA eigentlich?

DHEA ist die Abkürzung für ein Hormon, das von den Nebennieren produziert wird und mit vollem Namen Dehydroepiandrosteron heißt. Daß es mittlerweile zu einem Alltagswort geworden ist (zumindest in Millionen amerikanischen Haushalten), ist eigentlich nicht verwunderlich angesichts der amerikanischen Mentalität, der immer älter werdenden Bevölkerung und des von mir so genannten «Gesundheitswahns».

In unserer konsumorientierten Gesellschaft tauchen offenbar jedes Jahr zwei oder drei «erstaunliche» Entdeckungen auf, die sofortiges Abnehmen oder vollkommene Gesundheit versprechen, und allen ist gemeinsam, daß sie mühelos funktionieren. Im nächsten Jahr gibt es natürlich ein paar neue Wundermittel, und die alten werden zugunsten des Neueren, Besseren schlechtgemacht oder nicht mehr erwähnt. Ich möchte nicht, daß es mit DHEA genauso geht.

Tabletten mit reinem DHEA sind mittlerweile im Versandhandel zu haben, und sie werden mit farbigen Broschüren geliefert, die abenteuerliche Behauptungen aufstellen. Nach vielen Jahren der Forschung kann ich versichern: DHEA ist *nicht* nur mal wieder eine neue Schrulle. Aber wenn man es wie eine Schrulle behandelt, in den Himmel hebt, als Wundermittel verkauft und aus Habgier fördert, verlieren wir am Ende etwas höchst Wertvolles und Vielversprechendes. Wundermittel verursachen Probleme. Wird ein Produkt wie DHEA von uninformierten und/oder unmoralischen Personen verkauft, werden die Verbraucher es unklug anwenden und sich Schaden zufügen. Außerdem besteht die Gefahr, daß Hersteller die reine Substanz verdünnen und Mißtrauen säen. Dieses Buch soll dazu beitragen, diese Fallstricke zu vermeiden.

Die DHEA-Forschung kommt in Schwung

Wie viele Biochemiker, so bin auch ich schon seit über zehn Jahren von DHEA fasziniert. Jahrelang brachte ich meine Unterlagen ungefähr alle sechs Monate auf den neuesten Stand, indem ich aus der medizinischen Fachliteratur der ganzen Welt 20 bis 30 neue Studien hinzufügte. Heute erfolgt diese Aktualisierung automatisch. Ich logge mich einfach bei einer internationalen Datenbank ein, frage alle seit meiner letzten Aktualisierung erschienenen Untersuchungen ab und arbeite weiter. Später, wenn ich Zeit habe, sehe ich die Forschungsergebnisse durch und ordne das Material in die zugehörigen Dateiverzeichnisse ein. Beschäftigt sich eine Studie beispielsweise mit den Wirkungen von DHEA auf den Cholesterinspiegel, kopiere ich sie in mein Verzeichnis über Herzkrankheiten.

Dann, im Januar 1994, bemerkte ich plötzlich, daß die Computerabfrage viel zu lange dauerte. Erst dachte ich, etwas sei nicht in Ordnung, aber dann mußte ich zusehen, wie über 120 Studien über meinen Bildschirm flimmerten. Ein halbes Jahr später waren es weitere 185 und nach nochmals einem halben Jahr 244. Plötzlich heizte sich die DHEA-Forschung gewaltig auf.

Während der ganzen siebziger und achtziger Jahre ignorierten die Wissenschaftler das DHEA, und zwar aus den gleichen Gründen wie beim Vitamin E. Es paßte einfach nicht in die herrschende Lehre, die jahrhundertelang auf Mangelkrankheiten fixiert war. Man stelle sich nur einmal vor, wie sich die Entdeckung einer Mangelkrankheit auswirkt. In südlichen Ländern leiden Tausende von Menschen an Pellagra, und dann findet jemand heraus, daß Niacinmangel die Ursache ist. Bingo – nach fünf Jahren ist die Krankheit verschwunden. Oder denken wir an die Entdeckung, daß ein wenig Thiamin die Beriberi verhindert. Solche Erkenntnisse haben Helden geschaffen, aber auch eine ganz bestimmte Geisteshaltung: Danach ist ein Wirkstoff nur dann wirklich wichtig, wenn sein Mangel eine Krankheit hervorruft.

Aber durch einen Mangel an Vitamin E oder DHEA entsteht keine erkennbare Krankheit. Er kann allerdings alle möglichen *unsichtbaren* Gesundheitsstörungen wie beispielsweise Atherosklerose hervorrufen, aber diese Zusammenhänge werden jetzt gerade erst deutlich. Tatsächlich wissen wir mittlerweile, daß die Aufnahme von 100 bis 400 IE Vitamin E das Risiko für Herzkrankheiten um bis zu 40 Prozent senken kann. Dennoch hält das Food and Nutrition Board der USA bisher an einer empfohlenen Tagesdosis von nur 15 IE fest, und als einen der wichtigsten Gründe führt sie an, daß es keine Mangelkrankheit gibt.

Genauso war es mit DHEA. Es wird zwar in unserem Organismus von allen Steroidhormonen in den größten Mengen produziert, und seine Abnahme mit dem Alter hat in der Biochemie des Menschen nicht ihresgleichen, aber dieser Rückgang läßt ebenfalls keine sichtbare Erkrankung entstehen, und deshalb denkt man: Nun ja, so wichtig kann es ja nicht sein.

Ich werde Belege anführen, daß der Rückgang des DHEA-Spiegels in unserem Körper tatsächlich eine wohlbekannte Krankheit entstehen läßt: den Tod. Möglicherweise ist die Abnahme der DHEA-Konzentration sogar der genetische Auslöser des Alterns, der sowohl eine Wirkung als auch eine Mitursache der Vergreisung darstellt. Daß man so lange brauchte, um das herauszufinden, liegt daran, daß DHEA wie Vitamin E ein breites Wirkungsspektrum hat. Es findet sich nicht nur in einem bestimmten Gewebe und hat nicht nur einen spezifischen Rezeptor. DHEA ist überall in unserem Körper, und deshalb konnten die Wissenschaftler den Wald vor lauter Bäumen nicht sehen.

Eine bahnbrechende Tagung

Aber das alles hat sich geändert. In den neunziger Jahren verstärkte sich die DHEA-Forschung auf der ganzen Welt explosionsartig, und die Wissenschaftler entdeckten Zusammenhänge zwischen dem Hormon und einer Fülle von Krankheiten. Eine wichtige Tagung, die 1995 von der angesehenen New York Academy of Sciences gefördert wurde, rückte viele dieser aufregenden Untersuchungen ins öffentliche Rampenlicht. Schon das Thema der Tagung, «DHEA und Altern», klang provokativ, und bald darauf redeten alle von dem neuen Wundermittel.

Als ich das Tagungsprogramm sah, wußte ich genau, was geschehen würde. Ich hatte schon miterlebt, wie unbedeutendere Wirkstoffe durch Medienrummel und Industriereklame über

Nacht zu Zaubermitteln wurden. Hier ging es um eine höchst vielversprechende biochemische Substanz, und die Grundlage waren handfeste wissenschaftliche Befunde. Die Vortragenden sprachen über die Wirkungen von DHEA auf Immunabwehr, Altern, Energiestoffwechsel, biochemische Abläufe im Gehirn, Geist, Stimmungslage und Verhalten. Aber anders als auf vielen anderen Tagungen, die ich besucht habe, waren hier alle bemüht, ihre bemerkenswerten Befunde *herunterzuspielen*. Über die berufliche Bescheidenheit hinaus, die man von einem Wissenschaftler erwartet, war es vielleicht das gemeinsame Gefühl, daß diese außergewöhnlichen Erkenntnisse zu schön waren, um wahr zu sein. Eine Arbeitsgruppe sprach es ganz deutlich aus:

> «Wir müssen skeptisch sein, wenn ein einziges Steroid bei fettsüchtigen Tieren zur Gewichtsabnahme führt, bei diabetischen Tieren den Blutzuckerspiegel senkt, den Cholesterinspiegel vermindert, Atherosklerose vorbeugt, die Aktivität des Immunsystems verstärkt, die Tumorbildung unterdrückt und bei älteren Mäusen auch noch das Gedächtnis verbessert.»

Was Wunder, daß diese Tagung das Interesse der Medien weckte. Reporter streiften durch die Säle und suchten nach Meldungen, aber die Wissenschaftler reagierten in der Regel zurückhaltend und bezeichneten die Ergebnisse als vorläufig: es seien weitere Untersuchungen notwendig, Empfehlungen für die Anwendung von DHEA am Menschen könne man nicht abgeben.

Das war natürlich gelogen. Sie meinten damit, man könne keine *öffentliche* Empfehlung abgeben. Das stillschweigende Geheimnis auf der Tagung bestand darin, daß viele der Vortragenden selbst DHEA nahmen. Das weiß ich, weil ich zu dieser kleinen Gemeinschaft gehörte und neue Nachrichten über die Wirkungen der Substanz mit Kollegen überall im Land austauschte. Wir machten uns sogar oft darüber lustig, wie Wissenschaftler am Ende stets zusätzliches DHEA für «zukünftige Untersuchungen» kauften.

Daß Wissenschaftler eifrig im Selbstversuch mit einem hochwirksamen Hormon experimentieren, versteht man leicht, wenn man die auf der Tagung vorgestellten Forschungsergebnisse liest: Wie manche Studien zeigen, führt DHEA zu einer drastischen Senkung des Risikos für Herzkrankheiten, Diabetes, Osteoporose und Krebs; es verstärkt die Sexualfunktion, heilt Impotenz und verbessert Gedächtnis und Aufmerksamkeit. Zu den besten Nachrichten gehörte die über die schlankmachende Wirkung. DHEA ist nicht einfach ein Appetitzügler; wie sich in den Studien herausstellte, verändert es den Stoffwechsel so, daß Fett schneller verbrannt wird und die Muskelmasse zunimmt. Es hätte mich sehr gewundert, wenn jemand, der an diesen bahnbrechenden Studien beteiligt war, den Wirkstoff *nicht* genommen hätte.

Am Ende der Tagung waren wir uns alle bewußt, daß wir den Geist aus der Flasche gelassen hatten und eine gewisse Kontrolle über die Medien ausüben mußten. Deshalb wurde eine Marschrichtung festgelegt: Den Reportern wurde gesagt, DHEA sei ein behördlich kontrollierter Wirkstoff, der nur in wenigen Apotheken auf Rezept zu bekommen sei.

In Wirklichkeit kennt jeder von uns Ärzte, die Rezepte so schnell ausgeben, wie sie nur schreiben können. Wir wußten, daß es einen wachsenden «grauen Markt» für DHEA gab, daß AIDS-Patienten und solche mit chronischer Müdigkeit es in ihren Selbsthilfegruppen verkauften und daß es in den Umkleideräumen der Sportler überall im Land das Tagesgespräch war. Jede Woche, so schien es, redeten mehr Leute über DHEA, und das beunruhigte mich.

Die Bedeutung von DHEA

Wie man also leicht erkennt, bin ich überzeugt, daß DHEA für Gesundheit und Wohlbefinden eine wichtige Rolle spielen kann, aber ich weiß auch, daß Tagespresse und Fitneßindustrie das Thema zu stark vereinfachen. Sie achten nicht auf die komplizierte menschliche Physiologie, sondern wollen nur die nächste Modeerscheinung als hübsche, leicht zu konsumierende Ware verkaufen. So erging es dem Melatonin. Da ist ein Hormon, das die Zirbeldrüse in Mikrogrammengen produziert, und heute nehmen Millionen Amerikaner die hundertfache Menge als Pille. Welche langfristigen Wirkungen hundertfach überdosiertes Melatonin auf die Zirbeldrüse hat, weiß niemand. Immerhin unterdrücken andere Hormone in hoher Dosierung meist die Funktion der entsprechenden Drüse, und manche Personen, die Melatonin einnehmen, leiden mittlerweile an Symptomen von Depression und Verlust des Kurzzeitgedächtnisses. Möglicherweise war die Nahrungsmittelindustrie also beim Melatonin zu voreilig.

Es wäre schade, wenn DHEA zur nächsten Verrücktheit würde. Um das zu verhindern, fordern viele meiner Kollegen die Food and Drug Administration der USA auf, den Wirkstoff zu verbieten, aber ich bin entschieden dagegen. Ein Verbot würde die Menschen nicht davon abhalten, DHEA zu nehmen, sondern nur ernsthafte, gesetzestreue Bürger auf den Schwarzmarkt treiben, auf dem man Reinheit und Wirksamkeit der Produkte nicht kennt. Ich unterstütze statt dessen alle Bestrebungen, genaue und ausgewogene Informationen zu vermitteln, so daß jeder einzelne mit Hilfe seines Arztes eine begründete Entscheidung treffen kann.

In Publikumszeitschriften werden die Wunderwirkungen von DHEA heute in großen Anzeigen angepriesen. Das ist keine solide Information. Ich finde DHEA in jedem amerikanischen Naturkostladen, wo es von den Verkäufern begeistert empfohlen wird, und im Internet erscheinen Artikel, verfaßt von Leuten, die kaum etwas von Biochemie oder Physiologie verstehen. Wenn ich mich mit ihnen in Verbindung setze und nach wissenschaftlichen Belegen für ihre Behauptungen frage, werden nur Studien an Mäusen oder Ratten angeführt. Auch das ist keine solide Information. Bevor man wirklich etwas über die Wirkungen von DHEA sagen kann, müssen weitere Untersuchungen an Menschen durchgeführt werden.

Ausgewogenheit finden

In diesem Buch strebe ich eine ausgewogene Betrachtung an, eine tiefschürfende und gleichzeitig leicht verständliche Beschreibung dieses bemerkenswerten biochemischen Wirkstoffs, damit gesundheitsbewußte Verbraucher die neuen Erkenntnisse nutzen können, ohne sich Schaden zuzufügen. Außerdem, so meine Hoffnung, soll es als Leitfaden für Ärzte dienen, die von Patienten wegen einer «Jungbrunnen-Pille» bedrängt werden.

Wichtig ist die Erkenntnis, daß es den Jungbrunnen in Form einer Pille nicht gibt; aber seit 25 Jahren erkläre ich meinen Studenten und Patienten, daß die *Lebensweise* ein Jungbrunnen sein kann. Immerhin ist der menschliche Körper so konstruiert, daß er 120 Jahre lang funktionieren kann, und bei richtiger Pflege können es Jahre voller Gesundheit sein. DHEA ist das fehlende Bindeglied im Programm für ein längeres Leben. Es verschafft uns bessere Chancen im Kampf gegen die Krankheiten, die 75 Prozent aller frühzeitigen Todesfälle verursachen.

Darüber sollte man nachdenken. Jeder von uns kennt Menschen, die gesund und robust waren, bis sie Krebs bekamen. Wir haben Geschichten von unglaublich durchtrainierten jungen Männern gelesen, die eines Morgens zum Joggen gehen und tot auf dem Bürgersteig gefunden werden, gestorben am Herzinfarkt. DHEA wirkt dem Krebs deutlich entgegen und schützt das Herz.

Allein deshalb lohnt es sich, von seinem Nutzen zu profitieren. Und das ist bei weitem nicht alles. DHEA kann das Alter energiereicher und leidenschaftlicher gestalten, ganz im Gegensatz zu dem zunehmenden Verfall, den die meisten Menschen erleben. Es hilft, wieder fit zu werden.

Dieser letzte Satz schreckt möglicherweise viele Menschen ab, denn Fitneß verbindet man gewöhnlich mit Anstrengung, und die meisten Menschen haben etwas gegen Anstrengungen. Das liegt nicht unbedingt daran, daß sie faul sind. Wie ich in meiner über zehnjährigen medizinischen Praxis festgestellt habe, meidet man Anstrengungen meist einfach deshalb, weil man sich dabei nicht wohl fühlt.

Ich habe es tausendmal beobachtet. Ende Zwanzig, wenn es im Beruf bergauf geht, bewegt man sich nicht mehr genügend. Ab und zu trainiert man vielleicht noch, aber es geschieht nicht so regelmäßig, daß die Rückbildung von Muskeln und Stoffwechsel verhindert wird. Eines Tages blickt man dann in den Spiegel und meint, man müsse wieder «in Form kommen». Klingt doch vertraut, oder? Also geht man ins Fitneßstudio, oder man kauft sich eine Videokassette und versucht, es der unglaublich durchtrainierten Vorturnerin nachzumachen, aber schon nach der Hälfte der Übungen ist man erschöpft. Am nächsten Tag tun alle Muskeln weh. Das ist nicht gerade eine positive Rückkopplung, und deshalb muß man schon einen sehr starken Charakter haben, um wieder hinzugehen und das gleiche noch einmal durchzumachen. Wer sehr motiviert ist, steht diese Gewöhnungsphase durch, aber acht von zehn Personen hören auf, bevor ihr Körper herausgefunden hat, woher er die zusätzliche Energie für das Training nehmen soll.

Es ist ein klassisches Dilemma. Den Überschwang und die Verjüngungswirkung des Trainings erlebt man erst, wenn man fit ist, aber fit wird man nur, wenn man regelmäßig trainiert. Es ist ein Dilemma des 20. Jahrhunderts, und seinetwegen sind die Amerikaner zur übergewichtigsten und unsportlichsten Nation der Geschichte geworden.

Aber was wäre nun, wenn ich behaupte, man könne die gefürchtete Gewöhnungsphase verkürzen oder ganz beseitigen, und es gebe einen Weg, um den Stoffwechsel so stark anzukurbeln, daß Sport einfacher und erfreulicher wird? Und wie wäre es, wenn diese Übungen schnelle, sichtbare Erfolge bringen, wie man sie als Teenager erlebt hat? Würden Sie das versuchen wollen? Wenn die Antwort ja lautet, ist dies das richtige Buch für Sie.

Das DHEA-Programm

Nein, der Nutzen kommt nicht aus einer Pille, sondern aus einem ganzen Programm. Es ist mit Anstrengung verbunden, aber im Gegensatz zu Ihren früheren Versuchen bedient sich das DHEA-Programm *selbstlaufender, gemäßigter* Übungen. Darüber hinaus hat es zur Folge, daß man sich nach kurzer Zeit um 20 Jahre jünger fühlt. Es verändert das Leben in vielerlei Hinsicht und führt zu einem neuen Erlebnis von Vitalität und Gesundheit. Das schließt übrigens auch die von mir so genannte «nicht verbissene» Gewichtskontrolle mit ein. Das Abnehmen steht nicht im Mittelpunkt des DHEA-Programms, sondern es ist ein Nebenprodukt. Es geschieht von selbst, ohne daß man sich mit Fettmengen, Kalorien und Appetitzüglern befassen müßte.

Unabhängig davon, wo Sie jetzt stehen, kann das DHEA-Programm Ihnen helfen, wieder in die Aufwärtsspirale einzutreten: Sie spüren mehr Energie und bewegen sich ganz von selbst häufiger. Sie strengen sich ein wenig an und fühlen sich wohler. Sie fühlen sich wohler, also wächst ihr Selbstvertrauen. Sie pflegen sich mehr und ernähren sich besser, und das trägt wiederum zu dem Gefühl von Kraft, Vitalität und Gesundheit bei. Ihre Bekannten und sogar Ihr Arzt werden wissen wollen, wie Sie das anstellen.

Ihre zwischenmenschlichen Beziehungen werden besser, und das Leben wandelt sich. Das alles beginnt mit ein paar einfachen Veränderungen, die in den folgenden Kapiteln beschrieben werden.

Die Ursprünge des DHEA-Programms

Wichtig ist, daß das DHEA-Programm nicht aus dem Hut gezaubert wurde. Ich bin Biochemiker, aber Forschung füllt meine Zeit nur zum Teil aus. Meine eigentliche Beschäftigung besteht darin, Menschen bei der Erfüllung ihrer Träume zu helfen. Vor ein paar Jahren kam ein Arzt in meine Praxis und erklärte, er habe den Traum, Landesmeister im Triathlon zu werden. Das ist für einen äußerst gut durchtrainierten Zwanzigjährigen durchaus ein vernünftiges Ziel, aber dieser Bursche war dreiunddreißig und ein vielbeschäftigter Doktor. Dennoch überquerte er die Ziellinie als erster.

Ich habe mit Sportlern der US-Olympiamannschaft für Leichtathletik gearbeitet und Weltmeister im Bergsteigen und Kampfsport betreut. Aber wichtiger ist das, was Tausende ganz normaler Menschen erlebt haben, die einfach nur gut durch den Tag kommen wollten, Leute, die sich in einer Abwärtsspirale befanden und nicht wußten, wie sie herauskommen sollten. Das DHEA-Programm ist der kürzeste und zuverlässigste Weg zur Gesundheit, den ich jemals gefunden habe, und dennoch werde ich jeden Tag gefragt, ob es keine Abkürzung gibt. Der Grund ist die amerikanische Mentalität: Sie ist auf sofortige Ergebnisse fixiert, ohne Nachdenken und ohne etwas zu ändern. Aber auch wenn zahlreiche Bücher, Hunderte von Artikeln und zahllose Werbeanzeigen versprechen, man brauche nur auf dem Sofa zu sitzen und DHEA zu nehmen, dann werde man ewig leben: Es stimmt nicht. Diese Lüge hat uns das ganze Durcheinander überhaupt erst eingebrockt.

Die Lebenserwartung des Durchschnittsamerikaners liegt heute bei 74 Jahren. Sie könnte viel höher sein, aber wir machen törichte Fehler, wir bewegen uns nicht, und wir haben uns an die schäbige Lebenserwartung von 74 Jahren gewöhnt. Auch ich hatte mich damit abgefunden, aber nur bis zu meiner ersten Biologievorlesung. Dort erfuhr ich, daß unser Körper eine erstaunliche Fähigkeit zur Selbstreparatur besitzt.

Ich lernte, daß unsere Organe über gewaltige Reserven verfügen, mit denen wir weit mehr als 100 Jahre alt werden können. Die Leber zum Beispiel kann (wenn man nicht übermäßig viel Alkohol trinkt) ihre Aufgabe auch mit einem Drittel ihrer Masse noch ganz gut erfüllen. Wir haben mehr, als wir brauchen. Mit einer Niere können wir glücklich und zufrieden leben, aber wir haben zwei. Ein Mann braucht nur einen Hoden, eine Frau nur einen Eierstock. Wohin man im menschlichen Körper auch blickt, überall findet man Reservesysteme, die unsere Aussichten auf ein langes Leben verbessern.

Dann lernte ich die Forschung mit unsterblichen Zellinien kennen: Die Wissenschaftler halten ganze Gewebe vermutlich für immer am Leben, einfach indem sie ihnen die notwendigen Rohmaterialien zur Verfügung stellen und Gift- und Abfallstoffe beseitigen. Dem gleichen Zweck dienen auch unser Kreislauf und die Atmungsorgane, aber wie ich schon sagte, machen wir dumme Fehler. Wir verstopfen unsere Arterien mit Fett, atmen verschmutzte Luft ein, und manch einer inhaliert absichtlich krebserzeugende Stoffe tief in die Lunge. Und noch schlimmer wird das Ganze, weil wir meinen, wir kämen ohne die Tätigkeit aus, die diese lebenswichtigen Systeme in Schuß hält: Bewegung. 60 Prozent aller erwachsenen Amerikaner haben heute eine völlig sitzende Lebensweise – das heißt, sie bewegen sich überhaupt nicht regelmäßig.

Mehr als ein Programm – eine andere Lebensweise

Unser Körper ist auf Bewegung angelegt, aber wir sitzen ständig. Wir sind dazu konstruiert, eine breite Palette frischer Lebensmittel zu uns zu nehmen, aber unsere Nahrung ist verarbeitet, raffiniert, gekocht und mit Chemikalien versetzt. Wir sind gestreßt und verbraucht, und wir leben nur 74 Jahre. Das kann man nicht alles in Ordnung bringen, indem man einfach nur DHEA nimmt. Wir brauchen eine grundlegende Veränderung in unserer Sichtweise für Leben und Altern.

Diese Umstellung betrifft auch die moderne Medizin, in der «Fortschritt» vorwiegend Schneiden und Ersetzen bedeutet. Natürlich können wir jemandem ein paar Arterien aus dem Bein entnehmen und sie auf sein Herz verpflanzen, aber ist das ein sinnvoller Umgang mit Herzkrankheiten? Wie wäre es, wenn man der Krankheit von Anfang an vorbeugt? Wir haben ein ganzes Arsenal chirurgischer und chemischer Waffen zur Bekämpfung der Endstadien von Krebs, aber wie wäre es, wenn man den Krebs *verhütet* oder in einem früheren Stadium und mit weniger giftigen Wirkstoffen etwas dagegen tut?

Das alles ist mit DHEA möglich, aber DHEA allein reicht nicht. Man kann nicht weiterhin rauchen und von dem Wirkstoff viel profitieren. Man kann nicht die sitzende Lebensweise beibehalten und erwarten, daß DHEA phantastische Ergebnisse zeigt. Und man kann nicht ungesund essen oder den Streß überhandnehmen lassen und damit rechnen, daß DHEA den Schaden repariert. Aber wenn Sie zu der Ansicht gelangt sind, daß Leben kostbar ist und daß Sie mehr als die lumpigen 74 Jahre wollen, lesen Sie bitte weiter.

Das DHEA-Programm wird die Uhr bei mehreren wichtigen Stoffwechselfunktionen, die sich auf das Altern auswirken, ein ganzes Stück zurückdrehen. Mit anderen Worten: Es ist heute möglich, nicht nur langsamer zu altern, sondern sich dabei auch größerer Energie und Vitalität, geringerer Krankheitsanfälligkeit und größerer geistiger Klarheit zu erfreuen. Was kann man sich sonst noch wünschen?

KAPITEL 1

Grundlagen des DHEA-Programms

Mein Motto lautet: Wer es besser weiß, der macht es besser. Und Wissen bedeutet dabei nicht nur, daß man etwas hört oder liest. Es gibt eine Fülle von Büchern mit vielen Informationen über das Altern, aber Menschen lassen sich von Informationen nicht motivieren. Wir finden sie vielleicht interessant oder unterhaltend, aber nur selten veranlassen sie uns zum Handeln. Wären Informationen eine wirksame Motivation, würde niemand mehr Zigaretten rauchen. Und Ratschläge in Form von «du mußt» oder «du solltest» sind die am wenigsten wirksame Form von Information. Untersuchungen belegen, daß wir uns dagegen wehren, wenn man uns sagt, was wir tun sollen. Vielleicht erinnert es uns zu stark an unsere Eltern.

Der Bauplan in der DNA

Die westliche Welt hat unglaubliche technische Fähigkeiten entwickelt; vielleicht glauben wir deshalb, diese Einflußmöglichkeiten erstreckten sich auch auf die Funktion unseres Körpers. In Wirklichkeit werden wir aber von der DNA gesteuert, den mikroskopisch kleinen Molekülfäden des genetischen Materials, die in den Kernen aller unserer Zellen liegen. Wir glauben, wir lebten im «Informationszeitalter», aber sämtliche Informationen, die unser Körper jemals braucht, sind in den Genen enthalten, die in den Chromosomen aufgereiht sind wie die Perlen auf einer Kette. Dort findet sich alles: genaue Anweisungen für Millionen von Funktionen in Billionen Zellen, für den ganzen unendlich komplexen, wundersamen Vorgang des Lebens.

In der DNA sind alle Eigenschaften festgeschrieben, die uns zu dem machen, was wir sind, alle Merkmale, die wir an zukünftige Generationen weitergeben, und – das Wichtigste – die gesammelte Weisheit aus Millionen Jahren der Evolution. Vernunftmäßig wissen Sie das vielleicht bereits, aber jetzt kommt etwas, was Ihr Bewußtsein verändern kann. Der uralte Bauplan, der alle Zellen unseres Körpers steuert, hat sich in über 20000 Jahren überhaupt nicht verändert – *nicht einmal um den Bruchteil eines Prozents.* Ansonsten ist natürlich alles anders geworden, und diese Wandlungen haben erst in jüngster Zeit stattgefunden.

Aus der Sicht des Steinzeitmenschen

Unser Organismus hatte keine Möglichkeit, sich an die atemberaubenden Veränderungen der letzten 5000 Jahre anzupassen, von denen der letzten 500 Jahre ganz zu schweigen. Eigentlich sind wir nach wie vor auf die Ernährung, Umweltbedingungen, Tätigkeiten und Verhaltensweisen der Vergangenheit eingestellt, aber wir wurden in eine Zeit katapultiert, in der alles anders ist.

Unser Verdauungstrakt ist auf das Knabbern eingestellt, aber heute schlingen wir. Wenn wir hungrig waren, haben wir 1,6 Millionen Jahre lang einfach etwas aufgehoben und gegessen, und sobald der Hunger gesättigt war, hörten wir mit dem Essen auf. Heute verschieben wir die Befriedigung des Hungers auf festgelegte Essenszeiten, und dann nehmen wir gewaltige Nahrungsmengen zu uns. Und kaum einer hört auf, wenn der Hunger gestillt ist; wir essen, bis wir «nicht mehr können».

1,6 Millionen Jahre lang legten wir uns schlafen, wenn die Sonne untergegangen war. Dann wurde im Jahr 1879 die elektrische Glühlampe erfunden, und alles änderte sich. In meiner Heimatstadt kann man rund um die Uhr Wäsche waschen, einkaufen, Bankgeschäfte erledigen und fernsehen.

Anscheinend halten wir das Schlafen für Zeitverschwendung. In Wirklichkeit ist es eine unglaublich wichtige «Auszeit», die der Erholung und Regeneration des Körpers dient. Und nicht nur des Körpers, sondern auch des Geistes. Schlaf erhält uns gesund, und Schlafmangel führt zu zahlreichen geistigen und emotionalen Störungen. Wie die Schlafforschung gezeigt hat, kann man bei einem Menschen die klassischen Symptome einer Psychose erzeugen, indem man ihm einfach drei Tage hintereinander den Schlaf raubt. Stimmung, geistige Leistung und Verhalten sind sehr eng mit dem Schlaf verknüpft, und zwar nicht nur mit seiner Menge, sondern auch mit seiner Qualität. Damit sind wir bei einem weiteren Thema.

Wohnumfeld-Dysfunktionssyndrom

1,6 Millionen Jahre lang haben wir inmitten natürlicher Geräusche geschlafen, die man auch als ursprüngliche Laute bezeichnen könnte – ein plätschernder Bach, zirpende Grillen, der Gesang von Vögeln. Sie sind buchstäblich in unseren Genen codiert, und deshalb ist es kein Wunder, daß solche Geräusche heute unseren Herzschlag verlangsamen, den Blutdruck senken und ein angenehmes Gefühl hervorrufen. Polizeisirenen, Verkehrslärm und laute Fernsehgeräte dagegen erzeugen Angst und tragen zu Krankheiten bei.

Auf dem College arbeitete ich als Pfleger bei den Kleinaffen und Schimpansen im Primatenlabor. Dort hatten wir ein zehn Zentimeter dickes Handbuch, in dem die Lebensbedingungen unserer Schützlinge in allen Einzelheiten beschrieben waren. In dieser Anleitung schlugen wir nach, wenn sie krank oder verärgert waren, und verblüffenderweise klangen Krankheiten oder schlechte Laune in der Regel ab, wenn wir das Laborumfeld so änderten, daß es ihrer natürlichen Umwelt stärker ähnelte.

Jeder, der schon einmal mit Schimpansen zu tun hatte, wird bestätigen, daß sie wie Kinder sind. Und da ich selbst zwei Sprößlinge habe, bin ich zu dem Begriff des *Wohnumfeld-Dysfunktionssyndroms* gelangt. Für meine Kinder hatte ich kein Handbuch über die Lebensbedingungen. Wenn sie krank oder verärgert sind, tun meine Frau und ich unser möglichstes, und manchmal gehen wir mit ihnen zum Arzt. Aber jedesmal frage ich mich, wie es unseren Kinder wohl ginge, wenn sie in ihrem natürlichen Umfeld leben würden, mit völlig natürlicher Ernährung, im vollständigen Spektrum des Sonnenlichts und mit dem üppigen Grün, dem erdigen Braun und dem leuchtenden Blau der Natur.

Bis zu einem gewissen Grad leiden wir alle am Wohnumfeld-Dysfunktionssyndrom, je nachdem, wie wir leben. Ich versuche, mich der Natur so weit wie möglich anzunähern – nicht weil ich ein «Gesundheitsapostel» wäre, sondern weil ich weiß, daß meine Gene zu 98,4 Prozent genau denen der Schimpansen gleichen. Es stimmt wirklich: Der Unterschied zwischen uns und den Schimpansen liegt in 1,6 Prozent der DNA. Das macht nachdenklich, denn wir sind so weit von unserem natürlichen Umfeld entfernt, daß wir unmöglich abschätzen können, wieviel Schaden das anrichtet.

Wann sind Sie das letzte Mal durch einen dichten tropischen Wald gegangen? Ich erinnere mich noch lebhaft an ein solches Erlebnis, einfach wegen des Gefühls, das ich dabei empfand: Ich war entspannt, unglaublich lebendig und frei. Im Wald fühle ich mich jedesmal sehr wohl, ob es nun die Everglades oder die Mammutbaumwälder Kaliforniens sind. Und dann sehe ich Befunde, wonach Krebserkrankungen immer häufiger werden, je weiter vom Äquator entfernt man lebt. Ich sehe die Kriminalität in unseren übervölkerten Städten oder Befunde, wonach die Häufigkeit seelischer Erkrankungen unmittelbar proportional zur Bevölkerungsdichte ist, und das alles überrascht mich nicht. Es ist das Wohnumfeld-Dysfunktionssyndrom. Unsere Technik hat die Biologie hinter sich gelassen.

Der Zeitsprung spielt in allen Wissenschaftsbereichen eine wichtige Rolle, und ich bin überzeugt, daß er der Schlüssel zu Gesundheit und Wohlbefinden ist. Wir können nicht zurück in die Steinzeit, und wer würde das auch wollen? Entscheidend ist das *Bewußtsein* für unsere heutige Situation, für die Tatsache, daß wir buchstäblich nicht in der gleichen Zeit wie unsere Gene leben; wenn wir das wissen, können wir auch verstehen, wie wir Technik, Information und die heutigen, außergewöhnlichen biochemischen Wirkstoffe zu unserem größten Nutzen verwenden können.

Höhlenmenschen in Nadelstreifen

Wenn ich in einer Boeing 747 sitze, mit 800 Stundenkilometern fliege, auf meinem Laptop tippe und mich am Telefon unterhalte, fällt mir ein, daß ich ein Höhlenmensch im Anzug bin. Mein Geist versteht die ganze Technik, aber mein Körper nicht.

Viele Menschen leiden an schweren Kreislaufstörungen, weil sie zuviel sitzen. Ich nicht. Ob ich nun auf Reisen bin oder an meinem Schreibtisch sitze, immer sorge ich dafür, daß mein Steinzeitkörper sich mindestens alle zwei Stunden zehn Minuten lang bewegt. Ich strecke mich, gehe drei Stockwerke die Treppe hoch, mache Liegestütze oder Kniebeugen. Im Flugzeug bin ich der Typ, der vorn in der ersten Reihe sitzt und die Füße oben gegen die Wand lehnt. Bei Zwischenlandungen mache ich Yoga oder Tai Chi. Man mag mich verrückt nennen, aber es hilft.

Die Sicht des Steinzeitmenschen ist für das Streben nach optimaler Gesundheit ein großer Vorteil, ob es nun darum geht, abzunehmen, die Lebenserwartung zu verbessern, mehr Energie zu haben, die Abwehrkräfte zu verstärken, oder alles zusammen. Sie ist das grundlegende Bewußtsein, auf das ich in jedem Kapitel dieses Buches zurückkommen werde, denn diese schweigende Kraft ist in unseren Genen einprogrammiert.

Evolution: ein Überlebensprogramm

Wie vielleicht nicht allgemein bekannt ist, waren Männer und Frauen in der Steinzeit gesünder, kräftiger und sogar größer als die Menschen in der modernen Gesellschaft. Sicher, wir haben heute insgesamt eine höhere Lebenserwartung, aber wenn ein Jäger und Sammler bis zum 60. Lebensjahr durchhielt, hatte er die gleichen Aussichten, neunzig zu werden, wie wir. Entscheidend ist, daß wir heute die Möglichkeit haben, alles Vergangene zu übertreffen, solange wir nicht vergessen, woher wir kommen.

Ich war überrascht darüber, wie wenig Beachtung die Altersforschung der Evolution schenkt. Es ist, als hätten viele Menschen beim Vorausschauen die Vergangenheit vergessen. Aber jeder Forscher, ob er sich nun mit Pflanzen, Reptilien, Vögeln, Primaten oder irgendwelchen anderen Lebewesen beschäftigt, muß vor allem an eines denken: Das einzige Ziel jedes lebenden Systems, Gewebes, Organs und Hormons ist das *Überleben*.

Stellen Sie sich vor, Sie seien Evolutionsbiologe und könnten den tieferen Sinn dieser Erkenntnis verstehen. Während andere sich noch fragen, warum Diäten nicht funktionieren, wissen Sie, daß die Fähigkeit zur Fettspeicherung in der Evolution vielleicht die wichtigste Entwicklung war, die den Menschen das Überleben ermöglichte. Sie erkennen, daß die üblichen Methoden zum Abnehmen nur eine alte Gefahr (die Hungersnot) nachahmen und die gleiche Selbsterhaltungsreaktion auslösen (nämlich eine Verringerung der Stoffwechseltätigkeit und eine verstärkte Fettspeicherung). Deshalb neigen Menschen, die Diät halten, zum Zunehmen. Ihr Organismus tut einfach das, was der menschliche Organismus schon seit 1,6 Millionen Jahren kann.

Andere fragen sich, warum Frauen in der Regel leichter Fett ansetzen als Männer. Sie wissen es jetzt: Auch das ist ein Selbsterhaltungsmechanismus. Sobald die Samenzelle das Ei befruchtet hatte, war der Mann (aus der Sicht der Evolution) entbehrlich, aber die Frau mußte das Baby ernähren, bis es selbst Nahrung finden konnte.

Die meisten Menschen sind überrascht (und zweifellos auch entsetzt) darüber, daß unser Körper einschließlich des Gehirns von einer 20000 Jahre alten DNA gesteuert wird. Diese Erkenntnis ändert alles. Sie ist die Erklärung, warum Frauen bei der Partnerwahl (oft unbewußt) großen Wert auf körperliche Fitneß legen. In den alten Teilen des weiblichen Gehirns ist ein Bewußtsein verankert, das besagt: «Dieser Mann kann mir beim Überleben helfen.»

Man kann die Aktivität im Gehirn eines Babys messen. Was verursacht wohl die stärkere Anregung: wenn das Kind sein Lieblingsspielzeug bekommt oder wenn es sieht, wie Vater und Mutter sich küssen? Die Antwort: der Kuß. Warum? Das Kind mag sein Spielzeug vielleicht sehr, aber es dient nur der Unterhaltung. Sieht es aber, wie die Eltern sich umarmen, weiß es, daß sein Vater in der Nähe bleibt und ihm beim Überleben hilft. Auch junge Paare, die gerade Eltern geworden sind, berichten häufig über eine verstärkte gegenseitige Zuneigung. Das liegt an den *Pheromonen*, biochemischen Substanzen, die im Gehirn und dem übrigen Organismus produziert werden, um das Überleben des Kindes zu sichern.

Was hat das alles mit DHEA zu tun? Um das zu verstehen, müssen wir uns mit den Wirkungen dieses Hormons befassen. Und die sind wirklich aufregend.

Der erste Durchbruch beim DHEA

Eine der Evolutionsentwicklungen, die den *Homo sapiens* so weit gebracht haben, war die Fähigkeit zur Produktion von DHEA – und zwar von *viel* DHEA. Sie gehört sogar zu den bedeutendsten Faktoren, die ihn von den Tieren unterscheiden, denn das Wachstum des Gehirns erfordert das Hormon in großen Mengen.

Wie oder wann die Primaten im einzelnen diese bemerkenswerte biochemische Leistung vollbrachten, weiß man nicht genau, aber der *Homo sapiens* verdankte seine Fähigkeit, Werkzeuge und letztlich auch Sprache und Technik zu erfinden, höchstwahrscheinlich einem verwickelten Zusammenspiel von DHEA und natürlicher Selektion. Deshalb sind Sie und ich heute auf der Welt, und wir können herausfinden, wie wir mit Hilfe der gleichen Substanz nicht nur am Leben bleiben, sondern auch ein langes, glückliches und erfülltes Leben führen können. Natürlich ist diese Möglichkeit in der Menschheitsgeschichte etwas ganz Neues, und wir sollten sie nie als selbstverständlich ansehen.

DHEA in unserem Organismus

Das DHEA, das unsere Nebennieren produzieren, wird zum größten Teil in die stabile Form des DHEA-Sulfats (DHEAS) überführt. Anschließend wandelt der Stoffwechsel es in mehrere andere Hormone um, insbesondere (aber nicht ausschließlich) in die Geschlechtshormone Testosteron und Östrogen.

Die einzigartige Bedeutung von DHEA zeigt sich daran, daß bei erwachsenen Männern etwa die Hälfte der gesamten Androgene (d. h. der männlichen Geschlechtshormone) von dieser Verbindung abstammen. Bei Frauen trägt DHEA nach den verläßlichsten Schätzungen vor den Wechseljahren 70 Prozent und danach fast 100 Prozent zur gesamten Östrogenmenge bei.

Aber die Geschlechtshormone sind nicht das einzige. DHEA-Rezeptoren (biochemische Auslöser) hat man auf Immunzellen und in verschiedenen anderen Geweben überall im Körper gefunden. Welch gewaltigen Beitrag DHEA zu unserer Gesundheit leistet, beginnen wir gerade erst zu verstehen.

Verblüffenderweise nimmt die DHEA-Produktion im Alter ab. Sie erreicht ungefähr um das 25. Lebensjahr ihren Höhepunkt und geht dann sowohl bei Männern als auch bei Frauen allmählich zurück. Besonders wichtig ist dabei, daß kein anderes Hormon einen derart starken Rückgang zeigt, und damit wird es zu einem zuverlässigen Kennzeichen des Alterungsprozesses. Mit 75 Jahren haben die meisten Menschen im Blut einen DHEA-Spiegel, der um 95 Prozent unter dem «jugendlichen Spitzenwert» liegt.

DHEA-Abnahme und Tod: Ursache und Wirkung?

Setzen wir noch einmal die Brille des Evolutionsbiologen auf, und sehen wir uns das folgende Diagramm an. Wir wissen, daß bei Säugetieren ein unmittelbarer Zusammenhang zwischen DHEA-Spiegel und durchschnittlicher Lebenserwartung besteht. Wir wissen, daß DHEA der Vorläufer vieler anderer lebenswichtiger Hormone ist, insbesondere der Geschlechtshormone. Die Kollegen erklären uns, DHEA sei von entscheidender Bedeutung für die Immunfunktion, die Biochemie des Gehirns, die Gesundheit von Herz und Kreislauf sowie für die Instandhaltung von Muskeln und Knochen. Wir sind erstaunt über den steilen Abfall des DHEA-Spiegels, der um das 75. Lebensjahr seinen Tiefstwert erreicht. Dann fällt uns ein, daß die Lebenserwartung derzeit durchschnittlich bei etwa 75 Jahren liegt, und allmählich können wir zwei und zwei zusammenzählen. Wie lautet unsere Erkenntnis?

Richtig! Wir vermuten zwischen DHEA-Spiegel und Tod eine Beziehung von Ursache und Wirkung. Aber wie sieht diese Bezie-

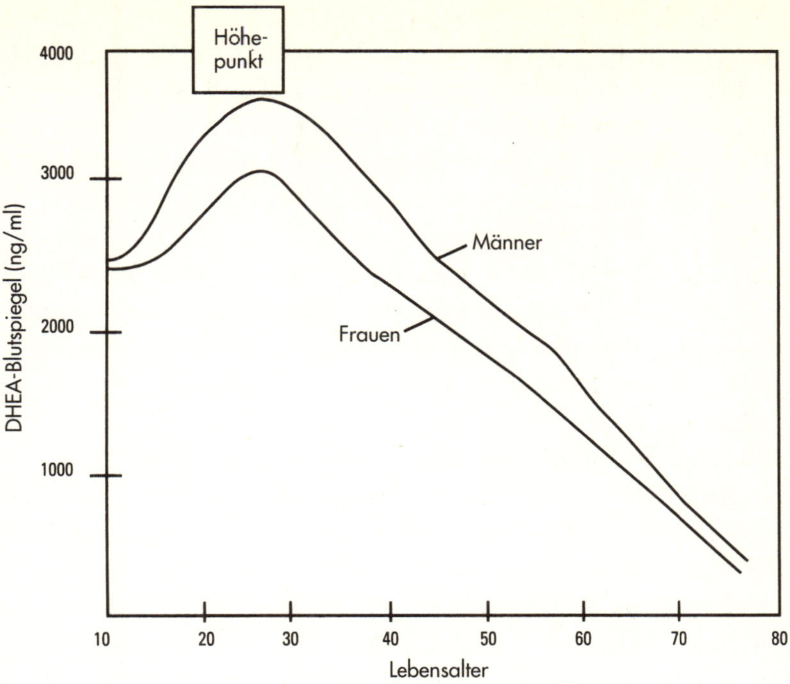

Abfall des DHEA-Spiegels mit zunehmendem Alter

hung aus? Das ist die spannende Frage, und wir können folgendes überlegen:

Angenommen: Ein Hormon (oder eine beliebige andere biochemische Substanz) dient ausschließlich dem Überleben.

Angenommen: Entscheidend ist nur das Überleben der *biologischen Art*. Daß ein einzelner weiterlebt, ist nur insofern von Bedeutung, als es zum Überleben der Spezies beiträgt. Ernüchternd, aber wahr.

Also: Ein Hormon, das für die Fortpflanzungsfunktion gebraucht wird, erreicht seinen höchsten Spiegel zu einer Zeit, wenn der Organismus gesund und kräftig ist.

Also: Die Menge des Hormons verringert sich, wenn der Organismus seine Blütezeit hinter sich hat.

Also (und hier wird es wirklich interessant): Vielleicht ist der Rückgang der Hormonmenge keine Folge des Alterns, sondern eine seiner Ursachen. Ursprünglich ist die Information dafür in den Genen niedergelegt, und das Ganze könnte ungefähr so aussehen:

DNA an Gehirn: Dieser Organismus hat seine beste fortpflanzungsfähige Zeit hinter sich. Deshalb ist er für das Überleben der Spezies kaum noch von Nutzen. Schraube die DHEA-Produktion zurück, so daß der Organismus ungefähr in 50 Jahren stirbt.

Jeder von uns ist ein Organismus. Das Hormon ist DHEA. Was sollten wir also zu diesem Zeitpunkt am klügsten unternehmen?

Richtig! Wir sollten den DHEA-Spiegel auf dem jugendlichen Spitzenwert halten. Wir schließen die Alterungsuhr kurz, jene tickende Zeitbombe der Evolution, so daß unsere Zellen glauben, wir seien immer noch 25 Jahre alt. Und dann beobachten wir, wie unser Leben sich verändert – nicht nur seine Länge, sondern auch das Ausmaß von Energie und Lebensfreude. Wir beobachten die Lawine von Wirkungen, die sich einstellen, wenn wir mit 50 die Begeisterung und die optimistische Einstellung unserer Jugend erleben.

Ein verändertes Lebensgefühl

Alle reden über den körperlichen Nutzen von DHEA, aber man sollte auch die seelischen und emotionalen Wirkungen nicht unterschätzen. Endlich bestätigt auch die medizinische Wissenschaft immer stärker, daß unser Befinden zu einem großen Teil davon abhängt, was wir denken und wie wir uns *fühlen*. Mit anderen Worten: Im Laufe der Jahre drücken wir immer stärker das aus, was unser Geist vorgibt. Das ist die Erkenntnis der Depressionsforschung: Die Betroffenen befinden sich in einem Teufelskreis, in dem sich ein negativer geistiger Spielfilm selbst erfüllt. Wer den Film verändert, verändert sein Leben.

Mit dem DHEA-Plan tun wir aber noch viel mehr: Wir ändern nicht nur unsere Einstellungen, sondern auch unsere körperlichen und geistigen Fähigkeiten. Stellen Sie sich vor, Sie sähen so frisch aus wie in Ihrer Jugend, und eine verstärkte Stoffwechselaktivität machte Anstrengungen leichter und erfreulicher. Stellen Sie sich vor, Gedächtnis und Auffassungsgabe würden besser, und das in einem Alter, in dem Ihre Eltern schon Namen vergessen oder den Autoschlüssel verlegt haben. *Das alles ist heute möglich.*

Ich hatte Klienten, die solche Nutzeffekte spürten und das Programm dennoch aufgaben. Manche von ihnen hatten zutiefst das Gefühl, es sei moralisch nicht richtig, die Uhr zurückzudrehen. Dazu meine ich: Wir tun nichts anderes, als unser Leben qualitativ und quantitativ so gut wie möglich zu gestalten, und dazu ergänzen wir in einigen Fällen die natürlichen Produkte unseres Organismus. Manche Menschen sind damit nicht einverstanden. Sie meinen, sie hätten es nicht *verdient*, sich wohl zu fühlen oder gut auszusehen, und dagegen gibt es kein Gegenargument. Aber wenn Sie bis hierher gelesen haben, haben Sie nach meiner Vermutung nichts dagegen, ein gutes Lebensgefühl zu spüren und 20 Jahre jünger auszusehen.

DHEA: der heutige Stand

Mit DHEA wurden schon mehr als 4000 wissenschaftliche Studien durchgeführt, aber bisher gibt es für seine Anwendung keine vollständige, verläßliche Anleitung. Das liegt vor allem daran, daß es sich bei den meisten Untersuchungen um Tierversuche handelte und nicht um eine Erprobung an Menschen. Das hat einen sonderbaren Grund, der mit den politischen und wirtschaftlichen Bedingungen in der medizinischen Forschung zusammenhängt.

Fachlich gesehen, ist DHEA ein «verwaister Wirkstoff», das heißt, es gibt keine Mutterfirma, die seine Entwicklung durch alle Stadien der Erprobung an Tieren und Menschen vorantreiben würde. Für ein DHEA-haltiges Präparat könnte zwar ein Patent erteilt werden, aber kein Pharmaunternehmen wendet die vielen Millionen auf, die für eine behördliche Zulassung des Produktes notwendig wären, wenn Konkurrenten (und sogar kleine Apotheker) auf der Grundlage dieser Forschungen ihre eigenen Produkte vermarkten könnten.

Inzwischen war durch die Forschungsergebnisse und erste Nachrichten über die klinische Erprobung eine gewaltige Nachfrage nach DHEA entstanden, und in den Vereinigten Staaten eröffnete ein 1994 verabschiedetes Gesetz, der Dietary Supplement Health and Education Act (DSHEA), die Möglichkeit des rezeptfreien Verkaufs. Das Gesetz unterscheidet zwischen Nahrungsergänzungsmitteln und Medikamenten; die darin enthaltenen Begriffsbestimmungen ließen in der Folgezeit eine «Grauzone» für Produkte wie Melatonin und DHEA entstehen.

Mit anderen Worten: Wenn man natürliche oder körpereigene Wirkstoffe als Nahrungsergänzungsmittel bezeichnet, kann man auch DHEA unter dieser Überschrift einordnen. Immerhin ist es mit Sicherheit ein natürlicher Wirkstoff, der in den Nebennieren aus Cholesterin gebildet wird, und Cholesterin ist natürlich ein Nahrungsbestandteil. Die Argumentation ist ein wenig hergeholt, aber die US-Arzneimittelbehörde FDA hat bisher nichts unternommen, um DHEA vom Markt zu verbannen. Das Gesetz von 1994 besagt sogar, daß die FDA einen Wirkstoff nur dann verbieten kann, wenn sie seine Gefährlichkeit nachgewiesen hat.

Auch die US-Drogenbehörde DEA hat sich lange und eingehend mit DHEA beschäftigt, denn man kann argumentieren, daß es sich um ein Steroid aus der Gruppe der Anabolika handelt. Wie wir in den folgenden Kapiteln noch genauer erfahren werden, kann DHEA im Organismus in Testosteron umgewandelt werden, und es hat eindeutig anabole (d.h. gewebeaufbauende) Wirkungen. Aber offenbar ist die DEA (nach meiner Überzeugung zu Recht) zu dem Schluß gelangt, daß DHEA im Vergleich zu anderen Anabolika, die Sportler und Bodybuilder häufig verwenden, kaum Gefahren beinhaltet. Ein Bodybuilder, der mit riesigen DHEA-Dosen schnell große Muskelmengen aufbauen will, wäre vermutlich enttäuscht, weil die Substanz zu einem großen Teil in Östrogene umgewandelt wird – und die haben genau die umgekehrte Wirkung.

Aus meiner Sicht hat der derzeitige Kenntnisstand über DHEA sowohl Vor- als auch Nachteile.

Vorteile

1. Verfügbarkeit. Ich begrüße sehr, daß DHEA schon heute erhältlich ist und nicht erst in zehn oder 15 Jahren, wenn alle bestätigenden Studien abgeschlossen sind und ein riesiger Papierkrieg beendet ist. Wer heute zwanzig ist, kann sich den Luxus des Wartens erlauben, aber allein in den USA leben 65 Millionen Wirtschaftswunderkinder und ihre Eltern, die alle schon jetzt davon profitieren können. Nach meiner Überzeugung gibt es bereits heute mehr als genug wissenschaftliche Belege dafür, daß der Wirkstoff in mäßigen Dosen von 10 bis 50 Milligramm am Tag ungefährlich ist.

2. Preis. In Amerika kostet eine Flasche mit 90 Tabletten à 25 Milligramm in einem Naturkostladen etwa 15 Dollar. Ich wage zu behaupten, daß DHEA als verschreibungspflichtiges Medikament zwei- bis dreimal so teuer wäre. Als die Substanz nur in Apotheken abgegeben wurde, kosteten 90 Tabletten ungefähr 100 Dollar.

3. Umfangreiche Forschung. Wenn keine einzelne Firma oder Institution die Kontrolle ausübt, bestehen bessere Aussichten, daß ein Wirkstoff gründlich und umfassend erforscht wird und daß man alle nützlichen Wirkungen unter die Lupe nimmt.

Nachteile

1. **Die Hysterie** der Industrie wird zu einem DHEA-Boom führen. Die Menschen werden Wunder erwarten, und wenn sich die Ergebnisse nicht sofort einstellen, werden viele nach dem Motto «viel hilft viel» die Dosis erhöhen. Aber solange nicht weitere Forschungsergebnisse über die Wirkung von DHEA auf Menschen vorliegen, sollte man sicherheitshalber bei der physiologischen Dosis von 10 bis 50 Milligramm bleiben.
2. **Reinheit und Wirksamkeit** werden bei den Herstellern von Nahrungsergänzungsmitteln nicht streng überwacht, aber das heißt nicht, daß hier keine Verbesserung möglich wäre. Wenn die Verbraucher außergewöhnliche Qualitätskontrollen verlangen (mehr darüber in Kapitel 10), werden die Hersteller sie auch vornehmen.
3. **Ich kenne viele** ausgezeichnete Wissenschaftler, die sich gern an der DHEA-Forschung beteiligen würden und frustriert sind, weil sowenig Forschungsmittel zur Verfügung stehen. Die Gelder der Universitäten und Förderungsinstitutionen reichen in der Regel kaum für Tierversuche aus, und davon haben wir auch schon viele. Außerdem sind Tiere kein gutes Modell für den DHEA-Stoffwechsel. Es sind so bald wie möglich großangelegte Studien an Menschen erforderlich.

Schlußfolgerung: nicht verbieten, sondern aufklären

Wenn es um DHEA geht, sage ich: nicht verbieten, sondern aufklären. Dieses Buch bietet nach meiner Überzeugung genügend Informationen für eine fundierte Entscheidung über die Anwendung von DHEA, aber ich möchte ausdrücklich darauf hinweisen, daß der bestmögliche Nutzen und das geringste Komplikationsrisiko nur durch die Aufsicht eines fachkundigen Arztes zu erreichen sind.

Sehen wir es einmal so: Die DHEA-Forschung ist eine Arena, in der es *jeden Tag* etwas Neues gibt. Die Verkäufer und Verkäuferinnen im Gesundheitsladen sind in dieser Forschung nicht auf dem laufenden, denn sie bekommen nur das Werbematerial der Hersteller. Auch Bekannte und Freunde sind nicht auf dem laufenden (es sei denn, sie sind Wissenschaftler, die Zugang zu internationalen Datenbanken haben). Die Ärzte erhalten aber bemerkenswert viele Informationen über DHEA und die damit zusammenhängenden Themen. Dazu müssen sie keine Endokrinologen sein. Mit der heutigen Technik kann jeder Arzt und jede Ärztin sich in unglaublich kurzer Zeit über den Stand der Dinge informieren.

In Amerika wurde 1996 das Netz Physicians Online® in Betrieb genommen, das Ärzten umfangreiche kostenlose Dienstleistungen bietet. Es verschafft ihnen nicht nur Zugang zu MEDLINE, CANCERLIT und anderen Datenbanken, sondern es gibt dort auch Diskussionsforen über vielfältige Themen, darunter auch DHEA. Jeder Arzt, der sich online einschalten möchte, kann das sehr einfach tun. Er muß dazu nicht mehr zur Bibliothek fahren, einen Parkplatz suchen, stundenlang nach wenigen Themen recherchieren und weitere Stunden damit zubringen, die gesuchten Themen in Fachzeitschriften zu finden, was für ihn nur Verdienstausfall bedeutet (denn niemand bezahlt einen Arzt dafür, daß er sich auf dem laufenden hält).

Das alles ist anders geworden. Heute kann ein Arzt sich in wenigen Minuten wissenschaftliche und medizinische Fachliteratur verschaffen, und mit einem Mausklick erörtert er die Forschung mit seinen Kollegen. Oft beteiligen sich sogar die Autoren der Studien an solchen Diskussionsrunden. Noch einfacher wird das Ganze durch Anbieter, die in der gesamten medizinischen Literatur nach bestimmten Themen suchen und Neues regelmäßig jede Woche oder jeden Monat per Email verschicken. Diese erstaunliche Technik führt mittlerweile schon zu Umwälzungen in der Medizinerausbildung, und ihr Nutzen ist leicht zu erkennen.

Was die Finanzierung angeht, so meine ich, daß staatliche Stellen umfangreiche klinische Untersuchungen initiieren sollten. Nachdem sich DHEA bei Tieren als erstaunlich nützlich erwiesen hat und auch aufgrund der vorläufigen Befunde bei Menschen wäre es eine Tragödie, wenn man die Forschung nicht nachdrücklich vorantreiben würde.

Eine einmalige Gelegenheit

Wir stehen am Beginn eines neuen Zeitalters, in dem wir in der Lage sein werden, die Beschränkungen der Evolution hinter uns zu lassen. Damit meine ich nicht die Versprechungen der Gentechniker, die eher an Science-fiction erinnern. Sie werden vielleicht das Rätsel der erblichen Krankheiten lösen, aber in näherer Zukunft werden sie kein Mittel zur allgemeinen Lebensverlängerung finden. Dieses Mittel gibt es bereits, und es wird in den folgenden Kapiteln ausführlich zur Sprache kommen.

KAPITEL 2
Sex

Vielleicht sind Sie im Gegensatz zu Freud nicht der Ansicht, daß die Libido, der Sexualtrieb, die wichtigste Triebkraft des menschlichen Verhaltens ist. Vielleicht glauben Sie lieber, Menschen würden von «höheren», reineren Bestrebungen angetrieben, und natürlich stimmt das auch. Aber es bleibt die Tatsache, daß die Libido ein mächtiger (vielleicht sogar der mächtigste), in unseren Genen verankerter Trieb ist. Er ist in unserem Bewußtsein ebenso gegenwärtig wie im Unbewußten, und wenn man Freud glaubt, beherrscht er den unbewußten Bereich unseres Lebens. Der Grund dafür liegt auf der Hand: Die Spezies soll überleben.

Tausende von Büchern wurden im Laufe der Jahrhunderte über den sogenannten Kampf geschrieben, den Menschen mit ihren «niederen» Trieben ausfechten, aber ich möchte diese Debatte den Philosophen und Theologen überlassen. Die Hedonisten feiern die Libido, die Moralisten versuchen sie unter Kontrolle zu halten, und die Madison Avenue beutet sie aus, aber aus wissenschaftlicher Sicht ist der Sexualtrieb schlicht ein Teil unserer biochemischen Ausstattung und unseres Verhaltens.

Die Libido – ganz schön kompliziert

Der Sexualtrieb entsteht durch ein kompliziertes Wechselspiel von Hormonen und wird auch stark von anderen, nichthormonellen Faktoren beeinflußt, so vom allgemeinen Gesundheitszustand,

Bioenergetik und einer Fülle psychischer und emotionaler Reaktionen.

Im Zusammenhang mit der Libido gibt es den Mythos, Männer produzierten Testosteron und Frauen Östrogen. In Wirklichkeit bildet sowohl der männliche als auch der weibliche Organismus beide Hormone, allerdings in unterschiedlichen Mengen. Nach einem anderen Mythos ist der Geschlechtstrieb eine «Testosteronangelegenheit». In Wirklichkeit ist der Testosteronspiegel bei gesunden Erwachsenen (Männern und Frauen) höchst unterschiedlich, aber in wissenschaftlichen Untersuchungen ergaben sich keinerlei Anhaltspunkte, daß diese Schwankungen allein für Unterschiede in Sexualtrieb oder Verhalten verantwortlich sind. Für die sexuellen Reaktionen spielen auch andere Hormone wie Östrogen und Prolactin eine wichtige Rolle.

Die drei Stadien der sexuellen Reaktion

Wissenschaftler haben die sexuellen Reaktionen des Menschen in drei Stadien eingeteilt: sexuelle Wünsche, sexuelle Erregung und Orgasmus. Wünsche und Erregung hängen so eng zusammen, daß auch Fachleute nur schwer feststellen können, wo das eine endet und das andere beginnt. Entscheidende Faktoren für sexuelle Wünsche sind die Häufigkeit sexueller Gedanken und Phantasien, das Interesse am Knüpfen sexueller Kontakte, die Empfänglichkeit für sexuelle Signale und das Ausmaß der Frustration, wenn die Wünsche sich nicht erfüllen. Zum Erregungsstadium gehören Lustempfindungen und die zugehörigen physiologischen Reaktionen, die ihren Höhepunkt schließlich im dritten Stadium finden, dem Orgasmus.

Da das DHEA-Programm sich auf die gesamte Bandbreite der Gesundheit auswirkt, verbessert es auch alle drei Stadien der sexuellen Reaktionen und verhilft zu einem gesunden, robusten Sexualtrieb. Und was genauso wichtig ist: Es verhilft zu der notwendigen Energie und Vitalität, um die Wünsche in Erfüllung gehen zu lassen.

Sport und andere «Sexsignale»

Menschen, die regelmäßig Sport treiben, sind bekanntermaßen häufiger sexuell aktiv als ihre eher unbeweglichen Altersgenossen, aber was hat der Sport eigentlich an sich, das diese Tatsache erklären könnte? Vielleicht ist es gar nicht der Sport, sondern es liegt einfach daran, daß sehr energiegeladene Menschen sich sowohl gern anstrengen als auch gern den Sex genießen. Nun ja – immerhin zeigen neuere Forschungsergebnisse, daß es tatsächlich eine Beziehung von Ursache und Wirkung gibt: körperliches Training führt zu hormonellen, biochemischen und physiologischen Veränderungen, die insgesamt die Libido steigern und das sexuelle Vergnügen verstärken.

Wußten Sie, daß es Wirkstoffe zum Einnehmen gibt, die auf erstaunliche Weise die Energie verstärken und Anstrengungen einfacher und erfreulicher machen? In Kapitel 6 wird davon die Rede sein, wie man das innere Feuer mit diesen wirksamen Substanzen, den *bioenergetischen Nährstoffen*, anfachen kann.

Natürlich ist die Libido nicht nur eine Frage von Sport und Energie. Die Natur hat keine Chance ausgelassen und sexuelle Signale für alle Sinne geschaffen. Gerüche zum Beispiel wirken sich stark auf unsere Wünsche und Vorlieben aus. Wie die Forschung gezeigt hat, werden Babys von Natur aus stark vom charakteristischen Duft der Mutter angezogen. Kinder mögen süße, fruchtige Gerüche und stehen schwereren Düften gleichgültig oder ablehnend gegenüber.

Das alles ändert sich in der Pubertät. Heranwachsende Jugendliche bevorzugen auf einmal erdige oder «animalische» Düfte wie

Moschus oder Sandelholz. Moschus ist ein Bestandteil der Sexuallockstoffe vieler Tierarten. Es gehört zu dem großen Plan, mit dem die Natur unsere Libido anstachelt, damit wir uns fortpflanzen.

Die Familie der Androgene

Wie sich bei der wissenschaftlichen Erforschung der Libido herausstellte, spielen neben dem Testosteron auch andere Hormone aus der Familie der Androgene eine wichtige Rolle, so DHEA, DHEAS und Androstendion. Besonders wichtig sind die Androgene offenbar für die Entstehung der Erregung, denn sie wirken stark sowohl auf das endokrine System (die Hormone) als auch auf das Nervensystem mit Gedanken und Gefühlen. Und das ist noch nicht alles: Wie sich herausgestellt hat, brauchen Frauen diese Faktoren ebenso wie Männer, allerdings in geringeren Mengen und nicht nur zur Steigerung des Sexualtriebes. In einem neuen Bericht des *American Journal of Medicine* von 1995 wird eine Krankheit namens «weibliches Androgenmangelsyndrom» beschrieben, das durch gestörte Sexualfunktionen, Müdigkeit, Depressionen und Kopfschmerzen gekennzeichnet ist. Die Autoren des Artikels schlagen vor, den betroffenen Frauen mit ergänzenden Gaben von Androgenen zu helfen.

> «Die Androgenersatztherapie ist ein vernachlässigtes Gebiet der medizinischen Praxis, und es sind weitere Forschungsarbeiten notwendig, damit alle Frauen gefunden werden, die davon profitieren könnten; Untersuchungen an Frauen während der Wechseljahre haben gezeigt, daß die [orale] Einnahme gut vertragen wird und ungefährlich ist. Solche Therapiemaßnahmen werden zu wenig angewandt und sind zu wenig erforscht.»

Hier kommt DHEA ins Spiel. Die Untersuchungen haben gezeigt, daß der weibliche Organismus einen erheblichen Anteil dieses Androgens in Testosteron und Androstendion umwandelt; außerdem hat DHEA eine Reihe weiterer nützlicher Wirkungen: Unter anderem wird es in knochenerhaltende Östrogene umgewandelt.

DHEA ist offenbar das natürliche, energiespendende Allzweck-Sex- und -Gesundheitshormon. Es hat nur ein Problem: es geht dem Organismus zu schnell aus.

Der Zahn der Zeit

Mit fortschreitendem Alter vermindern sich leider sowohl das Verlangen nach Sex als auch die Fähigkeit, ihn zu genießen. Männer haben immer mehr Schwierigkeiten, eine Erektion zu bekommen und aufrecht zu erhalten, und Frauen leiden nach den Wechseljahren an Scheidentrockenheit, verminderter Lust zum Sex und einem Schwund der Scheidenmuskulatur. Manche Menschen halten solche Entwicklungen für einen unausweichlichen Teil des Lebens, aber andere vermissen die Heftigkeit und Aufregung sexueller Betätigung.

Wenn Sie sexuell aktiv bleiben wollen, habe ich eine gute Nachricht. Männer stellen oft fest, daß sich die sexuelle Leistungsfähigkeit bei steigendem DHEA-Spiegel verbessert. Vielfach berichten sie, die Erektion sei stärker, und die Kraft und Menge der Ejakulation hätten zugenommen. Einer meiner Bekannten, ein fünfundfünfzigjähriger Mann, war von seinen Erfahrungen mit 50 Milligramm DHEA am Tag begeistert. «Es ist nicht nur der Sex», meinte er, «sondern das Gefühl einer neuen Lebenskraft, als ob man jeden Morgen mit fliegenden Fahnen aufwacht.»

Ärzte berichten in der Regel, bei weiblichen Patientinnen verstärke sich die Libido noch mehr als bei Männern. Das könnte daran liegen, daß die Einnahme von DHEA (in mäßiger Dosierung) den Testosteronspiegel bei Frauen offenbar stärker ansteigen läßt als bei Männern.

Damit sind wir bei einer weiteren interessanten Theorie. Nach Ansicht mancher Fachleute war DHEA mit verantwortlich für eine entscheidende Errungenschaft der Menschen: für ihre Abspaltung von den übrigen Primaten. Andere Primaten sind nur während der fruchtbaren Tage sexuell aktiv, aber den Frauen verschaffte vermutlich das Testosteron (das aus DHEA entsteht) die Möglichkeit, sich während ihres gesamten Zyklus sexuell zu betätigen. Das wäre für unsere weiblichen Vorfahren ein Wettbewerbsvorteil gewesen, der zweifellos ihre Fortpflanzung begünstigte und so durch natürliche Selektion für die Entstehung des *Homo sapiens* sorgte.

Aber wie kann DHEA uns heute nützen? Die Antwort ergibt sich einerseits aus den Erkenntnissen der modernen Biochemie und andererseits aus dem Bewußtsein unseres steinzeitlichen genetischen Erbes. Mit anderen Worten: Wir alle wissen, daß das Überleben der Art völlig gesichert ist, aber unsere Gene arbeiten immer noch nach dem Prinzip «fortpflanzen oder sterben».

Das DHEA-Lustprinzip

Zum erstenmal in der Geschichte der Menschheit sieht es so aus, als könnten wir unser Leben verlängern und gleichzeitig länger sexuell aktiv bleiben. Auf diese Weise genießen wir nicht nur die Freuden der Sexualität, sondern wir schicken gleichzeitig «Jugendsignale» an unsere Zellen, die daraufhin die Alterung und den Tod hinausschieben.

Auch hier steht der Gedanke dahinter, daß wir unserer DNA weismachen, wir seien noch fortpflanzungsfähig. Solange das möglich ist, können wir den Tierversuchen zufolge unsere Lebensdauer um 20 bis 50 Prozent verlängern. Wie man so schön sagt: jetzt oder nie.

Aber dazu reicht es nicht, daß man DHEA-Pillen schluckt. Das

Hormon macht aus einem Mann oder einer Frau mittleren Alters nicht von heute auf morgen eine Sexmaschine, aber als unverzichtbarer Bestandteil eines ganzen Lebensverlängerungs- und Vitalitätsprogramms kann DHEA einen entscheidenden Unterschied bedeuten, und es ist allen anderen heute verfügbaren pharmazeutischen Möglichkeiten weit überlegen.

Sexuelle Leistungsfähigkeit und verschreibungspflichtige Medikamente

Die Sexualforschung ist in den letzten Jahren erheblich intensiviert worden, unter anderem wegen der ständig zunehmenden Zahl sexueller Störungen und wegen der Rolle, die verschreibungspflichtige Medikamente dabei spielen. Männer und Frauen erleben mit einem breiten Spektrum solcher Präparate unter anderem einen verminderten Sexualtrieb, Erektionsstörungen, verspätete Ejakulation und Orgasmusschwierigkeiten. Die wichtigsten Gefahrenquellen sind Psychopharmaka, Antidepressiva, stimmungsaufhellende Präparate, schwache Beruhigungsmittel und blutdrucksenkende Medikamente.

DHEA und menschliches Wachstumshormon

Im Jahr 1992 berichtete die Presse in großem Umfang über Experimente mit dem menschlichen Wachstumshormon. Ältere Männer und Frauen, denen man es spritzte, berichteten über größere Energie, eine Zunahme der Muskelmasse und Kraft, eine dickere Haut und ein allgemeines Gefühl des Wohlbefindens. Das Problem war nur, daß alle diese nützlichen Wirkungen verschwanden, sobald die Injektionen abgesetzt wurden.

Warum sollte man damit aufhören? Die Behandlung war außerordentlich teuer (12000 Dollar im Jahr), erforderte eine Fachkraft, welche die Spritzen verabreichte, und war recht häufig mit Nebenwirkungen verbunden. Neueren Untersuchungen zufolge entwickelte sich bei manchen Männern eine Verdickung der Brust, in der Fachsprache Gynäkomastie genannt. Da das Wachstumshormon das Bindegewebswachstum anregt, trat recht häufig das Karpaltunnelsyndrom auf, eine schmerzhafte Verengung der Nervenkanäle im Handgelenk. Manche Patienten bekamen Arthritis, und die Gelenke entwickelten sich anormal. Bei anderen sammelte sich Wasser im Körper, und der Blutzuckerspiegel war gestört. Das Wachstumshormon wird zwar auch heute weiter erforscht, aber die Erwartungen an einen «Jungbrunnen» hat man weitgehend begraben.

DHEA dagegen erzeugt im wesentlichen die gleichen Wirkungen ohne unangenehme Injektionen, Nebenwirkungen und Kosten. Wie wir in Kapitel 3 noch genauer erfahren werden, kommen die vorteilhaften Veränderungen sogar bei beiden Wirkstoffen durch die gleichen Mechanismen zustande: Sie regen den insulinartigen Wachstumsfaktor 1 (IGF-1) an, eine biologische Substanz, die im Körper das Signal für Wiederaufbau und Wiederherstellung übermittelt.

DHEA und Testosteron-Ergänzungstherapie

Viele Forschungsarbeiten beschäftigen sich derzeit mit den Wirkungen und Nebenwirkungen einer Testosteron-Ergänzungstherapie bei Männern im fortschreitenden Alter. Die Befunde sind bisher nicht schlüssig. Erstens nimmt der Testosteronspiegel, anders als beim DHEA, mit den Jahren nicht ab. Das heißt: Im Gegensatz zu dem, was man in Männermagazinen liest, gibt es beim Mann kein Klimakterium, das der Abnahme der Östrogenproduktion bei Frauen mittleren Alters entspricht. Zwar machen auch Männer erhebliche biochemische, psychische und körperliche Veränderungen durch, aber diese Vorgänge lassen sich nicht auf einen starken Abfall der Testosteronmenge zurückführen. Wie sich in wissenschaftlichen Untersuchungen gezeigt hat, steht die sexuelle Aktivität bei Männern zwischen 65 und 80 Jahren in keinem Zusammenhang mit dem Testosteronspiegel.

DHEA hat offenbar im Organismus ein breiteres Spektrum nützlicher Wirkungen als Testosteron. Ein hoher DHEA-Spiegel bedeutet nicht nur sexuell eine Verbesserung. Bleibt er im Blut in der Nähe des Spitzenwertes, verstärken sich die allgemeinen Abwehrkräfte und die Energie, das Körperfett geht zurück, die Knochen werden kräftiger, und das Risiko für Herzkrankheiten und Krebs vermindert sich. Testosteron kann *manche* dieser Faktoren ebenfalls beeinflussen, aber DHEA hat eindeutig Vorteile.

Nebenwirkungen der Testosterontherapie

Testosteron kann drei möglicherweise gefährliche Nebenwirkurgen hervorrufen. Erstens steigert es unter Umständen das Risiko für Herz-Kreislauf-Erkrankungen. Zweitens gibt es eine Rückkopplungsschleife zwischen Blut und Hoden: Steigt die Konzentration des Hormons im Blut, verringern die Hoden ihre Produktion, und wenn man von außen genügend Testosteron zuführt, schrumpfen die Hoden ein und können sogar ganz und gar funktionsunfähig werden.

Zwischen DHEA und den Nebennieren gibt es, soweit man bisher weiß, keine Rückkopplung. Die Zufuhr anderer Nebennierenhormone (zum Beispiel des Cortisons) läßt die Produktion absinken, aber beim DHEA ist das nach übereinstimmender Ansicht führender Fachleute offensichtlich nicht der Fall. Möglicherweise wird die Tätigkeit der Nebennieren bei sehr hoher Dosierung unterdrückt, aber ob das stimmt, bleibt abzuwarten.

Die dritte Gefahr der Testosterontherapie ist das erhöhte Risiko für eine anormale Vergrößerung der Prostata (gutartige Prostatahypertrophie) und Prostatakrebs. An der Prostatahypertrophie leiden fast alle Männer im fortgeschrittenen Alter, und manchmal verursacht sie Beschwerden oder sogar Schmerzen. Die vergrößerte Prostata drückt auf die Harnwege und ist die wichtigste Ursache, wenn ein Mann die Blase nicht mehr vollständig entleeren kann. Die Folge: Er muß nachts häufig aufstehen und ist frustriert, weil er den Druck auf der Blase nicht los wird. Die anormale Prostatavergrößerung hängt unmittelbar damit zusammen, mit welcher Geschwindigkeit Testosteron zu Dihydrotestosteron umgesetzt wird. Pflanzen wie die Zwergpalme *Serenoa repens* und Medikamente wie Finasterid stören diese Umwandlung und verlangsamen die Prostatavergrößerung.

DHEA und Prostatakrebs

Bei Männern mit gutartiger Prostatahypertrophie besteht offenbar ein erhöhtes Risiko für Prostatakrebs, aber wie groß dieses Risiko ist, weiß man nicht. Bekannt ist jedoch, daß über 80 Prozent aller Krebserkrankungen der Prostata auf den Entzug der männlichen Geschlechtshormone (Androgene) ansprechen, das heißt, auf die Ausschaltung der Testosteronproduktion durch Kastration oder dem Testosteron entgegengesetzt wirkende Medikamente wie Östrogen. DHEA *kann* zu Testosteron umgesetzt werden, aber bei mäßiger Dosierung läßt es den Testosteronspiegel nur geringfügig steigen. Die Untersuchungen haben sogar gezeigt, daß der weibliche Organismus mehr DHEA in Testosteron umwandelt als der männliche.

Stellt DHEA demnach im Zusammenhang mit der gutartigen Prostatahypertrophie und Prostatakrebs ein Risiko dar? Das bleibt abzuwarten, aber man sollte bedenken, daß die Hypertrophie sich bei manchen Männern durch mäßig dosiertes DHEA sogar *bessert*, und Ärzte, die solche Patienten betreuen, haben mir gesagt, sie hätten bei gering oder mäßig dosiertem DHEA keine Zunahme der Symptome beobachtet.

Bis zu einem gewissen Grad kann man das Risiko für Prostatakrebs heute mit einem Bluttest ermitteln. Die Menge des prostataspezifischen Antigens (PSA) spiegelt das Ausmaß anormaler Zellvermehrung in der Drüse wider, und weder Ärzte noch Wissenschaftler haben festgestellt, daß DHEA den PSA-Spiegel steigen läßt. Dennoch empfehlen manche Ärzte männlichen Patienten zusätzlich zum DHEA ein Zwergpalmenpräparat, und irgendwann wird sich diese Kombination vielleicht allgemein durchsetzen. Außerdem verschreiben die meisten Ärzte kein DHEA, wenn der Patient an Prostatahypertrophie leidet oder einen anormal hohen PSA-Spiegel hat. In jedem Fall gibt es hier für den Arzt einiges zu besprechen und zu kontrollieren.

Wechseljahre

Warum Frauen in die Wechseljahre kommen, weiß niemand. Die Eizellen werden jedenfalls nicht knapp. Ein Mädchen wird mit etwa 600000 *Oocyten* geboren, unreifen Eizellen, die in den Eierstöcken zusammengedrängt sind und von denen während des ganzen Lebens nur etwa 400 heranreifen.

Nach Ansicht mancher Fachleute stellen die Eierstöcke die Östrogen- und Progesteronproduktion ein, weil sie «erschöpft» sind, aber das ist nicht plausibel. Die Bauchspeicheldrüse einer Frau hat viel mehr zu tun als die Eierstöcke, und doch schafft sie das in manchen Fällen 100 Jahre oder länger. Ich neige zu der kalten, nüchternen entwicklungsgeschichtlichen Erklärung: Wenn eine Frau ihre kräftigsten, gesündesten Jahre hinter sich hat, sorgt ihre DNA für die Abschaltung des Fortpflanzungssystems.

Wie gesagt: Unsere Gene stammen aus der Steinzeit, und damals war eine fünfzigjährige Frau tatsächlich sehr alt, so daß sie sicher nicht mehr für ein Neugeborenes hätte sorgen können. Und wir dürfen nicht vergessen, daß mit den Wechseljahren auch andere Abbauvorgänge beginnen, so der Knochenschwund, ein Nachlassen der Immunabwehr und eine Steigerung des Risikos für Herzkrankheiten.

Kann eine Frau die Wechseljahre hinausschieben, wenn sie den DHEA-Spiegel auf dem Spitzenwert hält? Das wissen wir nicht, aber es erscheint völlig plausibel. In den wenigen bereits abgeschlossenen klinischen Studien mit jüngeren Frauen (die Ende Vierzig sind und gerade am Beginn der Wechseljahre stehen) konnte man mit DHEA die regelmäßigen Menstruationen wiederherstellen, die Libido verstärken und den Genuß am Sex steigern.

Die Fachleute schreiben diese nützlichen Wirkungen vor allem dem höheren Testosteronspiegel zu, aber nach meiner Vermutung ist er nicht der einzige Grund. Immerhin erzielt man offenbar nicht das gleiche breite Wirkungsspektrum, wenn man Frauen das Testosteron unmittelbar durch Injektionen, Tabletten oder Transdermalpflaster verabreicht. Die besten Ergebnisse wird man eines Tages vielleicht mit einer Kombination aus DHEA und Östrogen erzielen, wobei das Mengenverhältnis der beiden Wirkstoffe vom Alter der Frau abhängt.

Das große Bild

Freud hatte natürlich unrecht. Die Libido ist zwar sehr machtvoll und höchst wichtig für das Erleben bestimmter Lustempfindungen und für den Ausdruck dessen, was wir als Lebenskraft bezeichnen können, aber das Leben ist ein Gleichgewicht, und Libido ist nicht das Ein und Alles. Zu manchen Zeiten stehen andere Motive und Verhaltensweisen mit höherer Dringlichkeit im Vordergrund. Ich verbrachte sechs Jahre als Novize in einem Yoga-Aschram, denn ich wollte auch Dinge lernen, die die Libido mich nicht lehren konnte.

Die gute Nachricht lautet: Wir haben heute die Möglichkeit und die Hilfsmittel, um die Libido auch über das 50. und 60. Lebensjahr hinaus auszuleben. Der Geschlechtstrieb ist kein Ein-Aus-Schalter, sondern ein ganzes Spektrum von Gefühlen und Verhaltensweisen, die alle Bereiche unseres Lebens beeinflussen. Und auch hier gibt es Stimmen, die diese Entwicklung beklagen und meinen, die Menschen seien zu degeneriert, um solche Entscheidungen zu treffen, aber ich bin anderer Meinung. Es ist, als wäre man froh, wenn jemand dem Nachbarn seine Ersparnisse raubt, weil man meint, er werde sie doch nur unklug ausgeben.

Im Laufe unseres Lebens werden wir langsam unserer Energie und Vitalität beraubt. Das DHEA-Programm kann dazu beitragen, diesen verlorenen Schatz zurückzugewinnen. Wir sollten uns über diese Gaben freuen und sie gut nutzen. Wie gesagt: DHEA ist kein Liebestrank, sondern es lädt die Batterien auf, und das gleiche gilt für das ganze Programm. Sie werden den Nutzen der Jugend und Vitalität erleben, wenn der Stoffwechsel sich verstärkt und die Zellen allmählich immer mehr Energie erzeugen. Es ist keine künstliche Anregung, sondern *die Verwirklichung des genetisch vorgegebenen Potentials für unser Leben.*

Das Bild wurde schon oft verwendet, aber es stimmt genau: Leben ist eine Symphonie der Erfahrungen. Freud hörte nur einen Ton, der immer wieder gespielt wurde. Wenn wir in diese Geisteshaltung verfallen, wird das Älterwerden – ob mit oder ohne DHEA – zu etwas Schrecklichem. Das Geheimnis besteht darin, daß man unterwegs die wichtigen Lektionen lernt, so daß man in jeder Phase das Beste erleben und das Beste beitragen kann. Die Libido liefert sozusagen die Baßtöne, aber ein erfülltes Leben erfordert außerdem die Harmonien von Weisheit, Kreativität und Leidenschaft.

Das Schlimme war, daß uns immer gerade dann, wenn wir diese Erkenntnis gewonnen hatten, die Zeit oder die Energie ausging. Auch das ist nicht nur eine Frage der Information, sondern es hängt von Motivation und Fähigkeiten ab. Daß körperliche Betätigung wichtig ist, wissen wir, aber sie wird zu einem Kampf. Das DHEA-Programm macht sie in jedem Alter einfacher und erfreulicher.

Wir wollen eine positive Lebenseinstellung bewahren, aber das Alter bringt oft chronische Schmerzen und Depressionen mit sich. In den folgenden Kapiteln wird davon die Rede sein, wie sich die Stimmungslage auf natürliche Weise verbessern läßt und wie man gleichzeitig durch die Stärkung von Gelenken, Sehnen, Bändern und Knochen ein breites Spektrum von Schmerzen im Bewegungsapparat verhüten oder beseitigen kann. Außerdem stärkt das DHEA-Programm das Gedächtnis und die Auffassungsgabe, und es eröffnet gute Aussichten auf eine Verminderung der Verfallserscheinungen, die unseren Geist mit fortschreitendem Alter verstümmeln.

Die magische Kugel gibt es nicht

Es geht hier ganz eindeutig nicht um eine «magische Kugel». So reizvoll die Vorstellung vom schnellen Erfolg auch sein mag: Wir müssen erkennen, daß sie *noch nie funktioniert hat*. Das ist leicht zu verstehen. Das Leben ist kompliziert, also suchen wir nach einfachen Lösungen – nach einer Pille, die alle Probleme behebt. Aber wenn die Wissenschaftler versucht haben, eine magische Kugel zu finden, sind sie jedesmal gescheitert.

Die derzeit beliebtesten Medikamente in Amerika gehören zu einer Gruppe von Antidepressiva, die man als selektive Serotonin-Antagonisten bezeichnet. Sie wurden über 30 Millionen mal verschrieben, meist für Frauen, aber als häufige Nebenwirkung lösen sie sexuelle Störungen aus: Verminderung der Libido und Orgasmusprobleme.

Letztlich wird die Gesellschaft das große Gesamtbild erkennen. Es geht nicht um ein einzelnes Hormon oder Medikament, nicht um etwas, das man kaufen kann, sondern darum, was man tut und wie man lebt. Wie sich in einer wichtigen neuen Untersuchung gezeigt hat, wird die sexuelle Aktivität bei älteren Männern und Frauen mehr von körperlicher Aktivität sowie von gesellschaftlichen und persönlichen Faktoren bestimmt als von irgendeinem Hormonspiegel. Mit anderen Worten: *Laufen Sie nicht einfach los, um DHEA zu kaufen*. Sehen Sie sich erst einmal genau Ihr Leben an. Nehmen Sie aktiv daran teil, oder sind Sie in die Rolle des Zuschauers verfallen?

Das gesamte DHEA-Programm ist darauf ausgerichtet, daß Sie leidenschaftlich und intensiv am Leben teilnehmen. Wenn Sie heute 50 sind, haben Sie gute Aussichten, 100 Jahre alt zu werden. Aber wenn Sie wollen, daß es Jahre voller Aktivität und Lebensfreude werden, müssen Sie jetzt etwas unternehmen. Warten Sie nicht noch einmal 20 Jahre auf ein Wundermittel. Es ist an der Zeit, aufzuwachen und die unglaublichen Möglichkeiten zu nutzen, mit denen wir heute unser Leben zum Besseren verändern können.

KAPITEL 3

Besser als Sex: am Leben bleiben

Wenn Sie auf den Titel dieses Kapitels mit der Frage antworten: «Was könnte besser sein als Sex?», gehören Sie sicher zu den Junggebliebenen, aber Sie haben nicht genügend nachgedacht. *Das Leben selbst* ist besser – oder vielleicht sollte ich sagen: wichtiger – als Sex. Und der Wunsch, am Leben zu bleiben, ist eine ebenso große Triebkraft des menschlichen Verhaltens.

Das Bestreben, lange zu leben, ist in gewisser Hinsicht ein Auflehnen gegen die Tyrannei unserer Gene. Wie ich schon in der Einleitung erläutert habe, kümmert die Natur sich wenig darum, ob ein Individuum weiterlebt, wenn es das fortpflanzungsfähige Alter hinter sich hat. Aber *uns* kümmert es, und wir wenden viel Zeit und Mühe auf, um herauszufinden, wie wir das Leben verlängern können.

Ebenso wichtig wie die Lebensdauer ist die Lebens*qualität*. Kaum jemand würde 120 Jahre leben wollen, wenn die letzten vier Jahrzehnte voller chronischer Krankheiten oder Schmerzen wären. Deshalb bin ich so begeistert davon, daß wir an der Schwelle großer Fortschritte in der Erforschung der Lebensqualität stehen; und wieder spielt DHEA dabei eine wichtige Rolle.

Dieses Kapitel befaßt sich mit einigen bemerkenswerten Wegen, auf denen DHEA uns ein längeres und besseres Leben verschafft, als wir es jemals für möglich gehalten hätten. Der Zusammenhang zwischen DHEA und Immunsystem wird von Woche zu Woche deutlicher, und dieses Kapitel enthält Informationen, die so noch nie in gedruckter Form zusammengestellt wurden.

Hintergrund

Schon lange vor der Pubertät ist DHEA ein entscheidender Faktor für alle Wachstums- und Entwicklungsvorgänge. Die Körpergewebe konkurrieren um das verfügbare DHEA, und im Gehirn ist seine Konzentration sechsmal höher als in allen anderen Geweben oder Organen. Das veranlaßte manche Fachleute zu der Annahme, DHEA könne für die Evolution der höheren Säugetiere eine zentrale Rolle gespielt haben, denn nur Menschen und andere Primaten sind in der Lage, das Hormon in großen Mengen zu produzieren. Außerdem ist die DHEA-Produktion offenbar direkt proportional zur Größe des Gehirns, das heißt, die Menschen produzieren am meisten davon.

Wie sich in neueren Untersuchungen gezeigt hat, wirkt DHEA an der Ablesung (Transkription) der DNA mit, einem entscheidenden Vorgang bei Reparatur und Verdoppelung der Zellen. Demnach regt DHEA das Wachstum nicht einfach nur an, sondern es ist ein Wachstums*regulator* – an diese entscheidende Tatsache sollte man denken, wenn man den Zusammenhang zwischen dem Hormon und Krebs betrachtet. Wie wir noch sehen werden, hat DHEA eine stark krebshemmende Wirkung, vor allem weil es in der Lage ist, die anormale Zellvermehrung unter Kontrolle zu halten.

Der springende Punkt ist dabei, daß die Wissenschaftler in DHEA immer ein Geschlechtshormon gesehen haben, einfach weil sie auf keinem anderen Gebiet danach gesucht haben. In den letzten fünf Jahren hat die DHEA-Forschung jedoch auch in der Physiologie, Biochemie, Allgemeinmedizin, Geriatrie, Erforschung der Lebensdauer, Frauenheilkunde, Immunologie und sogar in der Gehirnforschung einen großen Aufschwung erlebt. In Wirklichkeit findet man die besonderen Enzyme, die für den DHEA-Stoffwechsel notwendig sind, in praktisch allen Geweben unseres Körpers.

Deshalb ist es unsinnig, DHEA als Steroid-Geschlechtshormon zu bezeichnen. *Genausogut könnte man in ihm, wie eine Gruppe von Wissenschaftlern behauptet, das «Mutterhormon» des menschlichen Lebens sehen.*

Gegen die Todesursache Nummer 1

Als *Herz-Kreislauf-Krankheiten* bezeichnet man alle Erkrankungen des Herzens und der Blutgefäße. Atherosklerose ist die zunehmende Verengung einer Arterie, und wenn diese Arterie das Herz versorgt, kommt es zum Herzinfarkt. Führt sie zum Gehirn, tritt der Schlaganfall ein. Beide Ereignisse können die betroffene Person umbringen, und der Schlaganfall kann Lähmungen hervorrufen. In den Industrieländern sind Herz-Kreislauf-Krankheiten die wichtigste Todesursache, und 45 Prozent aller Herzinfarkte treten bei Menschen unter 65 Jahren ein.

Wußten Sie, daß Bypassoperationen (bei denen ein verschlossenes Herzkranzgefäß mit einer durchlässigen Arterie aus dem Oberschenkel überbrückt wird) in den Vereinigten Staaten eine der größten Wachstumsbranchen sind? Ist es dann noch verwunderlich, daß diese Eingriffe den großen Krankenhäusern mehr Geld einbringen als jedes andere Therapieverfahren? Manche Kliniken verdanken den Bypassoperationen *30 bis 40 Prozent ihrer gesamten Einnahmen.*

Die Schulmediziner sehen in der Bypassoperation eine «Vorbeugungsmaßnahme», obwohl sich in Studien gezeigt hat, daß sie die Lebenserwartung insgesamt nicht steigen läßt (und zwar deshalb, weil die verpflanzte Arterie meist sehr schnell ebenfalls verstopft).

Dann gibt es Medikamente, die den Blutdruck oder den Cholesterinspiegel senken – eine weitere Wachstumsindustrie. Auch diese Präparate dienen angeblich der «Vorbeugung», obwohl man in Untersuchungen herausgefunden hat, daß die mit ihnen behandelten Patienten eine *höhere* Sterblichkeit zeigen, und obwohl es eine ganze Klasse von Blutdruckmedikamenten gibt, die *das Herzinfarktrisiko nachgewiesenermaßen steigen lassen.*

Ich bin kein Aufwiegler, aber diese Erkenntnis ist kaum zu übersehen: Es wird eine Riesenmenge Geld mit Behandlungsmethoden verdient, die sehr wenig nutzen, *und die wirklich wirksamen Therapieformen läßt man links liegen.*

Für die Gesundheit des Herzens: Vitamin E und DHEA

Es gibt also durchaus Wege, um den Herz-Kreislauf-Erkrankungen vorzubeugen, aber die sind einfach und billig. Nach den Ergebnissen von zwei aufsehenerregenden Studien, die 1993 im *New England Journal of Medicine* erschienen, kann Vitamin E das Risiko von Herzerkrankungen um 26 bis 46 Prozent senken. Diese Schlußfolgerung ergab sich aus mehr als zehnjähriger klinischer Forschung.

Und jetzt haben wir das DHEA, das mit dem Vitamin E auf vielerlei Weise zusammenwirkt. In einer Studie, die das *New England Journal of Medicine* 1986 veröffentlichte, wurde folgendes berichtet:

> «Eine Zunahme der DHEA-Sulfat-Konzentration um 100 Mikrogramm je Deziliter entsprach einem 46prozentigen Rückgang der Sterblichkeit aufgrund von Herz-Kreislauf-Erkrankungen und von 36 Prozent für alle Todesursachen zusammen ... Personen mit höherem DHEA-Spiegel lebten länger und hatten ein viel niedrigeres Risiko für Herzerkrankungen.»

Um zu begreifen, welche außergewöhnliche Möglichkeit sich heute bietet, unnötiges Leiden und Sterben zu verhindern, muß man sich klarmachen, daß Herzkrankheiten viele Facetten haben. Es ist nicht nur eine Frage des Blutdrucks oder des Cholesterins, auch wenn diese Faktoren eine Rolle spielen. Man hat nicht saubere Arterien, und dann wacht man eines Morgens mit verstopften Gefäßen auf. Die Atherosklerose entwickelt sich in drei gut untersuchten Stadien, und in *allen* diesen Phasen zeigen DHEA und/oder Vitamin E eine Wirkung.

Stadium 1. Cholesterin ist eine Fettsubstanz, und wie alle Fette kann es ranzig werden. Ein Chemiker würde sagen: es *oxidiert*. Durch die Oxidation des Cholesterins im Blut entstehen die schädlichen freien Radikale, welche die Innenwand der Arterien angreifen. Die Reaktion des Organismus auf solche Verletzungen gilt heute als Beginn der Atherosklerose. Später sammeln sich an der Schadstelle Zelltrümmer, Calcium, Proteine und letztlich auch Cholesterin an; zusammen bilden sie die Ablagerung (Plaque), die den Blutstrom behindert. Vitamin E verhindert die Oxidation des Cholesterins, so daß der erste Schaden gar nicht erst entsteht. Das ist echte Vorbeugung.

Stadium 2. Auch anormale Zellvermehrung in der Arterienwand trägt zur Atherosklerose bei. DHEA verhindert, daß die Zellen sich zu stark vermehren – das wurde sowohl an Zellkulturen als auch bei Tieren und Menschen nachgewiesen. Wie sich beispielsweise herausstellte, haben Patienten mit koronarer Herzkrankheit, deren Arterien zu mehr als 50 Prozent blockiert sind, einen niedrigeren DHEA-Spiegel als solche ohne derart umfangreiche Gefäßverengungen. Man konnte sogar beobachten, daß die Zahl der erkrankten Blutgefäße und das Ausmaß der Atherosklerose mit steigendem DHEA-Spiegel abnahm.

Um diesen Zusammenhang genauer aufzuklären, führte man bei Patienten, die eine Bypassoperation hinter sich hatten, eine Langzeitstudie durch. Auch dabei ließ sich anhand des DHEA-Spiegels der relative Erfolg des Eingriffs voraussagen. Bei Patienten mit niedriger Konzentration des Hormons führte anormale

Zellvermehrung schnell wieder zur Erkrankung der neuen Gefäße.

Stadium 3. Wenn sich in den Arterien die Plaques aufbauen, kommt es zunächst in der Regel zu Schmerzen in der Brust (Angina pectoris) und zu kleinen Schlaganfällen, den «transitorisch-ischämischen Attacken» (TIA). Herzinfarkt und Schlaganfall entstehen durch einen *vollständigen* Gefäßverschluß, bei dem Herz oder Gehirn nicht mehr mit Sauerstoff versorgt werden, so daß Zellen absterben. Die Ursache einer solchen Blockade ist in der Regel ein Blutgerinnsel, das sich in der verengten Arterie festsetzt, und solche Klumpen bestehen meist aus Blutplättchen, einer bestimmten Art der Blutzellen.

Die Zusammenballung der Blutplättchen nennt man auch Thrombozytenaggregation. Für die normale Blutgerinnung ist es unbedingt notwendig, daß die Blutplättchen aneinander haften, aber wenn sie zu «klebrig» werden, bilden sich anormale Gerinnsel, und dann steigt die Herzinfarkt- und Schlaganfallgefahr stark an. Wie man in dem folgenden Diagramm erkennt, vermindert DHEA nachweislich die anormale Thrombozytenaggregation. In einer Studie erhielten Freiwillige entweder DHEA oder ein Placebopräparat und dann einen Wirkstoff, der das Blut gerinnen ließ. Bei den Versuchspersonen, die DHEA genommen hatten, war die Thrombozytenaggregation deutlich vermindert bis hin zur völligen Normalisierung; bei denen, die das Placebo genommen hatten, war dieser Effekt nicht zu beobachten.

Außerdem lassen neuere Forschungsergebnisse mit Freiwilligen darauf schließen, daß DHEA anormale Gerinnsel noch auf andere Weise verhütet und sogar wieder auflöst. Bei mehreren Männern, die zwölf Tage lang täglich 50 Milligramm DHEA genommen hatten, zeigte sich eine verstärkte Fähigkeit zum Auflösen des Fibrins, eines anderen Strukturbestandteils der Blutgerinnsel.

Herzkrankheiten: andere Risikofaktoren

Insulinempfindlichkeit

Ein wichtiges Kennzeichen des Älterwerdens ist die Abnahme der Insulinempfindlichkeit in allen Körperteilen. Es wurde bereits erwähnt: Insulin ist das Hormon, das die Glucose und andere Nährstoffe aus dem Blut ins Gewebe «lotst»; dazu bindet es an Insulinrezeptoren auf den Zellen. Läßt die Insulinempfindlichkeit der Zellen nach, ist diese Bindung beeinträchtigt, und es entsteht eine Störung, die man *Insulinresistenz* nennt. Die Zellen brauchen den Brennstoff nach wie vor, aber der Körper reagiert darauf nur mit der Produktion von immer mehr Insulin.

Stellen Sie sich vor, Sie erwarten dringend ein Paket, aber die Türklingel ist defekt, und Sie hören den Lieferanten nicht. Erbost rufen Sie bei der Spedition an und beschimpfen den Chef, der daraufhin *zwei* Lieferanten schickt. Jetzt drücken sie zu zweit auf die defekte Türklingel, aber sie müssen ebenfalls unverrichteter Dinge wegfahren, und Sie haben das Paket immer noch nicht. Das geht so lange weiter, bis Sie schließlich bemerken, daß 20 Boten in Ihrem Vorgarten stehen.

Wenn sich das gleiche im Organismus abspielt, ist der Insulinspiegel schließlich stark erhöht, ein Zustand, den man *Hyperinsulinismus* nennt. Er läßt das Risiko für eine ganze Reihe von Krankheiten ansteigen, unter anderem für Atherosklerose, Diabetes und Übergewicht. Außerdem trägt der Hyperinsulinismus zu Herz-Kreislauf-Erkrankungen bei, weil er die Blutgefäße schädigt und die Bildung der Plaques begünstigt.

Wie sich in Studien gezeigt hat, wirkt DHEA in diesem Zusammenhang auf mehrfache Weise vorbeugend. Einer neueren Untersuchung zufolge sinkt bei Hyperinsulinismus der DHEA-Spiegel, weil sich die *Stoffwechsel-Clearance* beschleunigt, das heißt, übergroße Insulinmengen bewirken, daß der Organismus das DHEA schneller verbraucht, so daß durch stärkere Schädigung und geringeren Schutz eine doppelte Gefahr entsteht. Die Autoren dieser Studie äußern die Vermutung, man könne den Teufelskreis durch DHEA-Einnahme durchbrechen und so den wichtigsten Alterskrankheiten vorbeugen.

Das scheint tatsächlich zu stimmen. In einer neuen Untersuchung wurde bei Freiwilligen der Insulin- und Blutzuckerspiegel nach abendlicher Einnahme von 100 mg DHEA gemessen. Nach nur 30 Tagen war der Insulinspiegel um 27 Prozent zurückgegangen. In derselben Studie stellte sich auch heraus, daß DHEA die Konzentration des Wachstumsfaktors IGF-1 steigen läßt, der die Blutgefäße erweitert, die Durchblutung verbessert und so zu einer Verminderung des Herzinfarktrisikos beiträgt. Der interessanteste Stein in diesem Puzzle ist die Tatsache, daß auch der IGF-1-Spiegel mit zunehmendem Alter absinkt. Auch hier ist DHEA offenbar der «Hauptschalter», der im ganzen Körper eine Lawine alterungshemmender Wirkungen in Gang setzt.

Fett: an den Hüften und im Blut

Das Risiko für Herz-Kreislauf-Erkrankungen ist bei Übergewichtigen viermal größer als bei Personen mit Normalgewicht. Das liegt zu einem großen Teil daran, daß das Fett schädliche Umwandlungen durchmacht (zum Beispiel durch Oxidation und die Bildung freier Radikale), aber Übergewicht trägt auch zum Hyperinsulinismus bei. Neben den erwähnten unmittelbaren Gefahren für Herz und Kreislauf verursacht die übermäßige Insulinproduktion auch starke Schwankungen des Blutzuckerspiegels und eine geringe körperliche Belastbarkeit.

Schlanke Menschen werfen den Molligen häufig vor, sie trieben nicht genügend Sport. Wichtig ist aber die Erkenntnis, daß kein Mensch auf Dauer etwas tun wird, wobei er sich nicht wohl fühlt. Übergewicht macht körperliche Tätigkeiten anstrengend und schmerzhaft, auch wenn sie für Schlanke einfach und angenehm sind. Im einzelnen werden wir uns mit diesem wichtigen Thema in

Kapitel 7 befassen; zunächst wollen wir uns aber ansehen, in welchem Dilemma Übergewichtige stecken.

Jeder sagt ihnen, sie sollten sich mehr bewegen, aber die übermäßige Insulinausschüttung führt zu heftigen Schwankungen des Blutzuckerspiegels und zu starker Müdigkeit. Außerdem führt körperliche Betätigung bei Übergewichtigen sehr schnell zur Erschöpfung, und wenn sie es dennoch schaffen, ein Trainingsprogramm vollständig zu absolvieren, schmerzen am nächsten Tag die Muskeln und Gelenke. Wer würde sich regelmäßig und freiwillig einer solchen Tortur unterziehen?

Die gute Nachricht lautet: DHEA kann diese Situation umkehren. In einer bahnbrechenden Untersuchung der Veränderungen von Fett-, Hormon- und Cholesterinmenge erhielten Freiwillige 28 Tage lang die sehr hohe Dosis von 1600 Milligramm DHEA täglich. In der Placebogruppe waren keine nennenswerten Veränderungen zu beobachten, aber bei den Personen, die DHEA eingenommen hatten, ging der Anteil des Körperfetts durchschnittlich um 31 Prozent zurück, obwohl ihr Gesamtgewicht nicht annähernd so stark abnahm. Das DHEA sorgte eindeutig für eine beträchtliche Zunahme der Muskelmasse. Mehr Muskeln, das bedeutet höheren Stoffwechselumsatz, verbesserte Insulinempfindlichkeit, größere Belastbarkeit und ein vermindertes Risiko für Herz-Kreislauf-Erkrankungen.

Auch im Blut befinden sich Fette, und ihre Konzentration kann sogar bei sehr schlanken Menschen erhöht sein. Bei einem hohen Cholesterinspiegel besteht natürlich auch eine größere Wahrscheinlichkeit, daß dieses Cholesterin oxidiert, ganz gleich, wieviel Vitamin E man nimmt. Die Schäden richtet vor allem das sogenannte «schlechte» Cholesterin an, mit dem Fachausdruck Lipoprotein geringer Dichte (*low density lipoprotein*, LDL) genannt. In der gleichen Studie sank der Spiegel des Gesamtcholesterins bei DHEA-Einnahme um fünf Prozent – was für einen Zeitraum von nur 28 Tagen sehr bedeutsam ist. Und was noch wichtiger war: Der Rückgang ergab sich fast ausschließlich durch eine Verminderung des LDL-Anteils um 7,5 Prozent.

Geschlechtsunterschiede

Ob das Geschlecht für den Schutz vor Herzkrankheiten eine Rolle spielt, ist nicht geklärt. Leider wurden die meisten Studien im Zusammenhang mit DHEA an Männern durchgeführt. Mit Frauen erhielt man wechselnde Ergebnisse. In einer umfassenden Untersuchung der Wirkung von DHEA auf Frauen nach den Wechseljahren (die Studie von Rancho Bernardo) war kein Schutz gegen Herzkrankheiten nachzuweisen. Eine andere Wissenschaftlergruppe stellte jedoch in jüngster Zeit fest, daß sich der Rückgang der Insulinempfindlichkeit bei einer Gruppe von Frauen nach den Wechseljahren fast völlig verhindern ließ, wenn sie täglich 50 Milligramm DHEA einnahmen. Offensichtlich wird es erst nach weiteren Untersuchungen möglich sein, diese Widersprüche aufzuklären und die scheinbaren Geschlechtsunterschiede zu beurteilen; bis es soweit ist, kann man keine endgültigen Schlußfolgerungen ziehen.

DHEA und das Herz: eine Zusammenfassung

Nachdem man wußte, daß Herz-Kreislauf-Krankheiten etwas sehr Komplexes sind, war auch klar, daß eine wirksame Vorbeugung an vielen Stellen ansetzen kann, und die Forschungsergebnisse der jüngsten Zeit weisen darauf hin, daß DHEA hier ein entscheidender Faktor sein dürfte. Männer, die einen Herzinfarkt überlebt haben oder an einer symptomfreien koronaren Herzkrankheit leiden, haben den Befunden zufolge einen viel niedrigeren DHEA-Spiegel als ihre gesunden Altersgenossen.

Die gute Nachricht für Männer und Frauen lautet: DHEA spielt für fast alle Vorbeugungsmaßnahmen eine wichtige Rolle. Es hemmt die anormale Bildung von Blutgerinnseln, steigert die Muskelmasse, vermindert den LDL-Spiegel und verhütet die anormale Vermehrung der Zellen in den Gefäßwänden. Am wichtigsten ist dabei, daß diese Wirkungen offenbar schon bei einer mäßigen DHEA-Dosis eintreten, so daß das Verhältnis von Nutzen und Risiko außerordentlich günstig ist.

Stärkung der allgemeinen Abwehrkräfte

Jeder von uns besteht aus etwa 100 Billionen Zellen (ungefähr zwanzigtausendmal so viele, wie es Menschen auf der Erde gibt), und wenn nur eine einzige nicht dazugehört, weiß das Immunsystem darüber Bescheid. Unser Abwehrsystem bringt eine Fülle von Waffen hervor und wandelt seine Reaktionen ständig ab, so daß sie immer genau auf die besonderen Eigenschaften des Feindes zielen. Und selbst wenn das Immunsystem siegreich war, ruht es sich nicht auf seinen Lorbeeren aus: Es produziert Zellen, die sich für alle Zeiten an jeden einmal bekämpften Feind erinnern, so daß es bei einem erneuten Angriff noch wirksamer antworten kann.

Nun darf man aber nicht glauben, das Immunsystem ließe sich ohne weiteres manipulieren. Wenn wir krank sind, denken wir nur allzuleicht, wir könnten schnell in die Apotheke gehen und Pillen kaufen, die unser Immunsystem «stärken», aber so einfach ist das nicht. Man kann zwar mit Sicherheit sagen, daß die Abwehrkräfte sich durch eine bessere Ernährung verstärken, aber die meisten «Immunverstärker», die man in Apotheken oder Drogeriemärkten bekommt, haben keine nachgewiesenen Wirkungen, und manche sind sogar gefährlich. Auch das liegt daran, daß die Immunfunktion außerordentlich kompliziert ist. Man kann nicht einfach Vitamine schlucken und dann mit einer echten Verbesserung rechnen. Wenn man einen Bestandteil des Immunsystems anregt, schwächt man damit in manchen Fällen eine seiner anderen «Abteilungen».

Das «Gleichgewicht» des Immunsystems

Entscheidend ist, daß Immunverstärkung nicht gleich Immunstimulation ist; die Abwehrfunktion ist nämlich kein Ein-Aus-Schalter, sondern ein Gleichgewicht. Im Laufe der Jahre war immer wieder davon die Rede, bestimmte Wirkstoffe – beispielsweise die Interleukine – könnten die Immunität verstärken, aber wie sich herausgestellt hat, sind sie alle nur von begrenztem Nutzen, und das bei häufig bedeutenden Risiken. Durch das Ankurbeln des Immunsystems können sich beispielsweise Allergien verschlimmern, und manchmal verstärken sich Autoimmunerkrankungen wie rheumatoide Arthritis, Lupus erythematodes oder Multiple Sklerose.

DHEA ist unter anderem deshalb so reizvoll, weil es offenbar das *Gleichgewicht* im Immunsystem wiederherstellt. Immunologen bezeichnen diese Verstärkung gern als «Heraufregulation» und weisen begeistert auf Forschungsergebnisse hin, wonach man bei einer alten Maus den Immunzustand einer jungen wiederherstellen kann, einfach indem man sie mit DHEA füttert. Das ist ganz etwas anderes als ein Wirkstoff, der das Immunsystem einfach nur heißlaufen läßt. Aber Mäuse sind auch ganz etwas anderes als Menschen. Sehen wir uns deshalb einige neuere Untersuchungen an, die sich auf Menschen anwenden lassen.

Monozytenaktivierung. Die *Monozyten,* ein bestimmter Typ der Immunzellen, spielen für die Reaktion des Organismus auf eine ganze Reihe von Krankheitserregern eine entscheidende Rolle, insbesondere für die Abwehr von Viren und – am wichtigsten – von Krebszellen. Sie greifen die Tumorzellen unmittelbar an und sorgen daneben auch für die Ausschüttung anderer krebshemmender Wirkstoffe wie Interferon, Tumornekrosefaktor (TNF) und freie Sauerstoffradikale.

Keine dieser Abwehrwaffen läßt sich ohne beträchtliches Risiko *unmittelbar* beim Menschen anwenden, aber eine Substanz, welche die Aktivität der Monozyten anregt oder ihre Entstehung fördert, kann gewaltigen Nutzen bringen. Eine solche Substanz ist DHEA. Wie sich in neueren Studien gezeigt hat, verstärkt es die Monozytenproduktion, und es sorgt dafür, daß diese Zellen im Organismus aktiver sind. Bei der Untersuchung submikroskopischer Einzelteile der Monozyten hat man kürzlich sogar eine spezifische Bindungsstelle für DHEA entdeckt; damit ist bestätigt, daß zwischen DHEA und der Immunabwehr ein direkter Zusammenhang besteht.

B-Zellen. Bei älteren Freiwilligen, die sechs Monate lang täglich 50 Milligramm DHEA erhielten, beobachtete man eine «funktionelle Aktivierung» der B-Zellen, das heißt, diese Zellen reagierten schneller und stärker, um den Organismus vor zahlreichen Krankheitserregern zu schützen.

T-Zellen. Die T-Zellen, auch T-Lymphozyten genannt, sind für das Immunsystem von zentraler Bedeutung. Anders als die B-Zellen, die bestimmte Ziele «ansteuern» und mit Hilfe von Antikörper«geschossen» zerstören, stürzen sich die T-Zellen eher wie eine Infanterie auf jeden Eindringling. Von den T-Zellen hat fast jeder schon einmal gehört, denn Zellen dieses Typs sind das Ziel des AIDS-Virus. Sie sind an fast allen Immunreaktionen beteiligt, ob es nun um die Abwehr einer einfachen Infektion oder einer lebensbedrohlichen Erkrankung geht.

Wie sich vor etwa zehn Jahren herausstellte, stiegen Zahl und Aktivität der T-Zellen bei AIDS-Patienten an, wenn sie zusätzliches DHEA erhielten. Eine vorläufige Erklärung bietet eine neue

Studie, die im *Journal of Clinical Endocrinology and Metabolism* veröffentlicht wurde. Die beteiligten Wissenschaftler fanden auf menschlichen T-Zellen spezifische Bindungsstellen für DHEA und schlossen daraus, das Hormon könne diese Immunzellen vielleicht regulieren. Mit anderen Worten: Wenn die T-Zellen zur Krankheitsabwehr mobilisiert werden, bestimmt DHEA entscheidend darüber mit, wie stark die Verteidigungsreaktion ausfällt.

Mittlerweile kennt man auch mindestens einen Weg, auf dem DHEA gezielt die T-Zellen stärkt. Einer wichtigen Studie zufolge, über die in den *Annals of the New York Academy of Sciences* berichtet wurde, produzierten die T-Zellen älterer Menschen nach Einnahme von DHEA verstärkt zwei wichtige Abwehrsubstanzen namens Interleukin-2 und Gamma-Interferon. Das weist eindeutig darauf hin, daß die mit fortschreitendem Alter eintretende Schwächung des Immunsystems sich auf diese Weise deutlich beeinflussen und vielleicht sogar rückgängig machen läßt. Wenn das stimmt, ist es einer der wichtigsten Fortschritte in der vorbeugenden Medizin des 20. Jahrhunderts.

Die Thymusdrüse. Die T-Zellen verdanken ihren Namen der Tatsache, daß diese Lymphozyten kurz nach ihrer Entstehung aus unbekannten Gründen in die Thymusdrüse wandern. Dort verwandeln sie sich von normalen Allerweltslymphozyten in hochwirksame Abwehrzellen.

Aber die Thymusdrüse schrumpft mit fortschreitendem Alter allmählich ein, und genauso ergeht es auch der Immunabwehr. Durch gesunde Ernährung, regelmäßige körperliche Betätigung und Nikotinabstinenz läßt sich die Rückbildung zwar verlangsamen, aber neueren Untersuchungen zufolge kann man noch mehr tun. Wie sich nämlich herausgestellt hat, hängt die Aufrechterhaltung der Thymusmasse vom Wachstumshormon ab, das in der Hypophyse gebildet wird. Seine Konzentration sinkt schon kurz nach der Pubertät ab – für den Körper das Signal, das Wachstum einzustellen. Um das 50. Lebensjahr ist das Wachstumshormon bei den meisten Menschen nicht mehr nachweisbar, und auch die Thymusdrüse steht im Begriff, zu einem Bruchteil der früheren Größe zusammenzuschrumpfen.

In diesem Alter muß der Körper zwar nicht mehr wachsen, aber Reparatur und Gewebeerhaltung sind nach wie vor erforderlich. Zu diesem Zweck produzieren die Leber und andere Gewebe die Substanz IGF-1. Zwar regt IGF-1 nachweislich das Thymuswachstum an, aber damit sind wir noch nicht aus dem Schneider, denn seine Produktion sinkt mit den Jahren ebenfalls ab. Hier kommt DHEA ins Spiel: Es regt die IGF-1-Produktion kräftig an, und die Forschungsergebnisse legen die Vermutung nahe, daß es auch die Rückbildung der Thymusdrüse verhüten und in manchen Fällen sogar rückgängig machen kann.

Und das ist noch nicht alles: Bestimmte Hormone aus der Gruppe der *Glucocorticoide* unterdrücken aktiv die Funktion der Thymusdrüse und beschleunigen ihre Rückbildung und Schrumpfung. Glucocorticoide, beispielsweise das Cortisol, entstehen bei Streß in den Nebennieren. Andere wie Prednison und Dexamethason werden medizinisch angewandt. In Tierversuchen konnte man die von Glucocorticoiden ausgelöste Immununterdrückung durch Gabe von DHEA um 50 Prozent vermindern. Demnach beruhen die nützlichen Wirkungen von DHEA auf die Immunabwehr vermutlich darauf, daß die Wirkungen der Glucocorticoide neutralisiert oder abgefedert werden.

Nach Ansicht mancher Forscher wird sich dieses Abfedern der Glucocorticoide möglicherweise als der wichtigste Nutzen von DHEA erweisen, denn durch die Forschungsarbeiten zeigen sich immer mehr Wege, auf denen Streßhormone die Immunabwehr beeinträchtigen. Glucocorticoide begünstigen nicht nur den Verfall der Thymusdrüse, sondern sie beeinträchtigen auch die Fähigkeit des Immunsystems, bestimmte Gene zu aktivieren und die Immunreaktion auf diese Weise wirksamer zu gestalten. Auch diesem Effekt kann DHEA offenbar entgegenwirken. In einem neueren Experiment brachte man Mäuse zunächst mit Darmbakterien in Kontakt, und dann erhielten sie entweder Prednison oder DHEA. In der Gruppe mit Prednison überlebten 25 Prozent der Tiere, bei denen mit DHEA waren es 72 Prozent.

NK-Zellen. Krebszellen besitzen eine einzigartige Fähigkeit, ihre heimtückische Tätigkeit zu bemänteln. Wenn sie eine gewisse Anzahl erreicht haben, produzieren sie eine Proteinhülle, die ihre schnelle Vermehrung buchstäblich vor dem Immunsystem versteckt. Aber dann sind da noch die natürlichen Killerzellen (NK-Zellen) des Immunsystems.

NK-Zellen besitzen zwei Fähigkeiten, die anderen Immunzellen fehlen: Sie *wissen* einfach, daß etwas nicht stimmt, und sie verfügen über Waffen, die andere Zellen nicht besitzen. Für eine gewöhnliche weiße Blutzelle sieht eine Kolonie von Krebszellen vielleicht völlig normal aus, aber wenn eine NK-Zelle vorbeikommt, spürt sie, daß etwas nicht in Ordnung ist. Und dann reißt sie mit ihren Waffen ein Loch in die Proteinhülle der Krebszellen.

Auch gegen Viren wirken die NK-Zellen sehr heftig. Deshalb sollte man möglichst viele solche Zellen besitzen, und nachdem man ihren Wert erkannt hatte, steckten die Wissenschaftler viel Mühe in den Versuch, ihre Zahl wie auch ihre Aktivität zu steigern. Bis 1993 hatte man damit nur geringen Erfolg, aber dann fand eine Arbeitsgruppe an der University of Tennessee unter Leitung von Peter Casson heraus, daß DHEA die Kraft der NK-Zellen bei Freiwilligen «dramatisch» ansteigen läßt. Besonders wichtig dabei: Die Versuchspersonen waren Frauen nach den Wechseljahren, und die DHEA-Menge, die diese bemerkenswerten Ergebnisse verursachte, war eine *physiologische* Dosis, das heißt, das Hormon kommt bei jüngeren Menschen von Natur aus in dieser Konzentration vor. Ähnlich nützliche Wirkungen wiesen Dr. Samuel Yen von der University of California und seine Mitarbeiter bei älteren Männern nach, die jeden Abend eine Dosis von 50 Milligramm DHEA erhielten.

Die Aktivierung der NK-Zellen war genau der Präzedenzfall, nach dem alle gesucht hatten, denn sie bot eine Erklärung für die krebshemmende Wirkung, die viele Wissenschaftler schon früher beobachtet hatten. Casson und seine Kollegen meinen sogar, man könne die altersbedingte Abnahme des DHEA-Spiegels durchaus als «Adrenopause» bezeichnen; sie wäre eine Begründung dafür, daß die Krebshäufigkeit in höherem Alter drastisch ansteigt.

DHEA und Krebs

Wie sich in Reihenuntersuchungen gezeigt hat, geht ein niedriger DHEA-Spiegel mit Krebserkrankungen von Magen, Brust, Prostata und Blase einher. Diese Tatsache allein muß nichts bedeuten. Wenn zwei Phänomene gekoppelt sind, bedeutet das noch nicht, daß eines die Ursache des anderen ist. Wenn aber eine solche Kausalbeziehung besteht, eröffnet sich vielleicht ein wichtiger Weg, das Krebsrisiko zu vermindern.

Schritt 1: Wie zuverlässig ist der Zusammenhang? Den Zusammenhang zwischen niedrigem DHEA-Spiegel und Krebs haben bereits über ein Dutzend Autoren beschrieben. Schon 1963 berichteten britische Wissenschaftler über einen niedrigen DHEA-Spiegel bei Frauen mit Brustkrebs, und der Zusammenhang bestand offenbar schon bis zu neun Jahre vor der Diagnose. In einer anderen Langzeitstudie zeigte sich ein niedriger DHEA-Spiegel bei Frauen, die später an Eierstockkrebs erkrankten. Zu dem entgegengesetzten Ergebnis kam jedoch eine Studie, die kürzlich im *Journal of the American Medical Association* veröffentlicht wurde: Danach haben Frauen mit Eierstockkrebs einen *höheren* DHEA-Spiegel als Kontrollpersonen gleichen Alters.

Schritt 2: Gilt der Zusammenhang in beiden Richtungen? Für Menschen mit niedrigem DHEA-Spiegel besteht offenbar ein höheres Risiko für manche Krebserkrankungen, aber wirkt eine hohe DHEA-Konzentration auch schützend? Um diese Frage zu beantworten, untersuchte man das Krebswachstum im Reagenzglas; dabei stellte sich heraus, daß DHEA bemerkenswerte krebshemmende Eigenschaften hat.

Schritt 3: Vermindert DHEA bei Tieren die Krebshäufigkeit? Auch hier lautet die Antwort: ja. Man kennt in der Wissenschaft verschiedene Methoden, um bei Tieren sehr zuverlässig Krebs auszulösen, und manche Rattenstämme sind genetisch auf eine solche Erkrankung «programmiert». Füttert man solche krebsanfälligen Versuchstiere mit DHEA, geht die Krebshäufigkeit deutlich zurück, in manchen Fällen sogar bis auf Null.

Schritt 4: Wie sind widersprüchliche oder umstrittene Befunde zu bewerten? Hier wird der Zusammenhang zwischen Krebs und DHEA unklar. Widersprüchliche Befunde gibt es nicht nur im Zusammenhang mit dem Eierstockkrebs; auch bei anderen Tumoren, die auf Hormone ansprechen – beispielsweise in Prostata und Brust –, sind Mediziner und Wissenschaftler geteilter Meinung. Eine Gruppe fand zum Beispiel (an Laborzellkulturen) ein vermindertes Brustkrebsrisiko, weil DHEA die Östrogenrezeptoren blockiert. Andere dagegen vermuten eine krebs*begünstigende* Wirkung, weil DHEA zu Testosteron und Östradiol umgesetzt wird, zwei Substanzen, die in erhöhter Konzentration ein höheres Brustkrebsrisiko verursachen. Mit riesigen DHEA-Dosen konnte man bei Mäusen Leberkrebs erzeugen, und die übliche Therapie bei Prostatakrebs besteht aus Medikamenten, welche die Menge *aller* Androgene einschließlich DHEA senken.

Zusammenfassung: DHEA und seine krebshemmenden Wirkungen

Die bisherigen Befunde weisen in ihrer Mehrzahl darauf hin, daß DHEA gegenüber vielen Krebstypen eine schützende Wirkung hat. In Tierversuchen wurde eine krebshemmende Wirkung bei Haut-, Lungen-, Dickdarm-, Brust- und Prostatakrebs sowie bei Krebserkrankungen des lymphatischen Systems nachgewiesen. In den meisten Fällen waren die Befunde dramatisch. In einer Studie, die kürzlich in der Fachzeitschrift *Cancer Research* veröffentlicht wurde, unterwarf man Mäuse einer Behandlung, die normalerweise Brustkrebs entstehen läßt. Tatsächlich bekamen in der Kontrollgruppe auch mehr als 70 Prozent der Tiere eine solche Erkrankung. In der Gruppe, die DHEA bekam, *erkrankte dagegen keine einzige Maus.*

Auf die Frage, *wie* DHEA diese krebshemmende Wirkung ausübt, gibt es eine ganze Reihe stichhaltiger Antworten. Wie sich in zahlreichen Untersuchungen gezeigt hat, hemmt DHEA das Enzym Glucose-6-Phosphat-Dehydrogenase (G6PDH), das für das Krebswachstum notwendig ist. Die Hemmung ist so wirksam, daß man das Hormon injizieren, äußerlich auftragen oder den Tieren ins Futter mischen kann; unabhängig davon, wie man es verabreicht, vermindert es die Krebshäufigkeit beträchtlich. Außerdem wirkt DHEA auch als *Antioxidans,* so daß es dazu beiträgt, den Krebs im Frühstadium einzudämmen.

Mittlerweile sind Laboruntersuchungen und Tierversuche aber ausgereizt. Jetzt brauchen wir unbedingt Studien, in denen Gruppen von Männern und Frauen DHEA oder ein genauso aussehendes Placebo erhalten und dann über zehn oder 15 Jahre hinweg beobachtet werden. Außerdem muß die Forschung sich mit den Mechanismen befassen, die eine Optimierung der körpereigenen DHEA-Produktion ermöglichen. Erst dann werden wir genau wissen, welchen Schutz vor Krebs wir von DHEA erwarten können.

Da die Krebshäufigkeit insgesamt ansteigt, könnte man eigentlich erwarten, daß solche Studien bereits im Gange sind. Aber leider stimmt das nicht. Und was noch schlimmer ist: Die notwendigen Untersuchungen werden vielleicht *nie* stattfinden, weil DHEA nicht patentierbar ist, so daß keine Pharmafirma solche Forschungsarbeiten finanziert. Das ist die Folge, wenn Profitdenken die Triebkraft der medizinischen Forschung ist.

Aber viele Ärzte und Patienten warten nicht auf den bombensicheren Beweis. Ich kenne Ärzte, die DHEA schon heute bei Krebs im Rahmen eines umfassenden Behandlungsprogramms einsetzen. Andere haben festgestellt, daß es ihren Patienten nützt, zögern aber noch, es bei Brust-, Eierstock- oder Prostatakrebs anzuwenden. Eines ist sicher: Wenn man Krebs hat oder ein hohes Krebsrisiko besteht, ist ärztliche Betreuung *unbedingt notwendig.*

Krebs, Cholesterin und DHEA: eine reizvolle Hypothese

Seit über zehn Jahren wundern sich Fachleute darüber, daß bestimmte Krebsformen mit einem anormal niedrigen Cholesterinspiegel einhergehen. Wieder einmal stellen sich mehrere Fragen: Ist der niedrige Cholesterinwert ein Risikofaktor für Krebs? Oder ist der Krebs die Ursache, daß der Cholesterinspiegel sinkt? Nach meiner Überzeugung liegt die Lösung dieses Rätsels im DHEA.

- *Erkenntnis Nummer 1:* Alle Steroidhormone einschließlich DHEA gehen aus dem Cholesterin hervor. Die Zwischenform ist im Falle des DHEA das Hormon Pregnenolon. Chemisch sieht das Ganze also so aus: Cholesterin wird im Stoffwechsel zu Pregnenolon, das seinerseits weiter zu DHEA umgesetzt wird.
- *Erkenntnis Nummer 2:* Krebszellen sind die am schnellsten wachsenden Zellen des Körpers. Chemotherapeutika sind Medikamente, die Zellen, welche sich schnell vermehren, abtöten.

• *Erkenntnis Nummer 3:* DHEA verhindert sehr wirksam die Zellvermehrung, das heißt, es schränkt anormales Zellwachstum ein.
• *Erkenntnis Nummer 4:* Die Abnahme des Cholesterinspiegels beobachtet man vorwiegend in den ersten, medizinisch unauffälligen Stadien der Krebserkrankung.
• *Vermutung Nummer 1:* Wenn der Krebs heranwächst, wird Cholesterin als Baumaterial für die Membranen der sich schnell vermehrenden Zellen gebraucht. Deshalb vermindert sich sowohl der Cholesterinspiegel im Blut als auch die Umsetzung von Cholesterin zu DHEA.
• *Annahme Nummer 2:* Das ist die dreifache Schadwirkung der Krebserkrankung.

1. Durch die Vermehrung der Krebszellen wird Cholesterin knapp, der Vorläufer des DHEA, das auf das Krebswachstum hemmend wirkt. Der DHEA-Spiegel sinkt gezielt ab, denn als Reaktion auf Stoffwechselbelastungen wird vorwiegend das Cortisol gebildet, ein Streßhormon der Nebennierenrinde.
2. Ein niedriger DHEA-Spiegel führt zu Störungen in der Aktivität der NK-Zellen, die, wie bereits erwähnt wurde, die wichtigste Abwehrwaffe des Organismus gegen Krebs darstellen.
3. Wächst der Krebs unkontrolliert weiter, nimmt die Menge des Cortisols und anderer Streßhormone noch mehr zu, so daß sich ein Teufelskreis aus Immununterdrückung und abnehmendem DHEA-Spiegel ergibt (siehe Kapitel 4).

Eine begründete Methode

Solange der DHEA-Spiegel beim jugendlichen Spitzenwert liegt, beeinträchtigen Schwankungen der verfügbaren Cholesterinmenge die Fähigkeit des Organismus zur Krebsabwehr nicht. Die

Hemmung der G6PDH bleibt ebenso bestehen wie die Aktivität der NK-Zellen. Dieses Verfahren kann man anwenden, ohne auf sehr hohe DHEA-Dosen zurückzugreifen, aber man muß einen Arzt hinzuziehen, der den DHEA-Spiegel und andere Werte überwacht.

Wie gesagt: *Ein niedriger DHEA-Spiegel ist eng mit Krebserkrankungen gekoppelt und erlaubt sogar die Voraussage, daß jemand letztlich an Krebs sterben wird.* Zumindest ist es sinnvoll, alles zu tun, damit die körpereigene DHEA-Produktion so gut wie möglich aufrechterhalten wird (siehe Kapitel 4).

AIDS

Wenn das menschliche Immunschwächevirus (HIV) einen Menschen infiziert hat, greift es das Immunsystem an; dabei zielt es insbesondere auf eine Gruppe der T-Zellen, die man als Helfer- oder Inducerzellen bezeichnet. In der Medizin spricht man auch von CD4-Zellen. Der Verlauf der AIDS-Erkrankung ist von einem ständigen Rückgang in der Zahl der CD4-Zellen begleitet, der sich so lange fortsetzt, bis der Organismus sich nicht mehr gegen Bakterien, Viren, Pilze oder Parasiten wehren kann. Deshalb sind Infektionen, mit denen ein gesundes Immunsystem leicht fertig wird, für einen Patienten mit AIDS lebensbedrohlich oder tödlich.

Interessant ist allerdings die Beobachtung, daß HI-Viren, die man im Reagenzglas mit CD4-Zellen zusammenbringt, diese Zellen nicht angreifen. Es muß also bei der Zerstörung dieser Immunzellen einen Zwischenschritt geben.

Wie man schon seit einiger Zeit weiß, sind Störungen der Immunabwehr mit einem Rückgang der Steroidhormone aus der Nebenniere (einschließlich DHEA) gekoppelt. Wie sich in Messungen des DHEA-Spiegels bei HIV-positiven Männern herausstellte, war dieses Hormon bei ihnen nicht nur in geringerer Menge vorhanden als in der Kontrollgruppe, sondern man fand auch eine genau lineare Beziehung zur Zahl der CD4-Zellen. Mit steigender DHEA-Menge wurden auch diese Zellen zahlreicher.

Daraus ergibt sich noch kein schlüssiges Bild, aber es stützt andere Befunde, wonach DHEA für die Immunfunktion von entscheidender Bedeutung ist; nimmt seine Menge ab, wird demnach die Krankheitsentstehung begünstigt. Derzeit fragt sich natürlich jeder, ob die Einnahme von DHEA in der AIDS-Behandlung eine Wirkung zeigt. Das bleibt abzuwarten. Aber sehen wir uns einmal einen anderen interessanten Stein des Puzzles an.

DHEA und Cortisol

In der zuvor erwähnten Studie zeigte sich eine umgekehrt proportionale Beziehung zwischen DHEA- und Cortisolspiegel, das heißt, je höher der Cortisolspiegel, desto geringer die Menge an DHEA. Diesen Zusammenhang fand man in vielen Untersuchungen, und er legt wieder einmal die Vermutung nahe, daß die Nebennieren bei Streß vom DHEA zum Cortisol «umschalten». Nach Ansicht mancher Fachleute ist das die wichtigste Einzelursache für die gut bekannte Beeinträchtigung der Immunabwehr durch Streß. Aber was könnte es mit dem Fortschreiten einer AIDS-Erkrankung zu tun haben?

Wie sich in den Untersuchungen herausstellte, ist DHEA ein «mäßig starker Hemmstoff» für die Vermehrung von HIV, das heißt, es bringt die Vermehrung des Virus nicht zum Stillstand, kann sie aber verlangsamen. Noch wichtiger ist, daß Cortisol, das wichtigste Glucocorticoidhormon des Organismus, die HIV-Vermehrung beschleunigt. Im Organismus HIV-positiver Personen kommt es also offenbar zu einem «Tauziehen» zwischen Cortisol und DHEA, und je mehr das Cortisol die Oberhand gewinnt, desto schneller schreitet die Erkrankung fort. Gestützt wird diese Hypothese durch einen kürzlich erschienenen wissenschaftlichen Bericht mit dem Titel «HIV und die Cortisol-Connection: ein plausibles Bild des Verlaufs von AIDS».

Das ist nicht an den Haaren herbeigezogen. Daß Glucocorticoide die Immunfunktion einschließlich der T-Zellen hemmen, weiß man seit langem. Und es liegt nicht allein daran, daß jemand, der AIDS hat, natürlich unter erheblichem Streß steht. Den Befunden zufolge *verursacht* HIV sogar die übermäßige Produktion von Cortisol. Möglicherweise ist das der Zwischenschritt, nach dem alle gesucht hatten, und es würde sicher bedeuten, daß die Gabe von DHEA für die Krankheitsbekämpfung höchst hilfreich wäre.

Und schließlich ist da noch die Thymusdrüse selbst, die Fabrik, in der die T-Zellen hergestellt werden. Wie bereits erwähnt wurde, kann der von DHEA angeregte IGF-1 das Wachstum und die Erhaltung der Thymusdrüse fördern, so daß die Produktion der T-Zellen und damit auch die Abwehrkraft sich wieder verstärkt.

Wirksamere Impfungen

Wenn Krankheitserreger in den Organismus eindringen, geht das Immunsystem zum Gegenangriff über: Es produziert *Antikörper*, die genau auf die Eigenschaften der Angreifer abgestimmt sind, und «Gedächtniszellen», die sich diese Eigenschaften «merken», so daß das Abwehrsystem bei einem erneuten Angriff noch schneller und wirksamer zurückschlagen kann.

Impfstoffe enthalten einen abgetöteten oder abgeschwächten Stamm von Krankheitserregern, die dem Immunsystem gerade soviel Information liefern, daß es Antikörper und Gedächtniszellen bilden kann. Diese «Erziehung» verleiht Widerstandskraft (Immunität) gegen zukünftige Kontakte mit dem betreffenden Erreger, sei es ein Bakterium, ein Virus oder ein anderer Mikroorganismus.

Wenn wir älter werden, verändert sich das Immunsystem. Gegen alte Feinde bleibt die Abwehr (die «Erinnerungsreaktion») noch intakt, aber die Produktion neuer Antikörper (die primäre Immunreaktion) nimmt drastisch ab. In einer kürzlich erschienenen Studie der New York Academy of Sciences heißt es sogar: «Der deutliche Rückgang der Fähigkeit, bei älteren Menschen eine primäre Immunreaktion in Gang zu setzen, ist zum charakteristischen Kennzeichen der immunologischen Alterung geworden.»

Handelt es sich hier um ein ernstes Problem? Man sollte bedenken, daß die echte Grippe (Influenza) auch heute noch jedes Jahr viele tausend Menschen ins Krankenhaus führt. Und 80 bis 90 Prozent der Todesfälle bei dieser Krankheit betreffen Menschen über 64 Jahren. Ein Wirkstoff, der die Wirksamkeit dieses Impfstoffs steigert, würde Menschenleben retten und viel Leid verhindern.

Durch die außerordentlich erfolgreichen Tierversuche ermutigt, machten Wissenschaftler kürzlich einen Versuch mit Freiwilligen im fortgeschrittenen Alter. Man wollte wissen, ob DHEA, das man dem Impfstoff zusetzte, die Antikörperproduktion verstärkt. Eine Gabe von 50 Milligramm DHEA am Tag der Impfung und von weiteren 50 Milligramm am folgenden Tag führte zu einer deutlichen Verbesserung gegenüber einer Kontrollgruppe, die ein genauso aussehendes Placebopräparat erhalten hatte. Der Unterschied war so auffällig, daß die Wissenschaftler zu folgendem Schluß gelangten:

> Die hohe Wirksamkeit von DHEA, das bei älteren Menschen einige tiefgreifende Veränderungen der Immunfunktion vermindert, veranlaßt uns zu der Schlußfolgerung, daß manche früher beschriebenen altersbedingten Veränderungen des Immunsystems sich vielleicht in vollem Umfang rückgängig machen lassen.

Diabetes

Bei der Zuckerkrankheit (Diabetes) gerät der Blutzuckerspiegel, die Konzentration der Glucose im Blut, außer Kontrolle. Diabetes ist in den Industrieländern eine der häufigsten Todesursachen; seine Ursache ist eine Fehlfunktion im Insulinstoffwechsel, und nicht, wie man meinen könnte, einfach ein Insulinmangel. Der Diabetes des Typs I beruht in der Regel auf unzureichender Insulinproduktion, aber weitaus häufiger ist der Typ II, der im Erwachsenenalter ausbricht; er entsteht, weil die Körperzellen immer weniger auf die Insulinmoleküle ansprechen. Diesen Zustand bezeichnet man als *Insulinresistenz*; er tritt bei fast allen Menschen im höheren Alter in einem gewissen Maße ein, ob er nun zum Diabetes führt oder nicht.

Das hat, wie wir noch sehen werden, tiefgreifende Auswirkungen (und zwar keine guten) auf eine ganze Reihe von Geweben, Organen und Organsystemen. Körperliche Betätigung verbessert die Insulinempfindlichkeit, durch eine sitzende Lebensweise dagegen verschlechtert sie sich. Auch Gewichtszunahme, die sich im höheren Alter häufig einstellt, trägt unmittelbar zur Insulinresistenz bei, und die gleiche Wirkung haben auch Streß und eine stark zuckerhaltige Ernährung.

Schon vor über zehn Jahren stellten Wissenschaftler fest, daß man bei zuckerkranken Mäusen mit DHEA die Insulinempfindlichkeit wiederherstellen kann, so daß die Krankheit buchstäblich «geheilt» ist. Aus irgendwelchen Gründen vergingen aber noch über neun Jahre, bevor man ähnliche Versuche an Menschen machte, und abschließende Untersuchungen gibt es bis heute nicht.

Aber die Forschung macht Fortschritte. Im Jahr 1993 erschien nur eine einzige Fallbeschreibung, die über eine deutliche Verbesserung des menschlichen Insulinstoffwechsels durch DHEA berichtete. 1995 gab es zwei Studien an nicht zuckerkranken Frauen nach den Wechseljahren. In beiden Untersuchungen zeigte sich, daß 50 Milligramm DHEA am Tag zu einer deutlich verbesserten Insulinempfindlichkeit führen.

Eines aber bleibt noch zu tun – und die Wissenschaftler täten es liebend gern, wenn sie die nötigen Finanzmittel bekämen: Man muß DHEA einer großen Anzahl männlicher und weiblicher Diabetiker geben, die erst im Erwachsenenalter erkrankt sind, und dann die Befunde analysieren. Aber schon jetzt sind zahlreiche Ärzte von den Tierversuchen so beeindruckt und gleichzeitig so überzeugt von der Ungefährlichkeit der Substanz, daß sie DHEA bei ihren zuckerkranken Patienten einsetzen.

Ich muß betonen, daß es nicht allein darum geht, DHEA einzunehmen. Wie wir in Kapitel 4 noch sehen werden, kann Streßabbau sich stark auf den DHEA- und Cortisolspiegel auswirken, und das ist (neben Übergewicht und Bewegung) ein Kernpunkt beim Diabetes des Typs II. Streß läßt die Cortisolausschüttung ansteigen, und dieses Hormon regt die Leber dazu an, Glucose ins Blut freizusetzen. Bei ständigem Streß bleiben Blutzucker- und Insulinspiegel hoch. Deshalb ist Streßbewältigung der entscheidende erste Schritt, und erst wenn der DHEA-Spiegel damit den jugendlichen Spitzenwert nicht mehr erreicht, kann man zusätzlich das Hormon einnehmen.

Asthma

Eine weitere Krankheit, die immer häufiger wird, ist das Asthma. Die Zahl der Fälle nimmt zu, aber besondere Sorge bereitet den Gesundheitsbehörden die Tatsache, daß auch die asthmabedingte *Sterblichkeit* wächst. Die Todeshäufigkeit durch Asthma hat sich in den letzten 15 Jahren mehr als verdoppelt.

Über die Ursachen gibt es eine ganze Reihe von Theorien. Die Luftverschmutzung nimmt zu, viele Menschen halten Haustiere, und die allgemeine Streßbelastung steigt. Das alles sind «Auslöser» für Asthma, aber manchen Indizien zufolge verschlimmern auch die Medikamente, die während der Asthma«anfälle» verwendet werden, im Laufe der Zeit die Erkrankung.

Die Idee einer Verbindung zu DHEA ist überzeugend, denn dieses Hormon spielt beim Asthma in vielerlei Hinsicht eine Rolle. Zunächst wird die Krankheit häufig mit Glucocorticoiden behandelt, die den DHEA-Spiegel bekanntermaßen sinken lassen. In Studien zeigte sich, daß Patienten, die solche Medikamente nehmen, einen niedrigen DHEA-Spiegel haben.

Aber wie sich herausstellte, ist der DHEA-Spiegel bei Asthmakranken auch ohne Glucocorticoidmedikamente niedriger als bei entsprechenden Kontrollpersonen. Das ist verblüffend, aber es beweist noch nicht, daß die Einnahme von DHEA das Asthma lindert. Immerhin wollen viele Ärzte es gern ausprobieren, und schlüssige Forschungsergebnisse werden nicht mehr lange auf sich warten lassen. Eines aber ist jetzt schon sicher: Streßabbau läßt die körpereigene DHEA-Produktion steigen. Gleichzeitig vermindert sich bei weniger Streß auch die Häufigkeit und Schwere der Asthmaanfälle. Das dürfte zumindest ein guter Anfang sein.

Chronische Müdigkeit

Soweit mir bekannt ist, gibt es keine veröffentlichten Forschungsergebnisse über die Verwendung von DHEA bei chronischer Müdigkeit, aber viele Ärzte, mit denen ich gesprochen habe, setzen es mit Erfolg ein. Dahinter steht folgende Überlegung: Das Syndrom der chronischen Müdigkeit ist eine vielschichtige Erkrankung mit Störungen des Immun-, Hormon- und Nervensystems sowie des Energiehaushalts. In allen diesen Bereichen hat DHEA eine regulierende, wiederherstellende Wirkung.

Das Syndrom der chronischen Müdigkeit ist ein beängstigender

Teufelskreis, und ich behaupte nicht, DHEA sei ein Allheilmittel. Aber zur Zurückbildung der Symptome kommt es offenbar durch ein Therapieprogramm, das an möglichst vielen Punkten des Teufelskreises ansetzt. Zum Beispiel würde es Patienten, die Glucocorticoidmedikamente brauchen, langfristig schlechtergehen, weil diese Wirkstoffe als Nebenwirkung die Immunfunktion beeinträchtigen. Solche Nebenwirkungen kann DHEA verhindern.

Für Patienten mit chronischer Müdigkeit ist körperliche Betätigung fast unmöglich, so daß Kondition und Muskelmasse sehr schnell absinken – genau die Dinge, die zu einer Besserung beitragen könnten. DHEA läßt im Körper die Konzentration von IGF-1 ansteigen, und diese sehr wirksame, muskelaufbauende Substanz sorgt dafür, daß schon mäßige körperliche Tätigkeit sich optimal auf den Stoffwechsel auswirkt. DHEA trägt zur Wiederherstellung des Immungleichgewichts und zur Streßbewältigung bei, und es hat weitreichende Auswirkungen auf Geist, Stimmungslage und Verhalten. Zusammen mit den in Kapitel 6 beschriebenen bioenergetischen Nährstoffen kann es nach meiner Überzeugung für die Behandlung der chronischen Müdigkeit eine wichtige Rolle spielen.

Systemischer Lupus erythematodes

Der Lupus erythematodes ist eine Autoimmunkrankheit: Das Immunsystem bildet sogenannte Autoantikörper (Antikörper, die sich gegen gesundes, körpereigenes Gewebe richten) und greift mit ihnen das eigene Bindegewebe an. Das führt zu Symptomen wie starker Müdigkeit, Lymphknotenschwellungen, Kopfschmerzen sowie einer Entzündung und Schwellung der Gelenke. Auch Hautausschläge kommen häufig vor. Im Spätstadium treten Haarausfall, Nierenschäden und Nervenstörungen auf.

Interessanterweise handelt es sich bei den Betroffenen zu 90

Prozent um Frauen; das läßt auf hormonelle Faktoren schließen, aber die Ursache hat man bisher nicht gefunden. Man kann nur feststellen, daß das Immunsystem «aus dem Tritt» gekommen ist. Neben der Produktion der Autoantikörper beobachtet man einen deutlich verminderten Interleukin-2-Spiegel. Warum es dazu kommt und was man tun kann, um die Störungen zu beheben oder zu verhüten, ist bisher nicht geklärt.

Und auch hier besteht ein verblüffender Zusammenhang mit DHEA. Eigentlich ist er nicht nur verblüffend, sondern sogar höchst vielversprechend. Erstens haben die Patientinnen und Patienten im Vergleich zu Gesunden regelmäßig einen niedrigen DHEA-Spiegel. Und zweitens fanden Wissenschaftler bei einem Tiermodell des Lupus erythematodes heraus, daß DHEA die Bildung der Autoantikörper verhindert und die Überlebenszeit verlängert. Durch solche Erfolge ermutigt, untersuchte eine andere Arbeitsgruppe, wie sich die tägliche Einnahme von 200 Milligramm DHEA bei Patientinnen mit Lupus erythematodes auswirkt. Die Wissenschaftler berichteten über eine deutliche Besserung der Symptome, einen verminderten Bedarf an Steroidmedikamenten und eine Wiederherstellung der IL-2-Produktion.

Trotz solcher bemerkenswerten wissenschaftlichen Grundlagen, die schon seit zehn Jahren gelegt werden, geht die Erforschung der Zusammenhänge von DHEA und Lupus erythematodes (und auch mit anderen Autoimmunerkrankungen wie der rheumatoiden Arthritis) nur im Schneckentempo voran.

Indirekte Immununterstützung

Bisher war ganz unmittelbar von der Immunabwehr die Rede. Eine Störung tritt ein, man tut etwas, um sie zu beheben, und die Gesundheit ist wiederhergestellt. Aber wie ich am Anfang dieses Kapitels deutlich gemacht habe, ist es in Wirklichkeit meist nicht so einfach. Eine Fülle indirekter Einflüsse können Kraft und Gleichgewicht der Immunabwehr günstig oder ungünstig beeinflussen. Auch dabei kann DHEA von Bedeutung sein.

Betrachten wir einmal die immunfördernde Wirkung körperlicher Betätigung. Jahrzehntelang fragten sich die Fachleute, warum Menschen, die regelmäßig Sport treiben, seltener krank werden als ihre Bekannten, die sich weniger bewegen. Wie sich herausstellte, ist das vorübergehende leichte Fieber, das sich bei Anstrengungen jeden Tag einstellt, ein wichtiger Faktor. Allgemein gilt Fieber als etwas Schlechtes: Wir greifen in den Medikamentenschrank, um es zu senken, aber in Wirklichkeit erzeugt es der Organismus, um die Immunabwehr hochzufahren.

Wenn man sich so stark anstrengt, daß die Körpertemperatur steigt, erzeugt man ein «Fieber», das vielleicht nur wenige Minuten anhält, aber das reicht bereits aus, um die Abwehrkräfte insgesamt zu stärken. Wenn Sie das nächste Mal beim Fahrradfahren oder Rasenmähen in Schweiß geraten, denken Sie an die Millionen Immunzellen, die durch solche Anstrengungen aktiviert werden!

Und hier kommt DHEA ins Spiel. Um sich so stark oder so lange anzustrengen, daß die Temperatur im Körperinneren ansteigt, braucht man Muskeln, und für ihren Aufbau sorgt DHEA sehr wirksam. Damit meine ich keine Muskeln «a la Arnold», sondern Spannkraft und Stärke, beides Dinge, deren Erhaltung mit den Jahren immer schwieriger wird.

Wer in die Falle der sitzenden Lebensweise gegangen ist oder einfach keine Lust zu körperlicher Betätigung hat, weil sie zu schwierig oder schmerzhaft ist, sollte den stoffwechselverstärkenden Effekt von DHEA und bioenergetischen Nahrungsmitteln nutzen (siehe Kapitel 6). Damit tut man Herz, Gehirn und Immunsystem einen großen Gefallen.

Schlußfolgerung

Je älter die Wirtschaftswunderkinder werden, desto mehr widmet sich die Forschung der Gerontologie, insbesondere im Zusammenhang mit der Abnahme der Immunfunktion. Ich habe miterlebt, wie Wissenschaftlergruppen die Abnahme der Aktivität von T- und B-Zellen, den Rückgang der Antikörperproduktion und die Verminderung der Krebsabwehr nachgewiesen haben. Aber es geht nicht einfach nur um eine *Abschwächung* der Immunreaktion. In den Untersuchungen stellte sich heraus, daß in höherem Alter auch die Immun*störungen* häufiger werden. Die Autoimmunkrankheiten nehmen zu, und die verwickelten Wechselbeziehungen zwischen den Immunzellen geraten aus dem Gleichgewicht.

Alle wissenschaftlichen Arbeitsgruppen versuchen, die Ursachen dieser Abnahme und der Störungen zu identifizieren, aber alle begrenzen ihre Untersuchungen auf einen bestimmten Zelltyp, so daß das größere Bild verlorengeht. Dieses größere, übergreifende Bild heißt nach meiner Überzeugung DHEA, und ich vermute, daß es mit meiner ursprünglichen Idee vom DHEA als Zeitgeber der Alterung zu tun hat.

In der Jugend strömt DHEA durch alle Gewebe unseres Körpers, vor allem im Gehirn, in den Fortpflanzungsorganen und im Immunsystem. Wenn wir das fortpflanzungsfähige Alter hinter uns haben, stellt der Organismus die DHEA-Produktion nach und nach ein. Die Natur schenkt uns noch ein paar Jahrzehnte, damit wir die Nachkommen, die wir gezeugt haben, großziehen können. Im fortgeschrittenen Alter jedoch sinkt der DHEA-Spiegel auf einen nicht mehr wahrnehmbaren Wert, und das führt zu umfassenden Störungen der Abwehrmechanismen. Wie könnte die Natur einen alternden Organismus besser beseitigen, um Platz für einen jungen, kräftigeren zu schaffen?

Das ist das Warum, aber wenn wir etwas ändern wollen, müssen wir auch nach dem Wie fragen. Eine Wissenschaftlergruppe an der medizinischen Fakultät der University of Utah behauptet, sie habe das Geheimnis gelüftet. Es hat mit der Regulation einer Gruppe von Immunproteinen zu tun, die man als Cytokine bezeichnet.

Cytokine sind ein unverzichtbarer Bestandteil in der höchst vielschichtigen, koordinierten Tätigkeit des Immunsystems. Eine entscheidende Rolle spielen sie vor allem für die Wechselwirkungen des Immunsystems mit anderen Organsystemen und Geweben. In der Regel wirken sie räumlich sehr begrenzt – manchmal beeinflussen sie nur eine Handvoll Zellen – und sehr zeitgenau. Ein Biochemiker würde sie als «Überträger vorübergehender zellulärer Signale» bezeichnen, und in dieser Funktion liefern sie Information an praktisch alle Gewebe und Organsysteme des Organismus.

Wie in der Beschreibung des Lupus erythematodes bereits erwähnt wurde, stellen sich mit fortschreitendem Alter häufig Funktionsstörungen des Immunsystems ein. Die Produktion von Cytokinen wie Interleukin-2 nimmt ab, andere werden im Übermaß gebildet. Schwächung der Knochen, chronische Entzündungen und verstärkte Produktion von Autoantikörpern (die sich gegen körpereigene Zellen richten) sind nur einige der Folgen dieses Ungleichgewichts. Solche Effekte sind ihrerseits die Ursache für Osteoporose, Störungen der Immunantwort, bestimmte Krebsformen und Autoimmunerkrankungen wie Lupus erythematodes, rheumatoide Arthritis und Multiple Sklerose.

Ein Wirkstoff, der das Gleichgewicht der Cytokine wiederherstellen könnte, hätte weitreichende Auswirkungen für Altern und Lebensdauer. Dr. Nina Spencer und ihre Kollegen sind der Ansicht, daß DHEA ein solcher Wirkstoff ist. Mit ihren Forschungsarbeiten haben sie schlüssig nachgewiesen, daß DHEA-Gaben zumindest bei alternden Tieren das Cytokinungleichgewicht korrigieren und die normale Immunfunktion wiederherstellen können. Sie gelangen zu dem Schluß:

> «Die Wirkungen von DHEA ... auf die Alterung sind möglicherweise der notwendige und bisher schwer faßbare Ansatzpunkt, der den Wissenschaftlern eine zusammenhängende Erklärung für die vielfältigen biologischen Aktivitäten dieses Steroids ermöglicht.»

Wenn sich die Ergebnisse der Tierversuche auch an Menschen bestätigen, können wir damit rechnen, daß die Aufrechterhaltung des jugendlichen DHEA-Höchstwertes die Lebenserwartung um 25 bis 50 Prozent ansteigen läßt. Darüber bin ich vor allem deshalb begeistert, weil eine solche Lebensverlängerung bis in den Bereich von 120 Jahren und darüber hinaus von einer Stärkung der Abwehrkräfte begleitet sein könnte, so daß die gewonnenen Jahre nicht mit Schmerzen und Leiden, sondern mit Gesundheit ausgefüllt sind.

Und noch ein weiteres Teilstück in dem Puzzle von Immunabwehr und Altern bleibt zu untersuchen. Es hat ebenfalls unmittelbar mit DHEA zu tun, und es ist ebenfalls etwas, was unser Leben für immer verändern kann. Ich meine die Verbindung von Körper und Geist – die Wissenschaftler sprechen heute von *Psychoneuroimmunologie*. Was halten Sie von Streßabbau, nachdem Sie dieses Kapitel gelesen haben? Möchten Sie wissen, wie Sie Ihren DHEA-Spiegel verdoppeln und den Streßpegel gleichzeitig senken können? Dann blättern Sie zum nächsten Kapitel weiter!

KAPITEL 4
DHEA, Streß und Leben

Vor nicht allzu langer Zeit untersuchte man bei Doktoranden mit Hilfe eines Fragebogens, wie sie mit Streß umgingen. Die Fragen sollten dazu dienen, die Studenten in zwei Gruppen einzuteilen: diejenigen, die in der Arbeit eine angenehme Herausforderung sahen, und jene, die sich überfordert fühlten.

Beide Gruppen waren an der Universität den gleichen Anforderungen ausgesetzt: Sie mußten überlegen, wie sie das nächste Semester finanzieren konnten, mit wem sie sich verabredeten und wo sie wohnen wollten. Aber die Studenten der einen Gruppe wurden von solchen Aufgaben angeregt, während die anderen sich anstrengen mußten, um damit fertig zu werden. Das klingt doch nach richtigem Leben, oder?

Wie sich bei Blutuntersuchungen herausstellte, hatten die NK-Zellen derer, die sich überfordert fühlten, im Vergleich zu denen, denen solche Erfahrungen Spaß machten, nur *ein Drittel* der Aktivität. Wie gesagt: Die NK-Zellen sind die wichtigste Abwehrwaffe des Organismus gegen Krebs und Viren.

Als ich zum ersten Mal etwas über diese Studie las, reagierte ich so, wie auch Sie es wahrscheinlich gerade getan haben. Ich sagte mir: «*Das ist ungerecht*. Diese jungen Leute brauchen nicht weniger, sondern mehr Abwehrkräfte.» Dann fiel mir ein, daß die Natur sich nicht darum kümmert, was mit dir oder mir geschieht. Ihr geht es nur um das Überleben der Menschheit, und wenn bei diesen Studenten die Zahl der T-Zellen sank, merzte sie damit schlicht diejenigen aus, die es nicht schafften. Es ist das Überleben des Geeignetsten, und das gilt für emotionale Belastbarkeit ebenso wie für körperliche Fähigkeiten.

Die Wirkung der Streßbewältigung

Es gibt aber eine gute Nachricht. Als man den überforderten Studenten Methoden zum Streßabbau beibrachte, stieg die Zahl der NK-Zellen *in einem Semester* auf den Normalwert an. Das ist eine äußerst wichtige Erkenntnis. Sie erklärt, warum heute ein Fragebogen von einer Seite ausreicht, um Veränderungen im Lebensstil zu messen und mit geradezu gespenstischer Genauigkeit vorauszusagen, ob jemand im kommenden Jahr eine schwere Erkrankung bekommen wird. Der Fragebogen wurde unter dem Namen Holmes and Rahe Social Readjustment Rating Scale bekannt. Man muß darin ankreuzen, welche Veränderungen im eigenen Leben sich während des letzten Jahres ereignet haben.

Als Holmes und Rahe den Test vor 40 Jahren entwickelten, hatten sie keine Ahnung von NK-Zellen. Sie wußten nur, daß Menschen in der Regel nicht ohne weiteres mit Veränderungen fertig werden. Vielfach sind solche Veränderungen mit mehr Streß verbunden, und mehr Streß bedeutet höhere Krankheitswahrscheinlichkeit.

Manche in dem Fragebogen genannten Ereignisse, beispielsweise der Verlust des Ehepartners, sind traumatisch und wiegen schwer. Interessanterweise sind aber auch «gute» Ereignisse aufgeführt, unter anderem Heirat, Pensionierung, Ferien und Urlaub. Alle Tätigkeiten und Ereignisse, die zeitliche Umstellungen und Aufmerksamkeit erfordern, nimmt der Organismus als Streß wahr.

Das heißt, daß wir uns eigentlich alle große Sorgen machen müßten, denn jeder Tag verlangt von uns Umstellungen in gewaltigem Ausmaß. Wie ich in Kapitel 1 erwähnt habe, änderte sich in unserer Evolution 1,6 Millionen Jahre lang kaum etwas außer den Jahreszeiten. Heute aber können wir im Laufe eines Menschenlebens erkennen, wie der Wandel sich beschleunigt. Mein Großvater übte 45 Jahre lang den gleichen Beruf aus, und auch bei meinem Vater waren es 40. Heute wechselt der Durchschnittsamerikaner alle drei Jahre die Stellung. Unter Umständen bereitet man sich jahrelang auf eine Tätigkeit vor, die dann, wenn man das Examen macht, veraltet ist. Wenn man sich die zahllosen Veränderungen ansieht, die durch Technik und Telekommunikation entstanden sind, ist es eigentlich ein Wunder, daß überhaupt noch jemand gesund ist. Aber manchen Menschen geht es tatsächlich gut, und das muß einen Grund haben.

Streßfreier Wandel

Den Geist des Menschen als verblüffend zu bezeichnen ist maßlos untertrieben. Eine der bemerkenswertesten Eigenschaften unseres Gehirns ist die Art, wie es Informationen verarbeitet. Den ganzen Tag über strömen durch alle Sinnesorgane Informationen auf das Gehirn ein, und dort werden sie sofort mit anderen Informationen verglichen, die in den über 100 Milliarden Nervenzellen gespeichert sind. Ein besonderer Teil des Gehirns, der Hypothalamus, legt dann die geeignete Reaktion fest: «Das ist gut so», «Das erfordert sofortige Aufmerksamkeit» oder «Hilfe!»

Aber denken wir an das Beispiel mit den Studenten. Verschiedene Menschen werten das gleiche Ereignis unter Umständen völlig unterschiedlich aus. Haben alle gestreßten Studenten eine Funktionsstörung im Hypothalamus? Nein. Ihr Gehirn interpretiert die Eindrücke aufgrund der vorhandenen Informationen und früherer Erlebnisse schlichtweg anders.

Der wichtigste Faktor sind offenbar die Einflußmöglichkeiten. Wenn man das Gefühl hat, man könne eine Situation steuern, überwindet man Hindernisse leichter, und der Streß ist besser zu ertragen. Das Gefühl der Machtlosigkeit oder die Überzeugung, an der Situation werde sich nie etwas ändern, läßt den Streß dagegen ins Unerträgliche wachsen. Das trifft überall zu – für lästige Kleinigkeiten ebenso wie für lebensbedrohliche Katastrophen. Wie sich beispielsweise in wissenschaftlichen Studien gezeigt hat, entsteht der größte Streß bei medizinischen Untersuchungen nicht durch die Untersuchung selbst und auch nicht durch einen schlimmen Befund, sondern in der Zeit zwischen der Untersuchung und dem fertigen Ergebnis. Die Menschen wollen wissen, woran sie sind. Wenn uns diese Kenntnis fehlt oder wenn wir glauben, wir könnten nichts tun, wird aus dem Streß etwas anderes – Teilnahmslosigkeit, Trauer oder Panik.

Wichtig ist dabei, daß man *den Kenntnisstand und die Reaktionen des Gehirns beeinflussen kann*. Sie sind nicht in Stein gemeißelt und nicht genetisch festgelegt. Sie sind vielmehr die Summe aller bisherigen Erfahrungen und lassen sich durch Bewußtsein und Motivation verändern.

Die Anatomie des Streß

Ich möchte Ihre Motivation ein wenig steigern. Sie wissen, daß Streß zu einer Aktivitätsverminderung der NK-Zellen führt. Das ist schlecht, denn wir brauchen diese Zellen zum Leben. Aber es ist nur die Spitze eines wirklich gefährlichen Eisberges. Die ganze Geschichte lautet folgendermaßen:

Wenn der Hypothalamus die «Paniktaste» drückt, regt er die Hypophyse zur Produktion des adrenocorticotropen Hormons (ACTH) an, und dieses wirkt seinerseits auf die Nebennieren, die daraufhin Streßhormone produzieren, insbesondere Adrenalin und Cortisol. Diese Hormone strömen nun durch den Körper und versetzen uns in die Lage, auf die drohende Gefahr zu reagieren –

es ist die allgemein bekannte Reaktion des «Flüchtens oder Kämpfens». Im einzelnen stellen sich folgende Wirkungen ein:

1. **Die Pupillen** erweitern sich, damit wir besser sehen.
2. **Puls und Blutdruck** steigen an, so daß die Muskeln und wichtige Organe stärker mit Sauerstoff und Brennstoffen versorgt werden.
3. **Blut** wird von weniger wichtigen Bereichen wie dem Verdauungstrakt in entscheidende Körperteile wie Herz, Skelettmuskulatur und Leber umgeleitet.
4. **Die Leber** schüttet Glucose und Fettsäuren ins Blut aus. Die Glucose dient der sofortigen Energiegewinnung; Fettsäuren werden gebraucht, wenn die Reaktion des Flüchtens oder Kämpfens unerwartet lange beibehalten werden muß.
5. **Die Luftwege** erweitern sich, so daß der Sauerstoff- und Kohlendioxidaustausch sich so weit wie möglich verstärkt.

Vorübergehender und chronischer Streß

Seit sich vor etwa drei Millionen Jahren die Reaktion des Flüchtens oder Kämpfens entwickelte, hat sich das Wesen des Streß erheblich verändert. Früher trat er nur *vorübergehend* auf. Alles war in schönster Ordnung, und dann kam plötzlich ein Säbelzahntiger, mit dem man sich auseinandersetzen mußte. Für solche Aufgaben war die Streßreaktion hervorragend geeignet, denn die Männer und Frauen der Vorzeit brauchten den Adrenalinstoß, der das Herz pochen ließ. Ob sie nun flüchteten oder kämpften, in jedem Fall waren sie auf jedes Gramm Glucose oder Fett angewiesen, das aus der Leber ins Blut strömte. Wenn der Streß vorüber war, war er wirklich vorüber. Heute dagegen ist der Streß meist chronisch, und das Adrenalin bringt uns um.

Sie arbeiten schwer an einem Projekt und werden von Ihrem Chef unfair kritisiert. Plötzlich erröten Sie, das Herz rast, und Sie würden am liebsten brüllen. Aber Brüllen ist in den meisten Firmen verpönt, also schlucken Sie Ärger und Frustration herunter. Statt dessen sitzen Sie am Schreibtisch, und in Ihrem Organismus laufen genau die gleichen Vorgänge ab wie bei unseren Vorfahren, die auf einmal den Tiger sahen. Aber Sie können nirgendwohin flüchten und gegen niemanden kämpfen. Am Nachmittag des gleichen Tages bleiben Sie im Berufsverkehr stecken. Schon bald fluchen Sie auf andere Autofahrer, und das löst eine weitere Flüchten-oder-Kämpfen-Reaktion aus.

Ähnliches erleben heute die meisten Menschen. Ob es nun der Verkehr, eine Entlassung, ein gewalttätiger Ehemann oder ein überfüllter Terminkalender ist – alle haben eines gemeinsam: Der Streß läßt sich nicht durch sofortiges Handeln abbauen. Und das hat auf lange Sicht Folgen.

Auswirkungen bei chronischem Streß

1. **Der Blutdruck** steigt. Je nachdem, wie viele ähnliche Situationen man schon erdulden mußte, kann er ständig erhöht bleiben, so daß die empfindlichen Nierenkanälchen Schaden nehmen. Irgendwann kommt es zu Funktionsstörungen der Nieren, was den Blutdruck noch weiter steigen läßt, was zu weiteren Nierenschäden führt, was wiederum den Blutdruck steigen läßt ...
2. **Da der Verdauungstrakt** durch die Streßreaktion mehr oder weniger lahmgelegt wird, verwandelt sich das Mittagessen in eine Masse gärender, faulender Lebensmittel. Diese Belastung trägt langfristig erheblich zu Krankheiten wie Magengeschwür, Reizdarm, Dickdarmentzündung, Verstopfung, Divertikulose, Lebensmittelallergie, Hefeinfektionen, Fehlernährung und Darmkrebs bei.
3. **Die Glucose**, die ins Blut ausgeschüttet wird, bleibt ungenutzt, so daß der Körper sehr viel Insulin produzieren muß, um sie wie-

der zu beseitigen. Das führt über längere Zeit zu starken Schwankungen des Blutzuckerspiegels, zu erhöhtem Insulinspiegel, zur Insulinresistenz und letztlich zur Hypoglykämie und/oder zum Diabetes. Da die Muskeln keine Arbeit leisten (so daß im Stoffwechsel keine zusätzliche Energie gebraucht wird), wandelt der Organismus die Glucose in Fett um.

4. Das ins Blut ausgeschüttete Fett bleibt ebenfalls ungenutzt, so daß es allmählich die Arterien verstopft.

5. Die Nebennieren werden schwächer und erschöpfen sich schließlich. Da diese Drüsen zur Produktion von etwa 150 Hormonen beitragen, kann man sich den Teufelskreis leicht vorstellen. Blutdruck, Gehirn und Nervensystem, Energiehaushalt, Streßabbau, Immunsystem – alles leidet. Es gibt im ganzen Körper keine Zelle, die nicht davon betroffen wäre.

Und jetzt die schlechte Nachricht ...

Die Streßreaktion sorgt dafür, daß die Nebennieren die Produktion von DHEA zugunsten des Cortisols einschränken. Mittlerweile hat sich herausgestellt, daß die Aktivitätsverminderung der NK-Zellen bei den Studenten ihre Ursache in einem niedrigeren DHEA-Spiegel hat.

Die schlechte Nachricht lautet: Man kann nicht einfach weiterhin ein streßgeplagtes Leben führen und das Ganze dann mit DHEA-Pillen ausgleichen. Das Hormon stärkt zwar vielleicht das Immunsystem, aber es trägt nicht dazu bei, den zuvor beschriebenen, gefährlichen und lebensverkürzenden Ablauf zu verhindern. Es gibt nur eine Lösung: Man muß die Reaktion des Gehirns auf Streß verändern oder rückgängig machen. Damit beseitigt man die ganze Lawine der Schäden, die von den Nebennieren ausgehen. Nicht eine Pille ist notwendig, sondern eine umfassende Methode des Streßabbaus.

Nachdem wir nun die schlechte Nachricht gehört haben, können wir in Ruhe darüber nachdenken, wie DHEA zu einem Programm der Streßbewältigung beitragen kann.

Wie DHEA uns hilft, Belastungen zu ertragen

DHEA und Streßabbau arbeiten Hand in Hand, und dabei geht es nicht nur um eine Steigerung der Aktivität von NK-Zellen. Wie ich bereits erwähnt habe, wird DHEA in allen Geweben unseres Körpers genutzt. Sogar für Geist, Gedächtnis und Verhalten spielt es eine wichtige Rolle.

Für Neurobiochemiker ist DHEA heute ein sehr aktuelles Thema. Wie kürzlich in einer Studie berichtet wurde, ist der altersbedingte Rückgang des DHEA-Spiegels eine Mitursache für Depressionen älterer Menschen. Wahrscheinlich ist DHEA auch das Bindeglied zwischen Streß und Depression. Der Arzt C. Norman Shealy meint dazu: «Wir haben nie einen Patienten mit optimalem DHEA-Spiegel kennengelernt. Und wir haben nie jemanden mit optimalem DHEA-Spiegel gesehen, der Depressionen gehabt hätte.»

Anderen Studien zufolge hängt der DHEA-Spiegel unmittelbar mit der Leistung in Intelligenztests zusammen, die nicht nur einfaches Auswendiglernen, sondern umfassende Erinnerungsfähigkeiten verlangen (das heißt die Erinnerung an andere Zeitpunkte und Orte). Und DHEA, das man Patienten in der Inneren Medizin und Psychiatrie verabreichte, führte in wissenschaftlichen Untersuchungen zu deutlichen Verbesserungen von Stimmungslage, Energie, Libido und Gedächtnis.

Ganz neue Aussichten für die weitere Forschung eröffnete eine bahnbrechende Studie. Die Beobachtung, daß Personen mit Depressionen einen niedrigen DHEA-Spiegel haben, bedeutet allein nicht sonderlich viel, aber diese Wissenschaftlergruppe gab Männern und Frauen, die an Depressionen litten, soviel DHEA, daß die Konzentration des Hormons im Blut bis in den Normbereich für gesunde junge Menschen stieg. Wie sich herausstellte, mußten sie dazu 30 bis 90 Milligramm am Tag einnehmen. Die Folge: Die Depressionen besserten sich nach subjektiver und objektiver Einschätzung deutlich, das verbale Erinnerungsvermögen wurde besser, und unangenehme Nebenwirkungen blieben aus. Und das ist noch nicht alles: Die Verbesserung war dem Anstieg des DHEA-Spiegels direkt proportional, das heißt, die Personen, bei denen der DHEA-Spiegel am stärksten stieg, erlebten auch die stärkste Besserung.

DHEA und Serotonin

DHEA wird auch als Neurosteroid bezeichnet, weil es unmittelbar im Gehirnstoffwechsel umgesetzt wird und auf die chemischen Abläufe des Gehirns sowie auf Gedächtnis, Stimmungslage und Verhalten vielfältige Wirkungen ausübt. Offenbar steigert es auf natürliche Weise den Serotoninspiegel – viele Amerikaner tun das gleiche heute künstlich mit Medikamenten. Ersten Hinweisen zufolge dürfte DHEA dazu beitragen, das Gehirn vor altersbedingten Störungen wie der Alzheimer-Krankheit zu schützen.

Wir sollten alles in unserer Macht Stehende tun, um die körpereigene DHEA-Produktion so weit wie möglich aufrechtzuerhalten, aber in Wirklichkeit tun die meisten Menschen unabsichtlich genau das Gegenteil. Sie befinden sich in einem Teufelskreis aus Streß und sinkendem DHEA-Spiegel, und mit dem Alter wird alles immer schlimmer. Haben Sie schon einmal bemerkt, daß älteren Menschen – vielleicht den Eltern oder Großeltern, die gerade zu Besuch waren – alles als anstrengend erscheint? Was in jungen Jahren nur unbequem oder eine kleine Schwierigkeit ist, wird für sie zu einem unüberwindlichen Problem. Diese altbekannte Verfallserscheinung des Gehirns hat offenbar unmittelbar mit dem DHEA-Spiegel zu tun.

Wie man den DHEA-Spiegel verdoppelt, den Streß abbaut und das Leben genießt

Es tut mir leid, wenn dieses Kapitel bisher ein wenig stressig war. Jetzt komme ich zu den guten Nachrichten – und sie sind wirklich außerordentlich gut. Sie bestätigen, was die Wissenschaftler schon seit langem vermuten: Streßabbau bringt schon nach recht kurzer Zeit unmittelbaren, starken und meßbaren Nutzen. Außerdem addieren sich diese nützlichen Wirkungen, und es ergibt sich eine nach oben verlaufende Spirale, die unser Leben auf vielfältige Weise bereichern kann.

Die Wissenschaft kennt zu diesem Zweck heute eine ganze Reihe wirksamer Methoden, die sich für jede Persönlichkeit und jeden Lebensstil eignen. Streßbewältigung hat nicht das Ziel, den Streß zu beseitigen, sondern ihn umzuwandeln.

Streß ist nicht immer etwas Schlechtes: Er kann zu mehr Lebensfreude und einer intensiveren Teilnahme am Leben führen. Ich kenne Menschen, die mit dem Streß gut fertig werden, aber ich möchte nicht längere Zeit mit ihnen zusammensein. Mich ziehen Menschen an, die eine gewaltige Menge Streß in ihr Leben einbeziehen und ihn dazu nutzen, die Erlebnisfähigkeit zu verstärken und Leidenschaft oder Lebensfreude stärker auszudrücken.

Mir geht es darum, den Streß zu etwas Positivem zu machen, das uns ein Höchstmaß an Kreativität, Liebe und Glück ermöglicht. Wenn Ihnen das Drehbuch Ihres Lebens nicht gefällt, müssen Sie wissen, daß man es auch umschreiben kann.

Glauben Sie jetzt bitte nicht, ich wollte oberflächlich über Druck und Unglück hinweggehen, die wir im Leben erleiden. Ich behaupte nicht, es sei einfach, das Leben zu ändern. Manchmal ist es unglaublich schwierig, aber man kann es schaffen. Man braucht nur die notwendigen Hilfsmittel.

Yoga und Meditation

Wie man in wissenschaftlichen Forschungen nachgewiesen hat, kann man durch Yoga und Meditation den Blutdruck senken, Ängste lösen, den gesamten Gesundheitszustand verbessern, die Gewichtsabnahme beschleunigen, den Schlaf verbessern und den DHEA-Spiegel im Blut steigern. Für ein Programm zum Streßabbau gibt es keinen besseren Einstieg.

Daß ich mich mit Yoga befaßt habe, war eines der positivsten Dinge in meinem Leben. Die körperlichen Übungen und die Meditation verschafften mir neue Einsichten, eine bessere Gesundheit und ein beträchtliches Maß an Ausgeglichenheit. Die Bewegungen des Yoga wirken wie Tai Chi konzentrationsfördernd, entspannend, kräftigend und anregend – und das alles gleichzeitig. Mit dem richtigen Lehrer erlebt man von der ersten Unterrichtsstunde an ein Gefühl von Klarheit und Frieden, und mit Übung wird es immer besser.

Auch Meditation ist sehr nützlich. Oft stellt man sich vor, sie sei eine Flucht vor weltlichen Pflichten und Sorgen, aber das ist ein Hollywood-Allgemeinplatz. Meditation fördert die Aktivität stark. Sie versteckt oder verschleiert nicht. Im Gegenteil: Sie macht alles bewußt, so daß man es prüfen kann. Aber diese Prüfung ist ganz etwas anderes als unsere normalen Vorurteile und Ängste. Sie ist objektiv und ruhig, und das Ganze hat eine gläserne Klarheit, die uns schnell das wirklich Wichtige erkennen läßt.

Wollen wir nicht genau das? Wir möchten doch wissen, was *wirklich* wichtig ist, denn das Leben ist kurz, und wir wollen uns nicht mit Dingen abgeben, die langfristig keine Bedeutung haben.

Der wichtigste Faktor für den Geist sind klare Anweisungen, ein Handlungsplan. Er bestimmt darüber, ob man es schafft oder ob man einbricht. Aber manchmal ist dieser Plan nicht zu erkennen, und das ist nicht Ihre Schuld. Das Leben überlastet unser Gehirn heute mit Informationen. Meditation kann dazu beitragen, daß man mit dieser Überlastung fertig wird und das Gefühl von Klarheit und Zielrichtung wiedergewinnt.

Natürlich hilft Meditation nicht nur, sich über Dinge klarzuwerden. Besonders ermutigend fand ich die Vorstellung, daß unser Geist vor allem anderen Frieden braucht. Der Weg zu diesem Ziel ist die Meditation, denn sie bringt unsere Handlungen mit unseren tiefsten Wünschen in Übereinstimmung. Der Geist reagiert darauf mit den notwendigen Einsichten und Wahrnehmungen.

Weitere Hilfsmittel zur Heilung

Neigen Sie eher zu sanfter Musik, oder hören Sie gern Entspannungsgeräusche vom Band? Es gibt auch Tonbänder mit speziellen neuroakustischen Geräuschen, die das Gehirn in einen besonders entspannten Bewußtseinszustand versetzen.

Interessanterweise hört man auf solchen Bändern vielfach natürliche Geräusche, die einen hektischen Geist besänftigen und entspannen: Meeresrauschen, das Plätschern eines Baches, zirpende Grillen oder Wind. Ich habe auf meinen vielen Reisen immer einen Kassettenrecorder und ein paar solche neuroakustische Bänder dabei.

Außerdem gibt es auch eine Reihe kürzlich entdeckter natürlicher Wirkstoffe, die offenbar die Streßreaktion «puffern», so daß man mit Anspannung, Angst und sogar körperlichen Belastungen besser fertig wird. Zu diesen sogenannten *Adaptogenen* gehören vor allem Inhaltsstoffe aus dem sibirischen Ginseng (*Eleutherococcus*) und aus der Pflanze *Schizandra*.

Das Leben im 20. Jahrhundert ist einfach zu chaotisch, schnelllebig und streßbelastet. Jeder von uns braucht vorbeugende Hilfsmittel, um Veränderungen zu bewältigen. Wir alle sind auf die Unterstützung von Freunden, Angehörigen und Gemeinschaft angewiesen. Man konnte nachweisen, daß eine Verhaltenstherapie, die bei älteren Menschen das Gefühl der Einsamkeit vermindert, zu einem beträchtlichen Anstieg des DHEA-Spiegels führt. Wenn man sich eines tiefgreifenden Zugehörigkeitsgefühls erfreut – ob es nun eine religiöse, ethnische oder auch nur geographische Zugehörigkeit ist –, vermindert sich das Risiko für Herzkrankheiten und Krebs. Gemeinschaftsgefühl nutzt dem Immunsystem.

Aber auch wenn man meditiert, spazierengeht, Entspannungsbänder hört oder auf dem Kopf steht, bleibt eine weitverbreitete Praxis, die solchen Bemühungen entgegenarbeitet und alle Anstrengungen zunichte machen kann. Sie ist überall – zu Hause, im Büro und in der Schule. Es ist die Krücke, von der wir glauben, wir könnten nicht darauf verzichten. Können wir darüber reden?

Such dir dein Gift aus!

Kaffee, Tee, Cola, Schokolade – womit kommen *Sie* über den Tag? Manchmal scheint es, als drehe sich unsere ganze Gesellschaft um diese Substanzen, und das ist nicht gut. Sie alle haben eines gemeinsam: einen höchst suchterzeugenden Inhaltsstoff – das Koffein.

Betrachten wir es einmal so: Wenn der Arzt Ihnen ein Medikament verschreiben würde, das den Puls ansteigen läßt, den normalen Herzrhythmus beeinträchtigt, ein Hochgefühl erzeugt, den Cortisolspiegel steigert, Schlaflosigkeit hervorruft und Kopfschmerzen auslöst – würden Sie dann nicht aus Sorge sofort wieder zu diesem Arzt laufen? Nun, genau diese Wirkungen und viele andere hat Koffein auf die Mehrheit derer, die es zu sich nehmen.

Wenn Koffein heute eine Zulassung der Arzneimittelbehörden erhalten müßte, würde man es zu einem verschreibungspflichtigen Medikament machen. Es ist nur deshalb in jedem Supermarkt zu haben, weil es schon seit so langer Zeit und von so vielen Menschen eingenommen wird. Im Zusammenhang mit Koffein kann man so gut wie keine objektiven Aussagen machen, denn 80 Prozent der erwachsenen Bevölkerung nehmen es zu sich.

Reporter und Redakteure, die auf Kaffee angewiesen sind, um einen Arbeitstag durchzustehen, drucken nur höchst ungern Forschungsergebnisse ab, in denen Koffein verurteilt wird, und die internationale Kaffeelobby, aber auch die Hersteller der Colagetränke haben eine große Macht. Institute, die auf Veranlassung der amerikanischen Arzneimittelbehörde gegründet werden, stehen unter der Kontrolle der Kaffeeindustrie. Wissenschaftler, die erdrückende Belege gegen das Koffein finden, werden bedroht und verfemt.

Eine lebenslange Sucht

In Amerika beginnt die Koffeinsucht schon in jungen Jahren. Als Kinder fangen wir mit Kakao, Schokoladenriegeln und Limonade an. Später wechseln wir zum Kaffee, und dann nehmen wir unser restliches Leben lang gewaltige Mengen von Kaffee, Tee, Colagetränken, Diätpillen und koffeinhaltigen Medikamenten zu uns.

Der Kaffeemarkt erlebt einen ungeheuren Aufschwung. Kaffee trinken kann man nicht nur in Cafés, sondern auch in Buchhandlungen, Hotels, Waschsalons und sogar in Naturkostläden. Kaffee wird an Kiosken und Imbißbuden verkauft. Nach den Prognosen der Industrie werden die Vereinigten Staaten 1999 mehr als zweieinhalb *Milliarden* Pfund Kaffee importieren.

Das war vorauszusehen, und zwar nicht nur weil den Wirtschaftswunderkindern allmählich die Puste ausgeht. Ein bedeutender Teil der Kaffeetrinker ist zwischen zehn und 30 Jahre alt. Wir beobachten schlicht und einfach eine Gesellschaft mit unbeweglichen, schlecht ernährten Menschen, die nicht in der Lage sind, sich die notwendige Energie für ihren Alltag zu verschaffen und deshalb fälschlicherweise glauben, sie könnten die Lebensfreude in der Kaffeetasse finden. Aber Koffein liefert keine Energie; *es liefert Streß.*

Koffein läßt den Cortisolspiegel steigen und vermindert den DHEA-Spiegel. Außerdem senkt es die Panikschwelle im Gehirn, so daß ein Ereignis, mit dem man eigentlich leicht fertig würde, die Alarmglocken schrillen läßt und die Reaktion des Flüchtens oder Kämpfens auslöst. Spannung baut sich auf, der Blutdruck steigt, die Konzentration von Glucose und Fett im Blut nimmt zu. Außerdem sind unsere Nebennieren unter dem Einfluß von Koffein so damit beschäftigt, Streßhormone auszuschütten, daß sie andere gesundheitlich wichtige Aufgaben nicht mehr erfüllen können. Allergien, chronische Müdigkeit und Autoimmunkrankheiten kommen häufiger und schwerer bei Menschen vor, die große Koffeinmengen zu sich nehmen.

Die Nebenwirkungen des Koffeingenusses machen sich in der Regel im vierten und fünften Lebensjahrzehnt bemerkbar. Viele meiner Klienten erzählen die gleiche beängstigende Geschichte: Sie sitzen nachmittags am Schreibtisch, haben gerade die vierte Tasse Kaffee hinuntergeschüttet und können dennoch kaum die Augen offenhalten. Das Gehirn ist vernebelt, aber das Herz rast. Mit anderen Worten: Sie sind an dem Punkt angelangt, an dem Kaffee nicht mehr anregt; er reizt nur das Nervensystem, so daß man sich überdreht und gleichzeitig erschöpft fühlt.

Koffein ist ein sehr starker Wirkstoff. Wir wissen, daß er nicht harmlos ist; im Gegenteil: Er trägt zu einer breiten Palette von Gesundheitsstörungen bei. Wenn man regelmäßig Koffein zu sich nimmt, wird es mit großer Wahrscheinlichkeit die Lebensqualität beeinflussen. Meist wird man abhängig von der «Anregung», die dem Körper Energie gibt und den Geist klarer macht. Manch einer verläßt sich auch auf das Koffein und ähnliche Verbindungen in

Medikamenten gegen Schmerzen und Allergien. Viele Menschen schaffen es kaum noch, einen Tag ohne Koffein zu überstehen.

Ein Leben ohne Koffein

Ein Leben ohne Koffein muß nicht dumpf, langweilig oder träge sein. Im Gegenteil: Wissenschaftliche Erkenntnisse über den menschlichen Stoffwechsel und die biochemischen Vorgänge im Gehirn machen es möglich, daß wir uns *ohne* Koffein mehr Energie und Munterkeit verschaffen, als wir es unter dem Einfluß der Droge jemals für möglich gehalten hätten. Im Kapitel 6 wird von der neu entdeckten Gruppe der bioenergetischen Nährstoffe die Rede sein. Sie können den Stoffwechsel und damit die Energieproduktion in jeder einzelnen Körperzelle viel intensiver machen.

Wichtig ist dabei allerdings die Erkenntnis, daß die Wirkung der bioenergetischen Nährstoffe zu einem großen Teil vom DHEA-Spiegel abhängt. Das vollständige Programm zur Verjüngung umfaßt also vier wichtige Schritte:

1. **Lernen** Sie, das Leben streßfreier zu gestalten. Schon das kann den DHEA-Spiegel drastisch ansteigen lassen.
2. **Nehmen** Sie gegebenenfalls zusätzlich DHEA, um die Konzentration auf den jugendlichen Spitzenwert zu bringen.
3. **Optimieren** Sie mit bioenergetischen Nährstoffen die Energieproduktion Ihres Körpers.
4. **Nutzen** Sie die hinzugewonnene Energie für körperliche Betätigung und zur Verbesserung der Fitneß.

Wie man von den braunen Bohnen wegkommt

Wenn Sie ausprobieren wollen, wie das Leben ohne koffeinbedingte Stoffwechselbelastungen und Schäden aussieht, rate ich Ihnen dringend, es nicht von heute auf morgen abzusetzen. Zu den Entzugserscheinungen gehören eine fast lähmende Müdigkeit und bohrende Kopfschmerzen. Besser ist es, wenn man die Gewohnheit allmählich aufgibt. Wer acht Tassen am Tag trinkt, sollte die Menge höchstens alle paar Tage um eine Tasse vermindern. Erst nach einigen Wochen sollte man bei zwei Tassen am Tag angelangt sein. Und während dieser Zeit nimmt man am besten bioenergetische Nährstoffe.

Zwei Tassen sind ein wichtiger Schwellenwert. Von hier aus auf Null ist eine schwierige Hürde; man nimmt sie am besten im Laufe von weiteren zwei Wochen, wobei man die Menge ganz langsam senkt oder koffeinfreien Kaffee trinkt. Eine oder zwei Tassen schwarzer oder grüner Tee am Tag sind offenbar ungefährlich und bieten möglicherweise sogar einen gewissen Schutz vor Krebs.

Schlußfolgerung: Wider die Streßepidemie

Kann es einen Zweifel geben, daß der Streß bei uns epidemische Ausmaße angenommen hat? Die Gesundheitsfachleute sagen uns, streßbedingte Beschwerden seien der Anlaß für etwa 80 Prozent aller Arztbesuche. Wir wissen, wie Streß sich auf Körper, Geist und Gefühle auswirkt, aber manchmal scheint es, als steckten wir in einer Tretmühle wie der Hamster im Käfig.

Der Vergleich mit der Tretmühle liegt ziemlich nahe. Wenn man darinsteckt, scheint es kein Entrinnen vom Streß zu geben, und genau dieses Gefühl der Hilflosigkeit richtet die Schäden an. Es ist wie ein Topf voller Suppe, der jeden Augenblick überzukochen droht. Aber hier steckt auch schon der Ansatz zur Lösung: Erst einmal müssen wir die Hitze unter dem Topf abschalten. Das heißt, wir müssen den Streß«hintergrund» so weit wie möglich beseitigen. Weg vom Koffein. Treffen Sie sich mit Angehörigen oder Freunden, und bauen Sie bessere Strukturen der gegenseitigen Unterstützung auf. Suchen Sie sich Hilfe, und helfen Sie anderen, wenn Sie können. Wir sitzen alle in einem Boot.

Als nächstes nehmen Sie einen Teil der Suppe aus dem Topf. Das heißt: Machen Sie sich das Leben so einfach wie möglich. Wenn Sie einer Nebenbeschäftigung nachgehen, um ein Boot zu finanzieren, fragen Sie sich, ob die gesundheitlichen Schäden und die Abwesenheit von der Familie es wert sind. Wenn Sie Ihre Kinder wie verrückt mit dem Auto durch die Stadt fahren, fragen Sie sich, ob sie wirklich jede Woche an 20 verschiedenen Aktivitäten teilnehmen müssen. Denken Sie an größere Gemeinschaften. Rufen Sie sich in Erinnerung, daß dieses System mit einzelnen Familien, die in kleinen Schachteln wohnen, in der Menschheitsgeschichte eine ganz neue Entwicklung ist, und soweit ich erkennen kann, funktioniert es nicht. Jahrtausendelang lebten wir als Stämme zusammen, und alle Aufgaben wurden gemeinsam erledigt. Auch die heutigen Stammesgesellschaften zeigen, welche gewaltigen Vorteile das hat – nicht nur was die Verantwortung angeht, sondern auch im Hinblick auf die Zeitersparnis.

Wenn ich abends eine Straße entlangfahre und die Lichter in den Häusern sehe, fällt mir immer wieder ein, daß jede Familie sich anstrengen muß, um ihr Leben zu bewältigen. Jede von ihnen muß eine Hypothek abtragen, ein Auto reparieren lassen, Rechnungen bezahlen, ein Dach abdichten und einen Rasen mähen. Es ist eine unglaublich ineffiziente Lebensweise, insbesondere wenn man sich klarmacht, daß jede dieser kleinen Schachteln die gleiche Ausrüstung enthält, die gleichen Werkzeuge, Apparate, elektronischen Geräte und Spielzeuge.

Gemeinschaft fördert die Abwehrkräfte, und nach meiner Überzeugung können wir durch gemeinschaftliche Bemühungen eine Menge gewinnen – nicht nur durch logistische Vorhaben wie Car-Sharing, sondern auch durch gemeinsames Essen, «Clubs» zum Spazierengehen, Nachbarschaftsfeste, spontane Besuche, Diskussionsrunden und Literaturkreise. Meist treffen wir uns nur dann, wenn etwas Schlimmes geschehen ist. Wie wäre es, wenn man sich trifft, um Schlimmes zu verhüten?

Und schließlich gibt es natürlich noch DHEA. Paradoxerweise trinken die Menschen Kaffee, um geistige Klarheit zu gewinnen, obwohl er genau das Gegenteil bewirkt. Wissenschaftliche Untersuchungen haben beispielsweise bestätigt, daß die Gedächtnisleistung nach Koffeingenuß nachläßt, vor allem weil die Blutgefäße im Gehirn sich verengen. Außerdem läßt Koffein natürlich den DHEA-Spiegel sinken. Das ist die wirklich tödliche Wirkung, denn möglicherweise ist DHEA das Geheimnis, wenn man sich geistige Klarheit über 120 Lebensjahre erhalten will.

Immer mehr wissenschaftliche Befunde weisen darauf hin, daß eine Steigerung des DHEA-Spiegels die geistigen Fähigkeiten eindeutig verbessert. Es verstärkt im Gehirn die Aktivität eines Rezeptors namens *N*-Methyl-D-Aspartat (NMDA) und kann auf diesem Weg großen Einfluß auf Lernen und Gedächtnis ausüben. Die Studien zeigen sogar, daß eine verminderte Zahl von NMDA-Rezeptoren die Ursache für die altersbedingte Abnahme der Lernfähigkeit sein dürfte, und die Wissenschaftler möchten nun herausfinden, was man in dieser Hinsicht erreichen kann, wenn man den DHEA-Spiegel auf dem jugendlichen Spitzenwert hält.

Zwischen Streß, Gesundheit und diesem unglaublichen Hormon besteht ein eindeutiger Zusammenhang. Wenn man lernt, Streß in eine andere Erfahrung zu verwandeln, sinkt der Cortisolspiegel, und der Organismus beginnt ganz von selbst, mehr DHEA zu produzieren.

KAPITEL 5
DHEA und Frauen

Die in diesem Buch dargestellten Informationen liefern, soweit es mir mit meinen Fähigkeiten und Kenntnissen möglich ist, für beide Geschlechter eine ausgewogene Sichtweise. Wenn es in Forschungen oder klinischen Beobachtungen Geschlechtsunterschiede gibt, mache ich ausdrücklich darauf aufmerksam. Es bleibt aber die Tatsache, daß die meisten Wissenschaftler, Ärzte und Biochemiker Männer sind, und das führte nicht nur in Amerika, sondern auf der ganzen Welt zu einem männlich orientierten System der Gesundheitsfürsorge.

Die gute Nachricht lautet: Das ändert sich. Und was noch besser ist: Die Veränderung ergibt sich nicht nur daraus, daß in den genannten Bereichen immer mehr Frauen tätig sind, sondern nach meiner Überzeugung auch aus einem gewandelten Bewußtsein bei den Männern. Man könnte erwarten, daß dieses neue Denken von dem Gebiet der Fortpflanzungsmedizin (Gynäkologie und Geburtshilfe) ausgeht, aber bedeutende Beiträge kamen im Laufe der Jahre auch aus der Paläontologie, Anthropologie und Genetik. Das Schwergewicht lag dabei auf der Beseitigung des männerzentrierten Geschichtsbildes.

Die Rolle der Frauen in einer kooperativen Gesellschaft

So haben wir zum Beispiel erfahren, daß Frauen vom Anbeginn der Menschheit bis vor kurzer Zeit die wichtigsten Erfindungen gemacht haben. Wie sich herausgestellt hat, waren die ersten Werkzeuge nicht etwa die Waffen der Männer, sondern die Gerätschaften der Frauen, mit denen sie uns zu allen Zeiten gekleidet, ernährt und transportiert haben. Die Organisation der Menschen in Stämmen, die sich über 97 Prozent unserer Geschichte erhielt – und zwar mit Frauen an maßgeblicher Stelle –, war sehr auf Kooperation und Gleichberechtigung ausgerichtet. So etwas wie «jeder Mann ein Einzelkämpfer» gab es nicht. Wir wissen mittlerweile, daß unsere Ansichten über die Gesellschaft einer zutiefst fehlerhaften männlichen Geisteshaltung entspringen.

Der kooperative Teil fasziniert mich ganz besonders, denn heute erwartet man von Männern und Frauen, daß sie alles allein erledigen. Im besten Fall erlegt die Konstruktion der Kleinfamilie einem Paar die Last auf, für das Überleben zu sorgen. Um zu erkennen, wie unnatürlich das ist oder wie sehr es sich zumindest von der Lebensweise unterscheidet, für die wir konstruiert sind, braucht man sich nur einmal heutige Stammeskulturen in Afrika und Asien anzusehen. Dort spielen Frauen nicht nur in *allen* Lebensbereichen eine wichtige Rolle, sondern diese Rolle ist auch von morgens bis abends ganz und gar kooperativ. Jede Aufgabe – vom Anbau der Nahrungsmittel bis zum Kochen, Waschen, Kleidernähen und Versorgen der Kinder – wird mit Unterstützung der ganzen Gruppe erledigt.

Nach meiner Überzeugung ist das für alle Überlegungen über Gesundheit und Wohlbefinden im 20. Jahrhundert von großer Bedeutung, einfach weil die Frauen heute auf sich gestellt sind. Unsere Gesellschaft verspricht den Frauen, sie könnten «alles haben», aber dabei vergißt sie zu erwähnen, daß sie auch «alles tun» müssen – und zwar allein. In der Theorie mag es sehr nett sein, immer schneller zu laufen und höher zu springen, aber die meisten Frauen möchten einfach nur mehr erreichen, ohne daß sie dabei ständig das Gefühl haben, sie könnten im nächsten Augenblick vor Erschöpfung zusammenbrechen.

Von Technik und «Fortschritt» einmal abgesehen, ist das Überleben heute in meinen Augen nichts anderes als vor 1,6 Millionen Jahren. Verändert haben sich nur die Zwänge. In Kapitel 4 haben wir erfahren, daß Zwänge und Herausforderungen durch die unglaublich schnelle Weiterentwicklung des modernen Lebens sogar *zugenommen* haben. Und auf die Frauen hatte das verheerende Auswirkungen.

Frauen in Gefahr

Herz-Kreislauf-Erkrankungen sowie Brust- und Lungenkrebs werden als Todesursache bei Frauen immer häufiger. Zu allen drei Krankheiten tragen Streß, Ernährung und Lebensweise erheblich bei. Noch aufschlußreicher ist die Tatsache, daß auch die Zahl der Autoimmunerkrankungen deutlich zunimmt, und 70 bis 90 Prozent der Betroffenen sind Frauen. Auch über 75 Prozent aller Patienten mit chronischer Müdigkeit sind Frauen, und die gleiche Zahl gilt für die Diagnosen von Depressionen und Fibromyalgie.

Für solche alarmierenden Zahlen gibt es keine einfache Erklärung, aber eines ist sicher: Frauen erleben heute Streß in nie dagewesenem Ausmaß und müssen diese Last ohne die zwischenmenschliche Unterstützung tragen, die früher der Menschheit das Überleben ermöglichte. In letzter Zeit hat man in wissenschaftlichen Studien untersucht, wie sich die Versorgung der Kinder auf die Gesundheit von Frauen auswirkt. Wie sich in diesen Untersuchungen herausstellte, sind zwischenmenschliche Beziehungen (die früheren Tätigkeiten im Stamm) ein äußerst positiver Faktor:

Sie tragen dazu bei, daß die Frau das Gleichgewicht zwischen ihrer Rolle beim Großziehen der Kinder und ihrem Bedürfnis nach Selbstentfaltung und Gesundheit aufrechterhalten kann. Ebenso wichtig ist die Fähigkeit, den Streß gut zu bewältigen.

Niemals sollte man sich vom Arzt sagen lassen, man sei «nur» gestreßt. (Einen solchen Mediziner sollte man darauf hinweisen, daß er nicht mehr auf dem neuesten Stand der Wissenschaft ist.) Streßabbau bedeutet nicht nur, daß man lernt, wie man sich entspannt. In Kapitel 4 war davon die Rede, wie man Streß umfunktionieren und zum wichtigsten Mittel der vorbeugenden Medizin machen kann. Zu dem streßbedingten Verfall von Körper und Geist tragen mehrere entscheidende Faktoren bei. Am wichtigsten sind in diesem Zusammenhang die geschlechtsspezifischen Unterschiede von Nebennierentätigkeit und DHEA-Produktion.

DHEA: der Unterschied zwischen den Geschlechtern

Männer produzieren etwa 30 Prozent mehr DHEA als Frauen. Die weiblichen Eierstöcke tragen zwar (durch Umwandlung anderer Steroide) geringe Mengen des Hormons bei, aber vor allem sind Frauen auf die Produktion der Nebennieren angewiesen. Und damit noch nicht genug: Stellen die Eierstöcke ihre Funktion ein (durch Unfall, Verletzung, chirurgische Eingriffe oder die Wechseljahre), nimmt die DHEA-Produktion unabhängig vom Alter noch weiter ab.

Bei Männern dagegen wird in den Hoden eine beträchtliche DHEA-Menge gebildet. Interessanterweise produzieren Männer das Hormon in größeren Mengen, aber im höheren Alter fällt die Menge steiler ab. Insgesamt führt das dazu, daß Frauen und Männer mit 70 Jahren ungefähr den gleichen DHEA-Spiegel haben.

Da Frauen stärker auf die DHEA-Produktion der Nebennieren angewiesen sind, wirkt sich eine Belastung dieser Drüsen bei ihnen viel stärker aus als bei Männern. Und die Belastung der Nebennieren kann verschiedene Ursachen haben:

1. **Stoffwechselbelastungen**, zum Beispiel Schwankungen des Blutzucker- und Insulinspiegels.
2. **Schmerzen.** Viele Frauen leiden jeden Monat an erheblichen Schmerzen. Eine eigene Kategorie sind die Schmerzen bei der Entbindung.
3. **Krankheiten.** Akute Krankheiten belasten die Nebennieren, und noch schlimmer sind chronische Leiden: Sie lassen einen Teufelskreis entstehen, in dem geschwächte Nebennieren die Krankheit verlängern.
4. **Ernährung.** Koffein wirkt sich auf Frauen stärker aus als auf Männer, sowohl was die Stimulation als auch was den nachfolgenden Abfall angeht. Vermutlich verstärkt Koffein das Risiko für Magengeschwüre, Panikanfälle, Muskelkrämpfe und Bluthochdruck. Die nachfolgende «Rückschlagwirkung» dürfte die Ursache sein, daß man Koffein mit Depressionen, Verstopfung, Allergien und Immunschwäche in Verbindung gebracht hat. Außerdem erzeugt der Wirkstoff ein biochemisches Ungleichgewicht, das zu angeborenen Fehlbildungen, Anämie, prämenstruellem Syndrom, fibrozystischer Mastopathie und Osteoporose beiträgt.
5. **Emotionale Belastungen.** Wie gesagt: Die gleichen Ereignisse oder Situationen werden von verschiedenen Menschen unterschiedlich interpretiert. Für dieses Phänomen – die einen geben auf, die anderen halten durch – scheint der DHEA-Spiegel ein entscheidender Faktor zu sein. Es ist ein unglaublicher Teufelskreis: Ein niedriger DHEA-Spiegel vermindert die Belastbarkeit, dies verstärkt den Streß, dieser läßt den Cortisolspiegel steigen, daraufhin sinkt der DHEA-Spiegel, was die Belastbarkeit wiederum vermindert ...

Vorbeugen ist besser als heilen

Anhand der folgenden Ratschläge können Sie eine Strategie entwickeln, die zu bestmöglicher Gesundheit und Wohlbefinden führt. Mit den folgenden acht Maßnahmen läßt sich die DHEA-Produktion des Organismus erheblich verstärken, so daß Sie besser aussehen und sich wohler fühlen, als Sie es je für möglich gehalten hätten.

1. **Rauchen Sie nicht.** Frauen waren für die Tabakindustrie in den letzten 20 Jahren die wichtigste Zielgruppe. Das entscheidende Wort heißt *Ziel.* An Zigaretten sterben Frauen heute in nie dagewesener Zahl, und für eine Frau, die zehn Zigaretten am Tag konsumiert, liegt das Lungenkrebsrisiko um 50 Prozent höher als für einen vergleichbaren Mann.
2. **Trinken Sie nicht zuviel.** Alkohol schädigt den weiblichen Organismus schneller und schwerer als den männlichen. Was für Ihren Partner eine mäßige Menge ist, kann für Sie schon zuviel sein. Achten Sie auf diesen Unterschied, wenn Sie sich beim Abendessen eine Flasche Wein teilen. Die meisten Fachleute sind sich einig, daß ein Glas Wein am Tag für eine Frau von 55 Kilogramm ungefährlich ist. Was darüber hinausgeht, läßt das Risiko für eine ganze Reihe akuter und chronischer Krankheiten ansteigen.
3. **Bewegen Sie sich.** Stellen Sie durch körperliche Betätigung die Übereinstimmung mit Ihren Genen her. Wie man heute weiß, ist Bewegung für Frauen ungeheuer wichtig. Eine kürzlich vollendete, über 20 Jahre dauernde Studie an Frauen zwischen 38 und 60 Jahren ergab, daß berufliche Tätigkeiten, die mäßig viel Bewegung erfordern, die Sterblichkeit in dieser Altersgruppe um zwei Drittel sinken lassen. Sogar durch mäßige Bewegung in der Freizeit ging dieser Wert fast um die Hälfte zurück. Und was am wichtigsten war: Wie sich in derselben Studie herausstellte, ist die Sterblichkeit bei Frauen, die früher mäßig aktiv waren und dann

zu einer sitzenden Lebensweise übergingen, im Vergleich zu denen, die in Bewegung bleiben, *doppelt* so groß.

4. Ernähren Sie sich wie die Höhlenmenschen. Was ich damit meine, werden Sie sehen, wenn Sie das Kapitel 9 durchblättern. Für die meisten Frauen bedeutet es, häufiger kleinere Portionen zu sich zu nehmen und mehr Obst und Gemüse zu essen. Ich weiß, daß die Zeit bei Mahlzeiten immer ein wichtiger Faktor ist, aber eine Salattheke findet man fast überall, und sie bietet eine schnelle, einfache Möglichkeit, «Grünzeug» zu essen. Allerdings sollte man weiterverarbeitete Gerichte wie Kartoffelsalat, Kohlsalat und Desserts meiden.

Weiterhin sollte man an Ballaststoffe denken. Unsere steinzeitlichen Vorfahren nahmen pro Tag etwa 40 bis 80 Gramm davon zu sich, bei den meisten Amerikanern sind es heute aber nur 10 bis 15 Gramm. Ich rate zu 30 bis 40 Gramm, denn mit dieser Menge vermindert man höchstwahrscheinlich die Gefahr von Brust- und Dickdarmkrebs. Tips zum Thema Ballaststoffe finden sich in Kapitel 8.

5. Nehmen Sie ausreichend Vitamine zu sich. Nahrungsergänzungsmittel können Frauen einen bemerkenswert guten Schutz bieten. Das Risiko für Herz-Kreislauf-Erkrankungen läßt sich zum Beispiel mit 200 bis 400 IE Vitamin E pro Tag fast halbieren. Das US-Gesundheitsministerium empfiehlt Frauen im gebärfähigen Alter eine Tagesdosis von 400 Mikrogramm Folsäure, aber ich würde diesen Ratschlag auf Frauen aller Altersgruppen ausweiten. Immerhin vermindert eine solche Dosis nicht nur die Gefahr von Geburtsfehlern, sondern sie hat nachgewiesenermaßen auch eine Schutzwirkung gegen Krebs und Herz-Kreislauf-Erkrankungen.

Vitamin E und Folsäure sind in allen Multivitaminpräparaten enthalten, aber ich würde zusätzlich ein Breitband-Antioxidans sowie bioenergetische Nährstoffe und nützliche Substanzen für Knochen, Gelenke und Bänder hinzufügen (siehe Kapitel 9).

6. Meiden Sie Aufputschmittel. Koffein und pflanzliche Anregungsmittel steigern den Spiegel der Streßhormone, senken den DHEA-Spiegel und schädigen die Nebennieren; daneben gibt es aber auch andere wichtige Gründe, warum Frauen solche Aufputschmittel meiden sollten. Millionen Frauen leiden einmal im Monat oder auch chronisch an Schmerzen, die von gutartigen Knoten in der Brust ausgehen. Die Ursachen dieses Zustandes, den man als fibrozystische Mastopathie bezeichnet, sind nicht abschließend geklärt, aber wie sich in wissenschaftlichen Untersuchungen gezeigt hat, tragen Anregungsmittel entscheidend dazu bei.

Wie Dr. John Minton von der medizinischen Fakultät der Ohio State University 1979 entdeckte, haben Frauen mit dieser Erkrankung im Brustgewebe einen anormal hohen Spiegel einer chemischen Botensubstanz namens zyklisches Adenosinmonophosphat (cAMP). Da Koffein den cAMP-Spiegel bekanntermaßen steigert, versuchte Minton mit einem Experiment herauszufinden, ob das Vermeiden von Koffein zu einer Verbesserung führte. Und tatsächlich: Bei 82 Prozent der Frauen, die Koffein strikt mieden, verschwanden die Knoten in der Brust völlig. Und nebenbei bemerkt: Durch fibrozystische Mastopathie steigt auch das Risiko für Brustkrebs.

7. Schlafen Sie mehr. Eine meiner Klientinnen ging eine Woche lang auf eine Rucksackreise und kam als neuer Mensch zurück. Wie war das möglich? Sie war immer eine begeisterte Radfahrerin gewesen und strampelte jede Woche 100 Kilometer – an der Bewegung oder der frischen Luft lag es also nicht. Entscheidend war vielmehr, daß sie eine Woche lang nicht ferngesehen hatte. Wenn die Sonne unterging, legte sie sich schlafen, wie die Menschen es jahrmillionenlang getan haben. Keine Talkshows, kein Spätkrimi. Der zusätzliche Schlaf verwandelte sie geradezu, und sie schwor sich, nie wieder in ihre alte Gewohnheit zu verfallen und den Tag vor dem Fernseher zu beenden.

Der Schlaf ist die Ruhe- und Verjüngungsphase des Organismus, aber viele Frauen versuchen, sich selbst hinters Licht zu führen und mit fünf oder sechs Stunden auszukommen. Wie sich in wissenschaftlichen Studien herausgestellt hat, sind acht bis neun Stunden optimal, und ein ausreichendes Maß an Schlaf trägt dazu bei, den DHEA-Spiegel zu erhöhen.

Natürlich rauben die Kinder einem manchmal den Schlaf, und dagegen gibt es kein Mittel. Aber wenn es das Fernsehen ist oder wenn Sie an Schlaflosigkeit leiden, probieren Sie es einmal mit folgenden Einschlafhilfen:

1. Nehmen sie keinen alkoholischen «Schlummertrunk» zu sich. Ein Glas Wein zum Abendessen schadet sicher nicht, aber zuviel Alkohol verändert das Schlafmuster. Wenn man mehr trinkt, schläft man in der Regel sofort ein, aber man wacht während der Nacht oft auf.

2. Bewegen Sie sich tagsüber regelmäßig, damit die Muskeln ermüden, aber strengen Sie sich nicht kurz vor dem Zubettgehen stark an. Körperliche Betätigung kann anregend wirken, und das widerspricht den natürlichen Vorgängen, mit denen der Organismus sich auf den Schlaf einstellt.

3. Rauchen Sie nicht. (Schon mal gehört?) Vielleicht meinen Sie, eine Zigarette können beim Einschlafen helfen, aber Raucher bleiben weniger lange in der erholsamen Phase des Tiefschlafes und im sogenannten REM-Schlaf (von engl. *rapid eye movement*), der den Geist ausruhen läßt.

4. Nehmen Sie vor dem Zubettgehen ein Bad. Das Wasser sollte warm, aber nicht übermäßig heiß sein. Lassen Sie die Badewanne vollaufen, und geben Sie Ihr Lieblings-Badeöl oder -Schaumbad dazu. Nehmen Sie sich ein wenig Zeit, um hineinzusinken und sich zu entspannen – ideal sind etwa 15 Minuten. Dieses Ritual entkrampft Geist und Körper.

5. Hören Sie auf Ihren Körper. Daß nur Männer nach dem Sex einschlafen, ist ein Mythos. Ihr Körper reagiert nach dem Sex mit einer natürlichen Entspannung, die geradewegs ins Land der Träume führt.

6. Probieren Sie Entspannungstechniken oder ein entspannendes Tonband aus. Am meisten Ruhe schenken Kassetten mit Naturgeräuschen.

7. Nehmen Sie eine sehr geringe Dosis (anfangs 1,5 mg) Melatonin. Wenn sich dieser Wirkstoff als nützlich erweist (und das wird wahrscheinlich der Fall sein), probieren Sie, ob es ausreicht, ihn nur jede zweite Nacht einzunehmen.

8. Optimieren Sie Ihre DHEA-Produktion mit Methoden zur Streßbewältigung. Das ist der wichtigste Punkt von allen. Wenn Sie den Streß nicht lindern können, findet in Ihrem Organismus ständig ein Tauziehen zwischen DHEA und Cortisol statt. Und wenn das Cortisol gewinnt, wird man älter, man sieht älter aus, und man bekommt schneller schwere Krankheiten.

Zwei Übungen für Streßsüchtige

Schließlich gibt es noch Frauen, die Streß für ein notwendiges Übel halten. Sie glauben, Maßnahmen zur Streßbewältigung würden ihren Erfolg oder ihre Leistungsfähigkeit vermindern. Ihnen empfehle ich zwei einfache Übungen.

Die erste dauert noch nicht einmal eine Minute. Halten Sie dieses Buch mit einer Hand, und ballen Sie die andere zur Faust, so fest Sie können. Während Sie weiterlesen, halten Sie die Faust fest, und lassen Sie etwa 30 Sekunden lang nicht locker. Wenn Sie dann die Anspannung in der Faust lösen, sind die Muskeln im Unterarm müde, oder sie schmerzen sogar.

Das ist die Folge, wenn Sie den Muskel 30 Sekunden lang anspannen. Es gibt Instrumente, mit denen man die Muskelspannung messen kann, und man weiß, daß Streß in einer Reihe von Muskeln eine ähnliche Anspannung hervorruft, vor allem im Trapezmuskel, der von der Mitte des Rückens über die Schultern bis zum Nacken verläuft. Auch in der Bauchmuskulatur kann sich eine erhebliche Spannung aufbauen.

Ihr Arm ermüdet, wenn Sie 30 Sekunden lang die Faust ballen. Stellen Sie sich nun einmal vor, wieviel Energie Sie aufwenden müssen, um den Streß jeden Tag zwölf oder 15 Stunden durchzuhalten. Streß leert die inneren Batterien. Er verbraucht unglaublich viel Energie und bringt absolut nichts zuwege. Überlegen Sie einmal, was Sie mit dieser Energie alles anfangen könnten und um wieviel produktiver und erfolgreicher Sie sein könnten.

Die zweite Übung dauert ein wenig länger. Suchen Sie sich eine Methode der Streßverarbeitung, die Ihnen zusagt: Yoga, Meditation oder Biofeedback. Machen Sie den Kurs oder die Methode einen Monat lang ernsthaft mit, und dann sehen Sie sich ihren Beruf und Ihre zwischenmenschlichen Beziehungen an. Überlegen Sie, ob Sie leistungsfähiger geworden sind und ob sich ihre Gefühle gegenüber Ihrem Körper und Ihrem Leben verändert haben. Fragen Sie Angehörige und Freunde, ob sie eine Veränderung bemerken und ob ihnen die Veränderung gefällt. Wenn Sie wollen, können Sie dann immer noch die Methode wieder aufgeben und zu dem alten Streß zurückkehren.

Heutzutage neigen wir dazu, Kraft mit Spannung und Aggression gleichzusetzen. Durch die Streßbewältigung werden Sie bemerken, daß genau das Gegenteil richtig ist. Persönliche Kraft entstammt der Lebenskraft, dem Erleben eines ruhigen, klaren Geistes und eines vor Gesundheit strotzenden Körpers. Diese Eigenschaften kann man nicht kaufen, aber man kann sich entschließen, sie sich zu eigen zu machen. Man kann sich dafür entscheiden, daß sich der Aufwand an Zeit und Aufmerksamkeit lohnt, denn das Leben ist kurz, und es gibt keine Kostümprobe.

Wie steht es mit DHEA-Präparaten?

Durch Streßbewältigung steigt der DHEA-Spiegel erheblich an, aber wenn sich in der Blutuntersuchung zeigt, daß er nicht den jugendlichen Spitzenwert erreicht, überlegt man vielleicht, ob man zusätzlich DHEA einnehmen soll. An dieser Stelle steht man vor einem Berg widersprüchlicher Informationen.

Nach einer verbreiteten Ansicht sollten Frauen kein DHEA nehmen, weil es im Organismus in Testosteron umgewandelt wird. Das ist völlig unsinnig. Die Umwandlung von DHEA zu Testosteron ist in der weiblichen Physiologie etwas ganz Normales; der Spiegel *beider* Hormone fällt mit dem Alter steil ab. Der Testosteronspiegel ist bei einer Frau von 40 Jahren nur noch halb so hoch, wie er mit 20 war. Das ist ein Problem, denn Testosteron ist das kraftspendende Hormon. Es steigert das Gefühl von Stärke und Leistungsfähigkeit – und die Libido, und zwar nicht nur das Verlangen nach Sex, sondern auch das Verlangen nach Leben.

Wie sich in klinischen Untersuchungen herausgestellt hat, steigt der Testosteronspiegel bei einer mäßig hohen DHEA-Dosis von 50 Milligramm pro Tag deutlich an, aber nur bis auf einen Wert, der für gesunde junge Frauen völlig normal ist.

Und wozu das alles? Nicht um Frauen zu vermännlichen, sondern um den jugendlichen Spitzenwert für DHEA und Testosteron wiederherzustellen. Was hat das für Vorteile? Man sollte bedenken, daß die gleichen 50 Milligramm auch zu einem deutlichen Anstieg der Menge von IGF-1 führen, des wichtigsten Reparatur- und Wiederaufbauhormons im Körper. Möglicherweise ist das der größte Vorteil für den Stoffwechsel, denn es verschafft einer Frau durch eine verstärkte Muskelspannung größere körperliche Fähigkeiten und verbessert die Proteinsynthese für die Geweberegeneration. Das Endergebnis dieser Studie war eine bemerkenswerte Zunahme des körperlichen und seelischen Wohlbefindens bei 84 Prozent der Frauen, die DHEA nahmen.

Ein weiterer falscher Alarm besagt, DHEA-Präparate würden den Östrogenspiegel so stark ansteigen lassen, daß ein erhöhtes Brustkrebsrisiko besteht, aber diese Annahme ist unbegründet. Es gibt sicher klinische Befunde, wonach sehr hohe Dosen Anlaß zur Sorge geben, aber selbst bei Einnahme von 1600 Milligramm am Tag stieg der Östron- und Östradiolspiegel nur auf das Doppelte. Es ist sinnvoll, mit niedrigen Dosen von 10 bis 25 Milligramm DHEA anzufangen und sie dann allmählich bis auf höchstens 50 Milligramm zu steigern. Die Studien zeigen, daß sich der Östron- und Östradiolspiegel bei dieser Dosierung *nicht verändert.*

Der medizinische Nutzen von DHEA

Bisher liegen einfach nicht so viele Informationen vor, daß wir die medizinischen Nutzeffekte von DHEA in vollem Umfang abschätzen können. Immerhin weiß man aber, daß ein DHEA-Spiegel, den man auf dem jugendlichen Spitzenwert hält, die Knochen stärkt und die Gefahr der Osteoporose vermindert. Zusammen mit den bioenergetischen Nährstoffen (siehe Kapitel 6) sorgt er für eine optimale Energieproduktion, und diese Energie kommt nicht nur der Skelettmuskulatur zugute. Sie gelangt auch ins Gehirn, ins Nervensystem, zum Immunsystem und zu den Nebennieren. Wissenschaftlich ausgedrückt, werden diese Funktionen hochreguliert, so daß sie mehr Leistung und Stärke erreichen. Die aufwärts weisende Spirale ist leicht zu erkennen: mehr Leistungsfähigkeit führt zu mehr Taten, Taten vermitteln Stärke, Stärke erzeugt Selbstvertrauen, Selbstvertrauen verbessert die Einstellungen, und Einstellungen verändern das ganze Leben. Das alles ist mit DHEA möglich.

Wenn es um die Behandlung bestimmter Krankheiten geht, müssen Sie mit Ihrem Arzt einen Therapieplan erarbeiten. In Amerika wenden immer mehr Ärzte DHEA bei ihren Patienten an, und auf medizinischen Tagungen wird über den Wirkstoff diskutiert. Problematisch ist nur, daß keine Pharmafirma für DHEA Werbung macht. Deshalb können die Ärzte sich nicht ohne weiteres genaue, wissenschaftlich einwandfreie Informationen verschaffen. Ich rate deshalb den Ärzten, einen auf Medizin spezialisierten Online-Dienst zu nutzen. Und die Patientinnen sollten sich einen Arzt suchen, der in der Behandlung von Frauen mit DHEA bereits längere Erfahrungen hat.

Mikronen oder Kristalle?

Es gibt heute mehrere Arten, DHEA einzunehmen. In Untersuchungen hat sich herausgestellt, daß eine Dosis von 300 Milligramm reinem, kristallinem DHEA bei oraler Einnahme den Testosteronspiegel über den jugendlichen Spitzenwert für Frauen ansteigen läßt. Das kann zu vermännlichenden Wirkungen wie Gesichtsbehaarung und sogar Veränderungen der Stimme führen.

Verarbeitet man die Substanz jedoch zu Mikronen (Partikeln mit einem Durchmesser unter 10 Mikrometer), steigt zwar der DHEA-Spiegel um den gleichen Betrag an, aber die darauffolgende Umwandlung in Testosteron wird offenbar vermindert. Und wenn man das Hormon schließlich als Vaginalzäpfchen verabreicht, steigt zwar der DHEA-, aber *nicht* der Testosteronspiegel. Diese Erkenntnis ist ganz neu, und was sie medizinisch bedeutet, ist noch unklar. Welche Auswirkungen es für die einzelne Patientin hat, kann nur der Arzt beurteilen, der dazu die medizinische Vorgeschichte, den derzeitigen Gesundheitszustand und die therapeutischen Ziele in Rechnung stellt. Für die meisten Frauen ist die Mikronenform ohne Bedeutung, weil sie nicht mehr als 20 bis 50 Milligramm DHEA pro Tag brauchen.

Was sagen Ärzte über die Dosierung?

Die Ärzte, mit denen ich gesprochen habe, haben in der Regel keinerlei Bedenken, wenn DHEA in Mengen von 10 bis 25 Milligramm täglich eingenommen wird. Dr. Michael Rosenbaum aus Corte Madera in Kalifornien läßt allerdings den Hormonstatus seiner Patientinnen in kurzen Abständen untersuchen und rät zu folgenden Vorsichtsmaßnahmen:

Fangen Sie mit einer niedrigen Dosis von 5 Milligramm an, und steigern Sie sie allmählich bis auf 25 Milligramm täglich. Achten Sie auf folgende Nebenwirkungen:

- Reizbarkeit, Nervosität oder ungewöhnliche Gefühle von Verärgerung;
- Akne;
- Schwellungen oder Berührungsempfindlichkeit der Brust;
- Veränderungen im Menstruationszyklus.

Dr. Jesse Hanley, die medizinische Direktorin der Klinik Malibu Health and Rehabilitation in Malibu in Kalifornien, verschreibt DHEA seit fünf Jahren, und das mit bemerkenswerten Ergebnissen. Sie sagt: «Ich hatte viele Patientinnen mit chronischer Müdigkeit, Crohn-Krankheit, Fibromyalgie, Allergien, Erschöpfungs- oder Burnout-Syndrom und Verdauungsstörungen, um nur einige Krankheiten zu nennen; DHEA-Dosen, die einen physiologischen Hormonspiegel aufrechterhielten, führten zu grundlegender Heilung. Ich verschreibe Dosen zwischen 5 und 50 Milligramm täglich und überprüfe je nach Gesundheitszustand und Reaktion alle drei bis sechs Monate den Hormonspiegel im Blut. Außerdem prüfe ich alle sechs bis zwölf Monate die Leberfunktion und den Spiegel des freien Testosterons.»

Und dann fügt Dr. Hanley noch hinzu: «Ich habe vielfach Patientinnen gesehen, deren eigener DHEA-Spiegel nach ein bis zwei

Jahren des Wohlbefindens wieder anstieg. Diese Leute brauchten immer weniger DHEA einzunehmen. Nach meiner Überzeugung ist das die Folge, wenn die Nebennieren sich erholen.»

KAPITEL 6

Über DHEA hinaus: Müdigkeit bekämpfen, Gelenke schützen, Knochen aufbauen

Die Alterung verläuft nicht auf vorhersagbare, geradlinige Weise, auch wenn es so aussehen mag, wenn wir Diagramme über den Verfall der Gewebe und Organe betrachten. In Wirklichkeit gibt es immer eine «Bandbreite», das heißt, viele Menschen sind jugendlicher als der Durchschnitt, während andere besonders schnell altern.

Damit stellt sich die Frage: Was machen die gesunden, jugendfrischen Menschen richtig? Die Antwort ist eindeutig: Sie bleiben aktiv. Regelmäßige Betätigung von Körper und Geist wirkt für die Lebensdauer Wunder; deshalb legt das DHEA-Programm soviel Wert auf geistige und körperliche «Beweglichkeit».

Ich habe dargelegt, wie man die Zellen mit einem hohen DHEA-Spiegel glauben machen kann, man sei wieder 25. Das gleiche gilt auch für das richtige Maß geistiger Aktivität und körperlicher Bewegung. Der grundlegende Mechanismus der Alterung ist ein Geheimnis, das tief in dem winzigen DNA-Strang verborgen ist, aber eines wissen wir: Wenn Körper und Geist nicht genutzt werden, gehen sie zugrunde.

In Verbindung mit den Bemühungen, den natürlichen DHEA-Spiegel zu erhöhen und gegebenenfalls DHEA zu ergänzen, kann man die Fähigkeiten zu körperlicher und geistiger Aktivität mit bioenergetischen Nährstoffen und Bindegewebsunterstützung noch weiter steigern. Diese beiden hervorragenden Bestandteile des DHEA-Programms *steigern* das erträgliche Maß an körperlicher Betätigung und die Freude daran, so daß wir alle Möglichkeiten der Gesundheit und langen Lebensdauer ausschöpfen können.

Der bioenergetische Schub

«Ich habe einfach keine Energie.» Wie oft haben Sie das schon gesagt? Jeder von uns hat Sex, Bewegung, das Spielen mit den Kindern und hundert andere Tätigkeiten schon einmal mit der Entschuldigung abgelehnt: «Ich habe einfach keine Energie.»

Wenn man das nach anstrengendem Training oder harter körperlicher Arbeit sagt, hat es einen Sinn, aber viele Menschen sind auch dann müde, wenn es keinen körperlichen Grund dafür gibt. Die Ärzte hören es von ihren Patienten immer wieder: «Herr Doktor, ich komme nach Feierabend völlig erschöpft nach Hause, obwohl ich den ganzen Tag nur am Schreibtisch gesessen habe.» Bis vor kurzem nahm der Arzt daraufhin eine Reihe von Untersuchungen vor, um bestimmte Krankheiten als Ursache auszuschließen, und dann verkündete er: «Nun ja, wissen Sie, Sie werden einfach älter!»

Nachdem ich so etwas in meiner Praxis für Ernährungsberatung hundertmal gehört hatte, suchte ich nach einem besseren Grund für die unerklärliche Müdigkeit. Immerhin gibt es keine stichhaltigen wissenschaftlichen Gründe für die Annahme, daß das Älterwerden zu einem Verlust an Lebensenergie führt. Nach meiner Überzeugung geben die Ärzte diese Antwort nur deshalb so häufig, weil sie selbst müde sind. Wenn eine Störung so weit verbreitet ist, neigen wir immer dazu, sie als «normal» abzutun.

Müdigkeitsgefühle ohne Krankheit oder anstrengende Arbeit sind nicht normal, und man muß nicht «lernen, damit zu leben». Wissenschaftliche Untersuchungen haben gezeigt, daß eine Gruppe natürlicher Substanzen für die Energieproduktion des Organismus unentbehrlich sind. Diese *bioenergetischen Nährstoffe* sind in der typischen Ernährung der Industrieländer knapp. Die Folge: schwacher Stoffwechsel, Müdigkeit, geringe Belastbarkeit, Stimmungsumschwünge und schwankende Energie. Außerdem macht der Mangel an bioenergetischen Nährstoffen das Abnehmen und das Halten eines bestimmten Gewichts zu einem endlosen Kampf.

Lebenswichtige bioenergetische Nährstoffe: die Super-Sechs

Meine ersten Erfahrungen mit bioenergetischen Nährstoffen machte ich 1984 als Berater der amerikanischen Leichtathletikmannschaft bei den Olympischen Spielen. Damals benutzten die osteuropäischen Teilnehmer Berichten zufolge leistungssteigernde Medikamente, und man bat mich, für die Sportler der USA nach einer ungefährlichen, natürlichen Alternative zu suchen.

Meine Recherchen in den Datenbanken erstreckten sich auf über 50000 medizinische und naturwissenschaftliche Fachzeitschriften aus der ganzen Welt; die Arbeit führte mich in mehrere Länder, wo ich mich mit Fachleuten für Ernährung und sportliche Leistungen unterhielt. Allmählich erkannte ich, daß sechs Nährstoffe der Schlüssel zu einem gut funktionierenden Stoffwechsel sind.

Alle diese Nährstoffe sind notwendig, damit im Organismus effizient Energie produziert werden kann. Sind sie in optimaler Menge vorhanden, erzeugt unser Körper alle Energie, die wir brauchen, um zu arbeiten, zu spielen und das Leben zu genießen. Im einzelnen handelt es sich um folgende Substanzen:

Alpha-Ketoglutarsäure (AKG). Das klingt zwar nach einem Stoff aus dem Chemielabor, aber in Wirklichkeit ist AKG ein unentbehrlicher Nährstoff, der in allen Körperzellen vorkommt. Als lebenswichtiger Bestandteil des Energieproduktionszyklus trägt er dazu bei, die Stoffwechselintensität zu steuern. In einer Studie mit Freiwilligen führte die Einnahme von AKG zu einer verbesserten Sauerstoffversorgung der Zellen und zu höherer Belastbarkeit.

Außerdem ist AKG für den optimalen Umsatz von Kohlenhydraten, Fetten und Proteinen notwendig.

Vitamin B_6. Ein weiterer entscheidender Nahrungsbestandteil, der für die aerobe und anaerobe Energieproduktion gebraucht wird, ist das Vitamin B_6. Es dient außerdem als Baustein für zahlreiche körpereigene Substanzen, so auch für das Enzym, das DHEA herstellt, und es spielt eine wichtige Rolle für den Kohlenhydratstoffwechsel. Dieses Vitamin gehört zu den Nahrungsbestandteilen, die bei der Lebensmittelverarbeitung und beim Kochen am stärksten zerstört werden, und häufig reicht die aufgenommene Menge nicht aus. Die Kombination aus AKG und Vitamin B_6 führt nachgewiesenermaßen zu einer geringeren Anhäufung von Milchsäure in arbeitenden Muskeln. Da die Milchsäure zu Muskelkater beiträgt, der viele Menschen von körperlicher Betätigung abhält, kann eine optimale Aufnahme dieses Vitamins Anstrengungen einfacher und angenehmer machen.

Coenzym Q10. Dieser lebenswichtige Nährstoff wird für die Zellatmung gebraucht. Atmung findet nämlich nicht nur in der Lunge statt, sondern auch in jeder Zelle von der Kopfhaut bis zu den Zehenspitzen. Der Sauerstoff verbindet sich mit den Brennstoffen aus der Nahrung, und dabei entsteht Energie. Diese biochemische «Verbrennung» wird vom Coenzym Q10 (CoQ10) angeregt, einem höchst wichtigen Begleiter von DHEA.

Normalerweise nimmt man CoQ10 mit Substanzen aus der Gruppe der *Ubichinone* auf, die in stark weiterverarbeiteter Nahrung häufig beseitigt oder zerstört sind. Eine Wissenschaftlergruppe untersuchte den CoQ10-Spiegel bei übergewichtigen Patienten und entdeckte bei über der Hälfte der Versuchspersonen einen deutlichen Mangel. Außerdem nimmt der CoQ10-Spiegel auch mit dem Alter meist rapide ab. Mit 65 hat man nur noch 20 Prozent der Menge, die in der Jugend vorhanden war.

Möglicherweise ist das nicht die einzige Parallele zu DHEA. Beide Substanzen vermindern offenbar sehr wirksam die Gefahr von Herzkrankheiten. Tatsächlich wirkt CoQ10 auch als starkes Antioxidans, das zusammen mit dem Vitamin E die Oxidation des Cholesterins im Blut verhindert, so daß die dabei sonst entstehenden freien Radikale in den Arterien keine Schäden mehr anrichten können. Und das ist noch nicht alles: Das Herz selbst verbraucht von allen Körpergeweben das meiste CoQ10, und in wissenschaftlichen Untersuchungen hat sich herausgestellt, daß die Menge dieser Substanz in unmittelbarem Zusammenhang mit der Gesundheit des Herzens steht.

Wie DHEA, so ist auch CoQ10 unentbehrlich für die ordnungsgemäße Funktion des Immunsystems. Wenn ich das meinen Studenten erkläre, weise ich darauf hin, daß dieser bioenergetische Nährstoff die Energieproduktion nicht nur in den Muskeln verstärkt, sondern *überall* im Körper. Deshalb erhält auch das Immunsystem mehr Energie, und aus diesem Grund sieht man in CoQ10 heute einen wichtigen Immunmodulator.

Chrom. Chrom ist als bioenergetischer Nährstoff vor allem deshalb von Bedeutung, weil es für das Hormon Insulin als Cofaktor dient. Da Insulin für die Brennstoffversorgung von Gehirn und Muskeln erforderlich ist, kann eine unzureichende Chromversorgung zu Müdigkeit und schwachem Stoffwechsel beitragen. Wie sich in wissenschaftlichen Studien des US-Landwirtschaftsministeriums herausstellte, nahmen 90 Prozent der Untersuchten mit der Nahrung nicht genügend Chrom zu sich.

Auch hier gibt es eine wichtige Verbindung zum DHEA. Chrom und DHEA können zur Korrektur der *Insulinresistenz* beitragen, eines Stoffwechseldefektes, der zu Diabetes und Herzkrankheiten führen kann (siehe Kapitel 3). Beide senken nachweislich den Cholesterinspiegel im Blut, und beide können die Häufigkeit atherosklerotischer Plaques vermindern.

Durch eine optimale Chromkonzentration im Körper steigt auch die verfügbare DHEA-Menge. Der Hyperinsulinismus, eine Störung, bei der zuviel Insulin produziert wird (siehe Kapitel 3), läßt sich beseitigen, wenn man den Chrommangel behebt. Und das wiederum führt ganz von selbst zu einem Anstieg des DHEA-Spiegels.

Weiterhin lassen die Forschungsergebnisse auch darauf schließen, daß Chrom bei einer Schlankheitsdiät zu effizienterer Fettverbrennung beiträgt. Ohne ausreichende Chromaufnahme sinkt die Glucosetoleranz (das heißt die Fähigkeit, Kohlenhydrate im Stoffwechsel wirksam umzusetzen). Das kann sowohl zu Stimmungs- und Energieschwankungen als auch zu einer anormalen Gier nach Nahrung und Zucker führen. Eine optimale Chrommenge ist unbedingt notwendig, damit beim Abnehmen das Gefühl von Erfolg und Wirksamkeit erhalten bleibt.

Kalium- und Magnesiumaspartat. Die Forschungsarbeiten aus über 30 Jahren sprechen für die Verwendung von Kalium- und Magnesiumaspartat zur Bekämpfung der Müdigkeit. Wie AKG, so steigern auch diese Komplexe aus Mineralien und Asparaginsäure die Lebenskraft, weil sie den Energieproduktionszyklus effizienter machen. Auch für die Gesundheit von Herz und Kreislauf sowie für die Muskeltätigkeit sind diese Mineralstoffe unentbehrlich.

Stetig aufwärts

Ich setzte bioenergetische Nährstoffe bei Olympiateilnehmern und Profisportlern ein, um die höchste Leistungsfähigkeit aufrechtzuerhalten, aber schon bald wurde mir klar, daß sie für jeden nützlich sind. Allmählich erkannte ich, daß zwischen einem körperlich erschöpften Sportler und einem untätigen Menschen mit ineffizientem Stoffwechsel eine starke Ähnlichkeit besteht: Beide leiden an Sauerstoff- und Brennstoffmangel – der Sportler, weil er seine Reserven aufgebraucht hat, der Unbewegliche, weil sein Körper die Enzyme, die zum Anzapfen dieser Reserven notwendig sind, nicht mehr herstellt.

Wie gesagt: Unser Körper produziert nur so viel Energie, wie wir ihm abverlangen. Bei sitzender Lebensweise sinkt die Effizienz des Stoffwechsels, so daß viele Menschen nicht mehr zu regelmäßiger körperlicher Betätigung in der Lage sind. Bioenergetische Nährstoffe können helfen, diesen Zustand zu ändern.

Die gleichen Substanzen, die den Sportlern helfen, ihre Bestleistungen um ein paar Minuten oder Sekunden zu verbessern, können auch im täglichen Leben mehr Energie liefern. Und wer sich energiegeladen fühlt, hat mehr Spaß an Bewegung. Damit beginnt ein positiver Kreislauf, der zu immer größerer Fitneß führt.

Bioenergetische Nährstoffe und Gewichtsabnahme

In einer Studie, an der ich 1994 mitarbeitete, wurden verschiedene Faktoren daraufhin untersucht, ob sie dazu beitragen können, das Idealgewicht zu erreichen und zu halten. Es ging um eine dauerhafte Lösung für den Kampf mit den Pfunden, und das hieß: Wir mußten einen Weg finden, damit die Menschen eine größere Fitneß erreichen konnten.

Die Versuchspersonen erhielten in der Studie ein Präparat mit bioenergetischen Nährstoffen, und das mit eindrucksvollen Ergebnissen. Diejenigen, die das Präparat nahmen, berichteten über mehr und gleichmäßigere Energie, weniger Gier auf Nahrung und Zucker, größere Belastbarkeit, mehr Spaß beim Sport und ein Gefühl, «alles unter Kontrolle zu haben». Das alles trug ganz natürlich und mühelos zum Abnehmen bei.

Für viele Teilnehmer der Studie war es das erste Mal, daß sie ein regelmäßiges Trainingsprogramm durchhielten. Manche fühlten sich überhaupt zum ersten Mal nach körperlicher Betätigung wohl. Nach einiger Zeit berichteten sie, sie «sehnten» sich geradezu nach Bewegung. Außerdem gaben sie an, besser zu schlafen und morgens munterer und optimistischer aufzuwachen.

Das beste daran ist, daß alle diese Wirkungen durch ein ganz natürliches Verfahren zur Steigerung der Vitalität zustande kamen. Bioenergetische Nährstoffe helfen dem Körper, sein eigenes inneres Potential der Vitalität und Kraft auszuschöpfen. Das ist ganz etwas anderes als die übliche Methode, sich mit Koffein und anderen Anregungsmitteln aufzuputschen. Ich vergleiche es gern mit dem Unterschied, ob man ein Pferd schlägt (und ihm einen fehlenden Antrieb gibt) oder ob man es füttert (und ihm fehlende Nährstoffe gibt).

Mit bioenergetischen Nährstoffen spürt man die natürliche, dauerhafte Energie anstelle des hektischen oder zittrigen Gefühls, das die Anregungsmittel erzeugen. Man vermißt vielleicht den sofortigen «Tritt in den Hintern», den Koffein oder andere Stimulanzien bieten, aber wenn das Gewebe die optimale Menge an bioenergetischen Nährstoffen enthält, erlebt man eine echte, anhaltende Verbesserung von Wohlbefinden und Vitalität.

Bioenergetische Nährstoffe: woher nehmen?

Da die meisten bioenergetischen Nährstoffe durch die Verarbeitung aus unseren Lebensmitteln entfernt werden, ist es selbst bei gesunder Ernährung fast unmöglich, sie in optimaler Menge aufzunehmen. Am einfachsten führt man sie deshalb in Form von Nahrungsergänzungspräparaten zu, wie man sie in Reformhäusern und Drogerien findet. Um einen größtmöglichen Nutzen zu erzielen, empfehle ich folgende Dosierung:

Alpha-Ketoglutarsäure (AKG)	200–400 mg
Vitamin B_6	15–20 mg
Coenzym Q10	30–40 mg
Chrom	200–300 µg
Kalium/Magnesiumaspartat	200–400 mg

Zusammen mit regelmäßiger körperlicher Betätigung können die bioenergetischen Nährstoffe den Stoffwechsel erheblich effizienter machen, so daß Ihnen viel mehr Energie zur Verfügung steht. In Kapitel 7 werden wir erfahren, wie einfach man regelmäßige, dauerhafte körperliche Betätigung in den Tagesablauf einfügen kann.

Berichte über den Nutzen bioenergetischer Nährstoffe

Für Männer:

- kein Leistungstief am Nachmittag
- höhere Produktivität
- größere Belastbarkeit
- mehr Ausdauer

Für Frauen:

- größere, dauerhaftere Energie
- weniger Stimmungs- und Energieschwankungen
- größere körperliche Belastbarkeit
- schnellere Gewichtsabnahme

Bindegewebsunterstützung

In Amerika ist der herbstliche Thanksgiving Day die Zeit, wenn die Männer sich verletzen, weil sie Touch Football spielen, eine besonders brutale Form des American Football. Während die Männer zum Spielen gehen, sitzen die Frauen ängstlich zu Hause, denn sie wissen, was jetzt kommt: Blutergüsse, Verstauchungen und Gelenkschmerzen nach Stürzen auf den harten Boden.

So etwas kommt häufig vor, wenn Männer im mittleren Alter meinen, sie müßten sich benehmen wie Zwanzigjährige. Wenn ein Zwanzigjähriger auf den gefrorenen Erdboden fällt, ist das nicht weiter schlimm, denn die Gelenke sind durch die große Muskelmasse geschützt. Bei den meisten Vierzigjährigen sieht die Sache jedoch anders aus: Durch Muskelschwund ist der Schutz für die Gelenke geringer, und Fettpolster belasten die Gelenke zusätzlich. Außerdem verlieren Sehnen und Bänder mit fortschreitendem Alter an Elastizität, was das Verletzungsrisiko ebenfalls wachsen läßt.

DHEA kann viel zur Aufrechterhaltung der Muskelmasse beitragen, aber die Verletzungsgefahr wird dadurch nicht unbedingt geringer. Es kann das Risiko für Gelenkschäden sogar *wachsen* lassen. Der Grund: Ein Vierzigjähriger, der plötzlich merkt, daß er wieder 100 Kilo stemmen kann, vergißt nur allzuleicht, daß er das Gewicht mit Gelenken mittleren Alters hebt. Und das gilt nicht nur für Machos; auch Frauen bemerken mit DHEA eine deutliche Zunahme der Körperkraft und muten sich dann oft zuviel zu. Wenn man wieder in Form kommen will, muß man es langsam angehen lassen und ein Gefühl für die Gesundheit des Bindegewebes entwickeln.

Gelenke im Wandel

Skelett und Muskulatur sind so gestaltet, daß sie in vollkommener Harmonie zusammenwirken können, und dann behält der Körper die richtige Mischung aus Flexibilität und Festigkeit. Die Flexibilität macht Bewegung, Tanzen, Laufen und Springen möglich. Die Festigkeit verschafft uns die Kontrolle über unsere Bewegungen, so daß wir uns damit nicht selbst verletzen. Gesteuert werden Flexibilität und Festigkeit durch die Tätigkeit der Gelenke (die den Bewegungsspielraum der Knochen einschränken) sowie durch die Sehnen und Bänder (die die Gelenke zusammenhalten und die Muskeln mit den Knochen verbinden).

Wenn wir älter werden, trocknen unsere Sehnen und Bänder genauso aus wie die Haut. In der Wissenschaft befaßt man sich mit den *Mucopolysacchariden,* einer Gruppe verblüffender Substanzen, die unseren Geweben und Gelenken Elastizität und Widerstandskraft verleihen. Diese Verbindungen liegen zwischen den Zellen und steuern dort den Wassergehalt des Körpers, von der Gelenkflüssigkeit bis zur Flüssigkeitsmenge in Knorpel, Bändern und Sehnen.

Mit zunehmendem Alter sinkt der Mucopolysaccharidgehalt von Gelenken und Bindegewebe, so daß diese an Widerstandskraft verlieren, und das führt zu einer höheren Verletzungsgefahr. Was können wir tun, um Struktur und Funktion des Bindegewebes wieder in den jugendlichen Zustand zu versetzen? Dazu gibt es zwei Wege: Nahrungsergänzungsmittel und Bewegung. Von beiden wird im folgenden die Rede sein.

Die Gelenke geschmeidig erhalten

Es ist bekannt, daß die Mucopolysaccharide im Bindegewebe durch Nahrungsergänzungspräparate wieder aufgebaut werden können. Das wichtigste Mucopolysaccharid, das die Gelenke elastisch hält, ist das *Chondroitinsulfat,* ein Bestandteil des Knorpels. Chondroitinsulfat dient schon seit Jahrhunderten als gesunder Nährstoff: Es ist ein wichtiger Bestandteil selbstgemachter Hühnerbrühe. Das im Handel befindliche Chondroitinsulfat wird meist aus Rinderknorpel hergestellt. Die gleiche Funktion erfüllen auch Glucosaminsulfat und N-Acetylglucosamin, die ebenfalls im Handel sind.

Andere wichtige Nahrungsbestandteile zum Schutz des Bindegewebes sind Bor, Silizium, Vitamin C, Magnesium, Kalium, Zink, Mangan, Phosphor, Kupfer und Vitamin K. Diese Substanzen sind in manchen Präparaten zusammen mit Vitamin D und Calcium enthalten.

Wie steht es mit dem Calcium?

Calcium macht einen großen Anteil des Knochengewebes aus und ist deshalb ein entscheidender Faktor für Wachstum und Regeneration der Knochen. Aber nachdem in letzter Zeit soviel Wirbel um die Osteoporose gemacht wurde, tobt im Augenblick eine regelrechte Calciumhysterie.

Es scheint, als seien alle auf den Calciumzug aufgesprungen. Schon morgens nach dem Aufwachen kann man calciumangereicherten Orangensaft trinken, calciumangereicherte Milch über die calciumangereicherten Cornflakes schütten und das Brötchen (das mit calciumangereichertem Mehl gebacken wurde) mit calciumangereicherter Margarine oder calciumreicher Butter bestreichen. Aber wozu soll eigentlich das ganze Calcium gut sein?

Die Calciumhysterie hat zwei gefährliche Folgen. Erstens birgt eine überhöhte Calciumaufnahme gesundheitliche Risiken, unter anderem weil die Resorption von Magnesium, Eisen, Zink und vielleicht auch anderer Mineralstoffe beeinträchtigt wird. Und zweitens vernachlässigen Frauen, die Calcium gegen Osteoporose einnehmen, unter Umständen andere, wirksamere Methoden wie eine vielseitige, ausgewogene Ernährung, körperliche Bewegung und Hormonersatztherapie.

Schreckgespenst Osteoporose

Ist Osteoporose ein Calciummangel? Das ist der neueste Irrtum. Ironischerweise hat die Forschung nämlich gezeigt, daß mehr Calcium *nicht* unbedingt die Lösung des Osteoporoseproblems darstellt. Wie man aus epidemiologischen Untersuchungen weiß, ist die Osteoporose auch in manchen Ländern selten, in denen viel weniger Calcium verbraucht wird als bei uns. Gleichzeitig zeigt sich in Ländern mit hohem Calciumverbrauch keine Verbesserung. In Großbritannien nehmen Frauen zum Beispiel in den ersten Jahren nach dem Klimakterium täglich durchschnittlich 990 Milligramm Calcium zu sich. Für Amerikanerinnen liegt dieser Wert nur bei 560 mg, aber Oberschenkelhalsbrüche sind in beiden Ländern ungefähr gleich häufig.

Daß Osteoporose schrecklich ist, läßt sich nicht leugnen. In Amerika sind jedes Jahr 20 Millionen Menschen betroffen, und bei 1,2 Millionen von ihnen führt die Krankheit zur Körperbehinderung. An Komplikationen der Osteoporose sterben mehr Frauen als an Brust-, Gebärmutterhals- und Gebärmutterkrebs zusammen. Man kann es sich so vorstellen: Immer wieder hört man, Tante Anna sei gestürzt und habe sich den Oberschenkelhals gebrochen. In Wirklichkeit ist der Oberschenkelhals wahrscheinlich von selbst gebrochen, und daraufhin ist Tante Anna gestürzt. Man stelle sich vor, mit einer solchen Verletzlichkeit zu leben! In den USA wurden 1995 insgesamt 250000 Oberschenkelhalsbrüche gemeldet. Zwanzig Prozent der Betroffenen kamen nie mehr aus dem Krankenhaus, und 40 Prozent waren lebenslang pflegebedürftig.

Und das ist noch nicht alles. Eine Frau kann sich richtig ernähren, nicht rauchen, sich bewegen und ein großartiges Gesundheitsbewußtsein haben, und doch verlieren ihre Knochen vom 30. Lebensjahr an Mineralien. Vielleicht hat sie an ihrem 90. Geburtstag kräftige Muskeln, eine gesunde Haut, einen klaren Verstand und eine Menge körperliche Reserven, aber die Struktur, die das alles stützt – das Skelett –, verfällt.

Gesunde Knochen aufbauen

Glücklicherweise kann man die Osteoporose verhüten, und der allmähliche Rückgang der Knochendichte läßt sich aufhalten. Dazu ist dreierlei notwendig.

1. Nehmen Sie nicht nur Calcium, sondern eine ausgewogene Mineralmischung. Sie sollte auch Magnesium, Kalium, Zink, Mangan, Phosphor, Bor, Chrom und Kupfer enthalten. Auch Vitamin C ist nützlich.

2. Bewegen Sie sich regelmäßig, und zwar so, daß die Knochen Gewicht tragen müssen (Gehen und Radfahren). Leichte Gewichthebeübungen sind für den Oberkörper hilfreich, und nützlich sind auch Dehnübungen oder Yoga.

3. Stellen Sie in Ihrem Organismus ein Hormongleichgewicht her. Normalerweise denkt man dabei an das Östrogen. Es wird bei der Hormonersatztherapie gegeben, mit der man nach den Wechseljahren die abnehmende Produktion der Eierstöcke ausgleichen will. Viele Ärzte verschreiben aber zusätzlich Progesteron, und immer mehr wird auch DHEA zu einem wichtigen Stein des Hormonpuzzles.

DHEA und Osteoporose

Studien aus neuer Zeit weisen nachdrücklich darauf hin, daß DHEA bei Frauen im fortgeschrittenen Alter für die Erhaltung der Knochenmasse von großer Bedeutung ist. In einer Untersuchung an Frauen nach den Wechseljahren fand man einen unmittelbaren Zusammenhang zwischen dem DHEA-Spiegel und der Knochendichte. Bei Frauen unter 69 Jahren bestand eine auffallend enge Verbindung zwischen dem DHEA-Spiegel und der Stärke der Knochen.

Wenn Wissenschaftler solche Befunde sehen, fragen sie sich sofort, ob es sich um Ursache und Wirkung oder nur um ein zufälliges Zusammentreffen handelt. Um das herauszufinden, mußte man als nächstes Tiere mit DHEA füttern und dann untersuchen, ob ihre Knochen kräftiger werden. Das hat man getan, und der Effekt war tatsächlich zu beobachten. Die Gabe von DHEA führte bei Ratten zu einer deutlichen Zunahme der Knochendichte. Außerdem erfuhr man dabei noch etwas anderes: DHEA wird in den Knochenzellen in Östrogen umgewandelt. Auf diese Weise könnte es im wesentlichen die gleichen knochenerhaltenden Effekte hervorrufen wie die Östrogenersatztherapie.

Bisher warten wir aber immer noch auf den dritten Schritt, eine Langzeitstudie an Frauen. Sie ist unbedingt notwendig, denn nur so läßt sich feststellen, welche Dosis den größten Nutzen bringt und das geringste Risiko beinhaltet. Soweit mir bekannt ist, sind solche Untersuchungen aber bisher noch nicht einmal geplant, und deshalb experimentieren die Ärzte zur Zeit selbst. Der Nutzen ist einfach so groß, daß man ihn nicht außer acht lassen kann.

Natürlich sollten Frauen, die Östrogenpräparate nehmen, ihren Arzt befragen, bevor sie mit der Einnahme von DHEA beginnen, denn DHEA wird sowohl zu Östrogen als auch zu Testosteron umgesetzt. Nach Ansicht von Medizinern, die auf diesem Gebiet Erfahrung haben, ist DHEA möglicherweise dem Östrogen gegenüber vorzuziehen, oder zumindest kann man die Östrogendosis bei DHEA-Einnahme senken. Ebenso interessant sind Untersuchungsergebnisse, wonach geringe Testosteronmengen bei der Östrogentherapie zu einer Verbesserung von Stimmungslage und Energie führen, während Schlaflosigkeit und Reizbarkeit gemildert werden. In Zukunft wird man vielleicht nicht mehr zwei oder drei Hormone, sondern das «Oberhormon» DHEA verabreichen, um das bestmögliche Ergebnis zu erzielen.

Let the Sunshine in

Damit der Organismus das Calcium optimal nutzen kann, braucht er unbedingt Vitamin D. Dieses «Sonnenvitamin» kann der Körper nur dann produzieren, wenn Sonnenlicht auf die nackte Haut trifft. Der Effekt stellt sich ein, lange bevor die Haut sich rötet; es reicht aus, wenn Gesicht und Hände 20 Minuten von der Mittagssonne oder 40 Minuten am Morgen oder am Spätnachmittag bestrahlt werden. Bei dunkelhäutigen Menschen dauert es ungefähr doppelt so lange, bis sich der Tagesbedarf an Vitamin D gebildet hat.

Lebensmittel, die Calcium und andere knochenerhaltende Nährstoffe enthalten

Bohnen, Nüsse und Samen	**Fisch und Meeresfrüchte**
Tofu	Makrelen (Dose)
Pinto- oder Kidneybohnen	Austern
Limabohnen	Hering
Mandeln	Lachs (mit Knochen)
Sesamsamen	Sardinen (mit Knochen)
Gemüse	**Milch und Milchprodukte**
Brokkoli	Magermilch
Grünkohl	Joghurt natur
Weißkohl	Käse

Brunnenkresse	**Vollkornprodukte**
Rüben	brauner Reis
Senfkörner	Haferflocken
Okra	Gerstenflocken
Pastinak	Hirse
Kürbis	Buchweizen
chinesischer Kohl	Vollkornweizen
Möhren	

Viele Menschen haben sich angewöhnt, Sonnenbestrahlung unter allen Umständen zu meiden. Wir halten uns meist in Gebäuden im Neonlicht auf, und wenn wir nach draußen gehen, reiben wir uns dick mit Sonnenschutzmitteln ein. Das ist unnatürlich, und wir leiden darunter. Die Sonne regt die Abwehrkräfte an, kräftigt die Knochen und verstärkt überall im Körper die Resorption sowie den Umsatz des Calciums. Gesundheitsexperten haben mittlerweile erkannt, daß wir mit unserer Angst vor der Strahlung weit über das Ziel hinausgeschossen sind. Unsere Vorfahren fühlten sich jahrmillionenlang in der Sonne sehr wohl, und auch heute können wir davon profitieren, wenn wir sie an unsere Haut lassen. Entscheidend ist, daß man weiß, wann man genug hat und besser in den Schatten geht. Wie gesagt: alle immunstimulierenden und knochenstärkenden Wirkungen des Sonnenlichts kann man sich verschaffen, ohne den Hauch eines Sonnenbrandes zu bekommen. Der optimale Nutzen stellt sich ein, wenn man sich drei- bis viermal pro Woche in der Sonne aufhält.

Die natürliche Vitamin-D-Produktion in der Haut vermindert sich mit fortschreitendem Alter, und deshalb ist es wichtig, das Vitamin auch mit der Nahrung oder Nahrungsergänzungspräparaten aufzunehmen. Besonders Vitamin-D-reich sind fette Fischsorten, Leber, Eier sowie entsprechend angereicherte Milch- und Getreideprodukte. Wer in nördlichen Breiten wohnt oder sich nicht oft im Freien aufhalten kann oder will, sollte wegen der richtigen Einnahme zusätzlicher Vitamine den Arzt befragen.

Bewegung, Bewegung, Bewegung!

Bewegung ist für das Wohlbefinden des ganzen Skeletts unentbehrlich. Sie verleiht dem Bindegewebe und den Gelenken Kondition und Kraft; bei mangelnder körperlicher Betätigung dagegen verfällt der ganze Körper, unter anderem die Knochen, Sehnen, Bänder, Gelenke, Muskeln und sogar das Nervensystem.

Man sollte immer daran denken, daß die Gesundheit der Knochen und die Gesundheit des Bindegewebes Hand in Hand gehen. Sind die Knochen durch Osteoporose, ungesunde Ernährung und Bewegungsmangel geschwächt, kann man sicher sein, daß es auch mit dem Bindegewebe bergab geht. Knochen und Muskeln wirken zusammen, und kräftige Muskeln können die Belastung der Knochen erheblich vermindern. Außerdem stärkt Muskeltraining auch die darunterliegenden Knochen. In wissenschaftlichen Untersuchungen hat sich unter anderem gezeigt, daß die Knochendichte in der Lendenwirbelsäule unmittelbar mit der Stärke der Muskulatur im unteren Rücken zusammenhängt.

Das Training muß nicht anstrengend sein, aber man muß es regelmäßig betreiben. Älteren oder behinderten Menschen können Ärzte oder Physiotherapeuten helfen, ein individuelles Übungsprogramm zusammenzustellen. Gehen und Radfahren sind ausgezeichnete Übungen, die Bewegung verschaffen und keine ruckartigen Belastungen erzeugen wie Joggen oder Seilspringen. Auch leichtes Hanteltraining trägt viel dazu bei, die Knochen und Muskeln im Oberkörper zu kräftigen. Schwimmen ist zwar ebenfalls eine hervorragende Sportart, aber die Knochen müssen dabei kein

Gewicht tragen, und deshalb ist es für die Stärkung des Bindegewebes weniger nützlich.

Im Idealfall sollte man mit der körperlichen Betätigung schon im Kindesalter beginnen und sie während des ganzen Lebens fortsetzen. Wissenschaftliche Studien haben gezeigt, daß auch ältere und «empfindliche» Menschen aus einem sorgfältig gestalteten Trainingsprogramm großen Nutzen ziehen können.

KAPITEL 7
DHEA und Bewegung

Seit 25 Jahren predigen uns Mediziner, Fitneßpäpste und Medien, wie nützlich regelmäßige körperliche Betätigung ist. Die Fitneßindustrie erlebt einen gewaltigen Aufschwung: Menschen mit erstaunlichem Körperbau preisen uns Fitneßstudios, Heimtrainer, Sportkleidung, teure «Trainingsschuhe» und Gymnastikvideos an.

Trotz dieses Fitneßbooms sind die Menschen heute im Durchschnitt weniger fit als je zuvor. Ein hoher Prozentsatz der Erwachsenen in den Industrieländern hat eine völlig sitzende Lebensweise, das heißt, sie gehen keiner regelmäßigen körperlichen Betätigung nach. Wenn man sich die Sporthysterie als Karnevalsumzug vorstellt, stehen die meisten Menschen nur am Straßenrand und sehen zu. Die Teilnehmer waren von vornherein schon fit, und hinterher sind sie noch fitter.

Um den Verbrauchern ihre Produkte schmackhaft zu machen, führte die Fitneßindustrie früher die schönsten und am besten trainierten Menschen vor. Wenn wir dann aber die Zeitschriften abonniert, die Heimtrainer bestellt, den Vertrag im Fitneßstudio unterschrieben und das Video angesehen haben, stoßen wir auf ein großes Problem: Fehlschläge sind viel einfacher zu haben als der Erfolg.

In Wirklichkeit fühlten sich nur wenige so angeregt und motiviert, daß sie den Kram kauften und «es einfach taten». Ein viel größerer Teil kaufte den Kram, probierte ihn eine Zeitlang aus und verbannte ihn dann in die hinterste Ecke des Kellers; die Mehrheit aber tat überhaupt nichts. Der «Boom» war in Wirklichkeit eine

Luftblase. Der neueste Bericht des US-Gesundheitsministeriums von 1995 bestätigt wieder einmal, daß körperliche Betätigung für die Gesundheit äußerst wichtig ist, aber wie man die Menschen in Bewegung setzt, weiß offenbar niemand.

DHEA macht Anstrengungen leichter

Meist nimmt man an, die Leute bewegten sich so wenig, weil sie keine Zeit haben oder beruflich zu sehr belastet sind. Das glaube ich nicht. Als Beleg kann ich jedes Fitneßstudio anführen. Dort trainieren diejenigen, die auch beruflich am stärksten eingespannt sind. Sie werden durch das Training noch leistungsfähiger, denn *körperliche Betätigung erzeugt Energie.*

Die gute Nachricht lautet: Das DHEA-Programm schafft alle Voraussetzungen, damit körperliches Training Ihnen Spaß macht und Nutzen bringt wie nie zuvor. Warum? Weil es die Stoffwechselintensität steigert und die Energieproduktion des Organismus verstärkt. Wenn man Energie im Überfluß hat, braucht man keine Aufforderung, sich zu bewegen; dann kommt es ganz von allein. Und wenn Sie außerdem Knochen und Bindegewebe kräftigen (siehe Kapitel 6), können Sie das erleben, was ich als «hochgradige Fitneß» bezeichne. Auch wenn der Fitneß-Zug an Ihnen vorübergezogen ist, haben Sie jetzt die Chance, ihn noch einzuholen. Mit dem DHEA-Programm kann *jeder* mitmarschieren.

Bewegung und Evolution

Eine Frau beklagt sich bei ihrem Arzt: «Mein Mann sitzt den ganzen Tag nur auf dem Sofa, trinkt Bier, ißt Kartoffelchips und sieht fern.» Der Arzt erwidert: «Ach, das wird nicht mehr lange dauern.» Die Frau ist überrascht. «Sie meinen, er wird seine Lebensweise ändern?» Darauf meint der Arzt: «Das kann schon sein, aber eigentlich habe ich gemeint, daß *er* nicht mehr lange dauert. Er wird bald tot sein.»

Es ist wahr: Ein unbewegliches Leben ist ein kurzes Leben – dafür sorgt unsere steinzeitliche Programmierung. Es braucht wohl nicht betont zu werden: Unsere prähistorischen Vorfahren erhielten sich immer ihre optimale Fitneß, ohne jemals ein Fitneßstudio zu betreten. Mit dem Training, das wir heute dort absolvieren, ahmen wir eigentlich nur die kräftigenden Tätigkeiten nach, denen unsere Vorfahren von Natur aus nachgingen. Man kann es sich als Mittel vorstellen, um wieder in Einklang mit den eigenen Genen zu kommen.

Wie die meisten Erwachsenen wissen Sie wahrscheinlich schon, daß man sich durch körperliche Betätigung besser fühlt, besser aussieht und länger lebt, aber Sie waren zu müde, um überhaupt anzufangen. Und dann haben Sie durch den Bewegungsmangel zugenommen. Ein Teufelskreis, aber man kann ihn durchbrechen.

Sie werden nie wissen, wie wohl man sich fühlen kann, wenn Sie nicht die hochgradige Fitneß erleben. Dieses Kapitel beschreibt in Umrissen, wie man von jedem beliebigen Ausgangspunkt dorthin gelangen kann und wie DHEA dabei hilft.

Bewegung und Alter

Ihr Arzt wird Ihnen Dutzende nützliche Wirkungen der körperlichen Betätigung aufzählen, und das stimmt auch alles. Das Problem ist nur, daß unser Stoffwechsel sich mit fortschreitendem Alter verändert, und deshalb sprechen wir auf Bewegung nicht mehr so an wie früher. Sie belebt uns nicht, sondern sie wird zur Qual oder, was noch schlimmer ist, zu einer guten Gelegenheit für Verletzungen.

Wenn wir älter werden, empfindet unser Körper die gleichen

Anstrengungen, die wir in unserer Jugend ohne weiteres durchgehalten haben, plötzlich als Streß. Daraufhin verstärkt sich die Produktion des Streßhormons Cortisol, das den DHEA-Spiegel sinken läßt, die Abwehrkräfte schwächt und zu einer ganzen Reihe von Verfallserscheinungen beiträgt.

Körperliche Betätigung setzt von Natur aus die sogenannte *katabole* Stoffwechselphase in Gang. Als Katabolismus bezeichnet man den Abbau von Energievorräten und Proteinen im Körper; er ist bei Anstrengungen ein normaler Vorgang. Sobald die Anstrengung nachläßt, wechselt ein junger Organismus sofort wieder in die *anabole* Phase (Anabolismus = Aufbau). Dann werden schnell wieder neue Proteine synthetisiert, was für die Erhaltung schlanker Muskeln von großer Bedeutung ist.

Wenn man älter wird und der Cortisolspiegel bei Anstrengungen ansteigt, bleibt der Organismus länger in der katabolen Phase, das heißt, man erholt sich nach dem Training langsamer. Und was noch wichtiger ist: Regeneration und Neusynthese von Proteinen laufen nur verzögert oder unvollständig ab, so daß allmählich Muskelmasse verlorengeht. Das läßt sich mit DHEA ändern.

DHEA baut Energie und Muskelmasse auf

DHEA kann die Erholungszeit nach Anstrengungen verkürzen und die Regeneration und Synthese der Muskelmasse drastisch verstärken. Das liegt daran, daß DHEA die Menge der reparaturfördernden Substanz IGF-1 im Organismus ansteigen läßt. Die Altersforscher wissen schon seit Jahrzehnten, daß die IGF-1-Menge im Alter sinkt, und hielten es im allgemeinen für einen unvermeidlichen Teil des Alterungsprozesses. «Nun ja, der Körper wird alt. Er kann seine Proteine nicht mehr regenerieren. Bald fällt er auseinander und stirbt. So ist das Leben.» Heute fragen sich die Fachleute, ob dieser Abbau wirklich so unvermeidlich ist.

Kürzlich verabreichte eine Forschergruppe mehreren Männern Ende 50 jeden Tag 100 Milligramm DHEA. Nach nur 30 Tagen konnten sie einen Anstieg des IGF-1-Spiegels um erstaunliche 90 Prozent nachweisen. Das bedeutet eine stärkere Zunahme der Muskelmasse für Sportler über 30, bessere Erhaltung der Muskeln bei allen über 50 und – was genauso wichtig ist wie der bessere Anabolismus – ein vermindertes Risiko für Herzkrankheiten. IGF-1 regt die Produktion von Stickoxid (NO) an, das die Blutgefäße erweitert, den Kreislauf verbessert und zur Verhütung anormaler Blutgerinnsel beiträgt.

Als weiteren Vorteil bemerken Menschen, die DHEA nehmen, häufig eine deutliche Zunahme der Muskelleistung, sobald sie mit dem Krafttraining beginnen. Eine ausgezeichnete Studie in den *Annals of the New York Academy of Sciences* gelangt zu dem Schluß:

> «DHEA hat in geeigneter Dosierung offenbar nützliche Wirkungen im Hinblick auf seine Fähigkeit, die Produktion eines anabolen Wachstumsfaktors anzuregen, die Muskelkraft und die schlanke Körpermasse zu steigern, die Immunfunktion zu aktivieren und die Lebensqualität älterer Männer und Frauen zu verbessern, und das ohne nennenswerte Nebenwirkungen.»

Den DHEA-Spiegel auf dem jugendlichen Spitzenwert zu halten ist für jeden wichtig, der über das 80. und 90. Lebensjahr hinaus aktiv bleiben möchte. Kombiniert man es mit der optimalen Menge an bioenergetischen Nährstoffen und einem Programm zum Aufbau der Knochen und Schutz der Gelenke (siehe Kapitel 8), beobachtet man eine rasche Zunahme der Lebensenergie, und regelmäßige körperliche Betätigung bringt den größtmöglichen Nutzen. Das ist der richtige Weg, um sich zu motivieren, und nicht ein ständiges «du mußt» und «du sollst».

Anpassung: die kritische Hürde

Die Untrainierten, die beim Fitneßumzug mitmarschieren wollten, erlebten oftmals Muskelkater, Blasen an den Füßen, Erschöpfung und nicht selten auch Depressionen. Und dann suchten sie Ausreden: keine Zeit, zuviel anderes zu tun, zu weite Wege, zu kalt, zu heiß, ich will meine Frisur nicht kaputtmachen.

Richtlinien für höchste Fitneß

Folgendes können Sie tun, um auf Jahrzehnte hinaus so fit wie möglich zu bleiben:

1. Prüfen Sie den DHEA-Spiegel; er sollte auf dem jugendlichen Spitzenwert bleiben.

2. Nehmen Sie DHEA ein, wenn es notwendig ist.

3. Überanstrengen Sie sich nicht. Nach dem Training sollten Sie sich belebt fühlen, aber nicht erschöpft oder deprimiert.

4. Nehmen Sie bioenergetische Nährstoffe, um die Leistung des Stoffwechsels zu steigern.

5. Schützen Sie Gelenke, Sehnen, Bänder und Knochen mit einem Programm zur Bindegewebsunterstützung vor Verletzungen.

In Wirklichkeit meinen sie damit: «Ich mag den Schmerz und die Erschöpfung nicht. Ich fühle mich hinterher nicht wohler, sondern schlechter.» Die wenigsten Programme sind so angelegt, daß sie auch denen Erfolgserlebnisse verschaffen, die gerade erst mit dem Training beginnen. Und meist sagt man den Leuten nichts über die vier- bis sechswöchige Anpassungsperiode, die der Körper braucht, um sich auf die ungewohnte Anstrengung einzustellen.

Anpassung ist das Stadium zwischen dem untrainierten und dem trainierten Zustand. Es ist, was den Stoffwechsel angeht, ein Niemandsland: Wir fordern vom Organismus mehr Energie, aber der Körper weiß nicht, wo er sie hernehmen soll. Dieses Stadium halten die wenigsten durch, denn oft fühlen sie sich, als habe sie ein Holzhammer getroffen. Das Training belebt sie nicht, sondern es macht sie kaputt. Statt der natürlichen Unterdrückung des Appetits, die trainierte Menschen nach der Anstrengung erleben, haben sie oft Heißhunger, insbesondere auf Süßes. Und es tut weh – körperlich und seelisch. Es ist deprimierend, wenn man bis zum Umfallen erschöpft ist, während die Aerobiclehrerin oder der Fitneßguru noch nicht einmal richtig schwitzt.

Da ist es kein Wunder, daß sechs von zehn Leuten, die ein Trainingsprogramm anfangen, im ersten Monat wieder abspringen. Und was dabei besonders traurig ist: Wenn man es mehrmals versucht hat und immer wieder gescheitert ist, spürt man nie, wieviel Spaß es macht, wenn man sich nach dem Training belebt fühlt. Das ist nicht Ihre Schuld. Der Stoffwechsel hat gegen Sie gearbeitet. Aber das alles kann man mit dem DHEA-Programm ändern.

Bewegung: Zwölf Nutzeffekte

1. Bewegung verbrennt Kalorien. Zusammen mit verminderter Kalorienaufnahme und verbesserter Stoffwechseleffizienz ist Bewegung der Schlüssel zum langfristigen Idealgewicht.

2. Bewegung verbraucht Fett als Brennstoff. Wenn man sich körperlich betätigt, verbraucht der Körper etwa eine halbe Stunde lang Glucose aus dem Blut, Glycogen (eine Speicherform der Glucose) und ein wenig Fett. Danach wird vorwiegend Fett verbrannt.

3. Durch Bewegung steigt die Muskelmasse. Das ist vielleicht der wichtigste Nutzen körperlicher Betätigung, denn eine höhere Muskelmasse wirkt sich tiefgreifend und während des ganzen Lebens auf den Stoffwechsel, die Stärke der Knochen und das Körpergewicht aus. Ein Kilo Muskeln verbrennt in der Regel hundert- bis vierhundertmal so viele Kalorien wie ein Kilo Fett. Wer mehr Muskeln hat, kann deshalb mehr Kalorien aufnehmen, ohne daß das Gewicht steigt. Wie gesagt: Muskelmasse sind nicht nur die Muskeln der Bodybuilder, sondern der gesamte Anteil des fettarmen Gewebes im Körper. Man kann die Muskelmasse erheblich steigern, ohne auch nur entfernt wie ein Bodybuilder auszusehen.

DHEA ist dabei entscheidend, denn Männer und Frauen über 40 können ihre Muskelmasse nur noch sehr schwer steigern. Es ist, als würde die Natur sagen: «Warum soll ich mir die Mühe machen? Dieser Körper ist ohnehin verbraucht!» DHEA kann diese Grenze verschieben, denn es regt die Produktion der körpereigenen Substanz IGF-1 an, die dem Muskelaufbau und der Geweberegeneration dient. Und dieser Nutzen stellt sich offenbar in jedem Alter ein. In Studien mit Männern und Frauen wurde nachgewiesen, daß die IGF-1-Produktion in allen untersuchten Altersgruppen angeregt wird.

4. **Wer sich bewegt, hat weniger Appetit**. Die Unterdrückung des Appetits durch den Stoffwechsel ist eine Folge der Fitneß, die sich erst allmählich einstellt. Wie sich aber in wissenschaftlichen Studien gezeigt hat, kann auch mäßig starke körperliche Betätigung den Appetit vermindern, weil sie sich auf den Hypothalamus auswirkt, das Appetit-Steuerungszentrum im Gehirn. Diese Wirkung auf den Hypothalamus stellt sich schon ein, bevor der Organismus ein hohes Maß an Fitneß erreicht hat. Und auch hier dürfte DHEA eine Rolle spielen. Im Tierversuch führt die Gabe von DHEA zu einer Verminderung des Futterverbrauchs und zum Gewichtsverlust, wahrscheinlich weil der Serotoninspiegel im Hypothalamus zunimmt. Zufällig ist das auch eine Wirkung des Fenfluramins, eines Wirkstoffs, der kürzlich als Appetitzügler zugelassen wurde.

5. Bewegung baut Streß und Depressionen ab, zwei häufige Ursachen der Gewichtszunahme. Wie sich in Studien gezeigt hat, werden zwei Gruppen von Hormonen bei körperlicher Betätigung vermehrt gebildet: die *Endorphine* oder «Wohlfühlhormone» und die *Enkephaline,* die als natürliche Schmerzmittel wirken. Diese Hormone führen in Verbindung mit der natürlichen Freude über die eigene Aktivität zu besserer Streßbewältigung und zu einer Verbesserung der Stimmungslage. Wie in Kapitel 4 erläutert wurde, regt das den Organismus zu einer höheren DHEA-Produktion an, so daß eine positive Wechselwirkung in Gang kommt. Man fühlt sich wohl, der Streß vermindert sich, durch den Streßabbau steigt der DHEA-Spiegel, der höhere DHEA-Spiegel führt zu größeren Erfolgen bei der körperlichen Betätigung, solche Erfolge bringen mehr Motivation, durch Motivation fühlt man sich wohler, und so weiter.
6. Bewegung vermindert das Risiko für Herzkrankheiten, die Todesursache Nummer 1. Durch körperliche Betätigung sinkt der Blutdruck, der Spiegel des «guten» HDL-Cholesterins im Blut steigt an, die Menge des «schlechten» LDL- und des VLDL-Cholesterins sinkt ebenso wie die Menge der Triglyceride, und der Herzmuskel wird gestärkt. Wie sich in wissenschaftlichen Untersuchungen außerdem gezeigt hat, macht Bewegung es einfacher, das Rauchen aufzugeben, das wesentlich zu den Herzkrankheiten beiträgt.
7. Mit Bewegung kann man den Diabetes besser unter Kontrolle halten. Der Blutzuckerspiegel wird zum Teil durch körperliche Betätigung und Ernährung gesteuert. Wie sich in Studien gezeigt hat, können fast 50 Prozent aller Diabetiker durch Gewichtsabnahme und Bewegung soweit kommen, daß sie weder Insulin noch andere blutzuckersenkende Medikamente benötigen. Und es gibt sogar Hinweise, daß Menschen, die aus genetischen Gründen zu dieser Krankheit neigen, sie mit ausreichender Bewegung verhüten können.

8. Bewegung fördert einen tiefen, ruhigen Schlaf. Wenn man sich allerdings unmittelbar vor dem Zubettgehen anstrengt, hat man unter Umständen Schwierigkeiten mit dem Einschlafen.

9. Rhythmische Bewegungen lösen Verstopfung. Gehen, Laufen, Schwimmen, Radfahren und Rudern tragen zu einer regelmäßigen Darmtätigkeit bei. Schnelles Gehen hat zusätzlich den Vorteil, daß es die Verdauung und den Stoffwechselumsatz der Nahrung fördert.

10. Bewegung regt das lymphatische System an. Dieses System ist die körpereigene «Müllabfuhr» für Stoffwechselabfälle, abgestorbene Zellen und Reste, die wiederverwertet werden. Ein verbesserter Lymphkreislauf kann erheblich zur allgemeinen Gesundheit beitragen.

11. Dehnübungen verbessern Elastizität und Kraft. Dehnübungen und Yoga sind besonders wichtig, weil sie die Menge der Gelenkflüssigkeit steigen lassen, die Elastizität und Stärke des Bindegewebes verbessern und sich auf ein breites Spektrum von Verfallskrankheiten auswirken, beispielsweise auf rheumatoide Arthritis, Osteoarthritis, Schleimbeutel- und Sehnenentzündung.

12. Bewegung führt zu einem Gefühl der Stärke und besserem Selbstbewußtsein. Wer sich stark fühlt, hat mehr Selbstbewußtsein, und das kann sich bei Männern und Frauen in vielen Lebensbereichen auswirken. Selbstbewußtsein ist zu einem großen Teil etwas Unbewußtes. Optimismus ist schön und gut, aber wenn uns eine alte Stimme im Unterbewußtsein sagt, wir seien klein und schwach, verbessern alle gegenteiligen Behauptungen der Umwelt das Selbstwertgefühl nicht. Diese Stimme haben Eltern oder Autoritätspersonen uns vielleicht schon vor Jahrzehnten eingepflanzt, und sie beeinflußt bis heute unser Lebensgefühl.

Körperliche Betätigung und die dadurch erreichte Kräftigung können solche tiefsitzenden Gefühle von Versagen und Beschränktheit vertreiben. Warum? Wegen der Evolution. Über eine Million Jahre lang hatten die wichtigsten Fähigkeiten der Menschen mit Kraft zu tun. Die Gene wissen nichts über Eigenschaften, die wir sonst noch besitzen, beispielsweise über die Fähigkeit, ein Aktiendepot zu verwalten und ein Vermögen aufzuhäufen. So etwas verschafft uns vielleicht die Zustimmung anderer und erfreut unser bewußtes Denken, aber das Unterbewußte will wissen, ob wir mit einem Bär kämpfen und ihn besiegen können. Daran sollten Sie denken, wenn Sie das nächste Mal ins Fitneßstudio gehen. Die Männer und Frauen, die dort Gewichte stemmen, strengen sich nicht nur an, um gut auszusehen. Sie befriedigen auch – bewußt oder unbewußt – ein tiefes inneres Bedürfnis nach Selbstbewußtsein in Form körperlicher Stärke.

Das Sonntagssportler-Syndrom

Sind Sie ein Sonntagssportler? Pflegen Sie fünf Tage in der Woche eine sitzende Lebensweise, um sich dann am Samstag oder Sonntag gewaltig anzustrengen? Wenn ja, erleben Sie wahrscheinlich mehr Schmerzen als Spaß. Am nützlichsten ist körperliche Betätigung, wenn sie sich über die ganze Woche verteilt und sich nicht nur auf einen oder zwei Tage konzentriert. Sie brauchen nicht sieben Tage lang wie ein Wilder zu trainieren; im Gegenteil: Fitneß erreicht man am besten langsam und mit Beharrlichkeit. Es geht nicht um «eiserne Muckis» oder den Bizeps des Terminators. Wenn Sie anfangen wollen, etwas für Ihre Fitneß zu tun, sollten Sie folgende Ratschläge beherzigen:

Trainieren Sie mäßig. Müdigkeit und Erschöpfung können den Fortschritt von Fitneß und Gewichtsabnahme bremsen. Mäßig starke Anstrengung regt den Stoffwechsel an, ohne dem Organismus eine «Anpassung» aufzuzwingen. Vermeiden Sie auf jeden Fall die Mentalität nach dem Motto «ohne Schweiß kein Preis».

Lieber mäßig, aber regelmäßig. Unser Gehirn hat einen «Lagerverwalter», der den zukünftigen Energiebedarf aufgrund früherer

Erfahrungen voraussagt. Wenn man sein Leben sitzend verbringt, weiß dieser Verwalter, daß wenig Energie gebraucht wird, und die meisten überschüssigen Kalorien werden ins Lager gesteckt (zum Beispiel an die Hüften). Gelegentliche Anstrengungen bringen den Verwalter nur durcheinander: Heute geht ihm die Energie aus, und am nächsten Tag gibt es Überschüsse. Insgesamt hat das zur Folge, daß die Stoffwechseleffizienz und die Fettverbrennung nicht zunehmen.

Mit regelmäßigem, mäßigem Training dagegen teilt man dem Gehirn mit: «Dieser Organismus ist von jetzt an aktiv und dynamisch, das heißt, er braucht viel mehr Energie als früher, also speichere nicht mehr so viele Kalorien als Fett, sondern halte mehr für die Aktivität bereit.» Um diese Nachricht laut und deutlich mitzuteilen, braucht das Training nicht besonders heftig zu sein und noch nicht einmal lange zu dauern. Am wichtigsten ist die Regelmäßigkeit.

Machen Sie Aktivitätspausen. Wenn Sie zum erstenmal mehr Aktivität in ihren Tagesablauf aufnehmen, sollten Sie dem Lagerverwalter im Gehirn so viele «Aktivitätsnachrichten» wie möglich übermitteln. Sie sollten ihn wissen lassen, daß der aktive Körper jetzt mehr Energie braucht.

Wie sich in wissenschaftlichen Untersuchungen gezeigt hat, können Tätigkeiten wie Garten- oder Hausarbeit, Golf, Bowling, Einkaufen oder Badminton zur Fitneß und Stoffwechseleffizienz beitragen. Gewöhnen Sie sich deshalb an, alle paar Stunden eine «Aktivitätspause» von mindestens zehn Minuten einzulegen.

Am besten ist es, wenn man nicht länger als zwei Stunden ununterbrochen sitzt. Man sollte ständig die Nachricht zum Gehirn schicken, daß der Körper in Bewegung ist und Energie braucht. Aktivitätspausen regen nicht nur den Stoffwechsel an, sondern, wie die Forschung gezeigt hat, verbessern auch die Produktivität, und die Zahl der Krankheitstage sinkt.

In der folgenden kurzen Liste sind einige Aktivitäten aufgeführt, die sehr wirksam die richtige Mitteilung an den Lagerverwalter im Gehirn schicken:

- Gehen Sie mit dem Hund spazieren.
- Tanzen Sie zehn Minuten lang rhythmisch zu Musik.
- Gehen Sie in Ihrer Firma einmal um den Parkplatz oder in eine andere Abteilung.
- Dehnen Sie sich, oder machen Sie ein paar sanfte Yoga- oder Tai-Chi-Bewegungen.
- Bewegen Sie sich zehn Minuten auf einem Heimtrainer oder einem Laufband.
- Machen Sie die Wohnung sauber.
- Hüpfen Sie ein wenig mit dem Springseil.
- Besorgen Sie sich einen Hula-Hoop-Reifen, und üben Sie, ihn in Bewegung zu halten.
- Jonglieren Sie.
- Werfen Sie ein Frisbee.
- Hüpfen Sie auf einem kleinen Trampolin.
- Üben Sie ein wenig mit Kurzhanteln.
- Laufen Sie Rollschuh.
- Schaukeln Sie.
- Waschen Sie das Auto.

Wenn Sie Fett verbrennen wollen, ist die Dauer entscheidend. Etwa eine halbe Stunde dauert es, bis der Stoffwechsel von der Kohlenhydrat- auf Fettverbrennung umschaltet. Jede Minute, die man über die 30 Minuten hinaus trainiert, ist eine Minute der Fettverbrennung.

DHEA und bioenergetische Nährstoffe vermindern die Anpassungsschwierigkeiten. DHEA und die in Kapitel 6 beschriebenen bioenergetischen Nährstoffe mobilisieren den Stoffwechsel und liefern die Energie für die vermehrte Aktivität. Verstärkte körperliche Betätigung ohne diese wichtigen Hilfsmittel gleicht dem Versuch, ein Auto mit einer fehlenden Zündkerze fahren zu lassen. Man kommt zwar voran, aber die Schubkraft fehlt, und das Ergebnis ist enttäuschend. Wer bioenergetische Nährstoffe in optimaler Menge zu sich nimmt und den DHEA-Spiegel auf dem jugendlichen Spitzenwert hält, übersteht die Umstellungsschwierigkeiten besser und erlebt eine ganz neue Ebene der Energie und Vitalität.

Noch eine wichtige Anmerkung: Die Muskeln erzeugen als Nebenprodukte ihres Energiestoffwechsels auch freie Radikale. Diese gefährlichen Moleküle werden in der Regel von den Antioxidantien des Organismus beseitigt. Da DHEA den Stoffwechsel und die Leistungsfähigkeit der Muskeln verstärkt, kann es zu einer verstärkten Produktion freier Radikale beitragen. In Tierversuchen hat sich aber gezeigt, daß man diesen Effekt durch die Einnahme geeigneter Antioxidantien (insbesondere Vitamin E) vollkommen ausgleichen kann. Ausführliche Empfehlungen für Nahrungsergänzungsmittel finden sich in Kapitel 9.

Das DHEA-Trainingsprogramm

Das folgende Trainingsprogramm ist ein Beispiel, wie man vom ersten Anfang bis zur optimalen Fitneß gelangen kann. Für jeden Schritt sollte man sechs bis zwölf Wochen einkalkulieren (die Schritte 1 und 2 kann man gleichzeitig durchführen).

Schritt 1: Kurbeln Sie Ihren Stoffwechsel an. Stellen Sie Ihren DHEA-Spiegel fest, und ergänzen Sie ihn gegebenenfalls, so daß der jugendliche Spitzenwert erreicht wird (siehe Kapitel 11). Nehmen Sie täglich bioenergetische Nährstoffe (siehe Kapitel 6).

Schritt 2: Steigern Sie Ihre Aktivität durch häufigere Aktivitätspausen.

Schritt 3: Legen Sie die Grundlage für Fitneß durch Gehen. Machen Sie zunächst dreimal in der Woche 20 Minuten lang einen flotten Spaziergang, und steigern Sie dann auf fünfmal wöchentlich eine halbe Stunde.

Schritt 4: Bauen Sie Minuten der Fettverbrennung ein: Dehnen Sie die Spaziergänge drei- oder viermal in der Woche um ein paar Minuten aus. Steigern Sie auf 30 bis 60 zusätzliche Minuten je Spaziergang.

Schritt 5: Wenn Sie sechs Wochen lang regelmäßig flott gegangen sind, lassen Sie sich von einem ausgebildeten Fitneßtrainer beraten. Machen Sie zweimal wöchentlich 20 Minuten Krafttraining mit Gewichten. Steigern Sie allmählich auf ein Training an jedem zweiten Tag.

Schritt 6: Steigern Sie die Trainingsintensität mit Hilfe des Trainers weiter, bis Sie die maximale Fitneß erreicht haben.

Schritt 7: Machen Sie vom Anfang bis zum fortgeschrittensten Stadium immer Dehnübungen.

Gehen – das Universaltraining

Damit ein Trainingsprogramm von Anfang an Erfolg hat, muß es vier Kriterien erfüllen:

- Es muß Spaß machen – niemand tut längere Zeit etwas, woran er keine Freude hat.
- Es muß einfach sein, so daß es jeder kann – ohne Training und ohne Unterricht.
- Es muß billig sein – keine teure Ausrüstung, keine Mitgliedschaft oder besondere Kleidung.
- Es muß wirken – man muß in der aufgewendeten Zeit den größtmöglichen Nutzen daraus ziehen.

Welche Art der körperlichen Betätigung alle diese Kriterien erfüllt, wissen Sie bereits: das Gehen. Gehen ist beliebt, weil es jeder kann. Man braucht dazu weder besondere Fähigkeiten noch sportliche Geschicklichkeit, und es ist fast immer und überall möglich. Es wirkt unglaublich gut, weil man dabei die größten Muskeln des Körpers bewegt – die Vorder- und Rückseite der Oberschenkel.

Gehen kann man im Haus oder im eigenen Stadtviertel, auf Wanderwegen, am Strand oder im Einkaufszentrum. Es ist einfach, bringt gewaltigen Nutzen und verursacht kaum einmal Verletzungen oder Beschwerden. Ein paar Richtlinien sollte man aber dennoch beachten.

Vergessen Sie den «Trainingspuls». Wenn man durch Herzkrankheiten gefährdet ist oder eine Herzoperation hinter sich hat, kann der Puls sehr wichtig sein. Für alle anderen bringt gleichmäßiges Gehen, bei dem man noch angenehm atmen kann, ohne daß die Füße aber Moos ansetzen, alle nützlichen Wirkungen der Bewegung. Am Anfang brauchen Sie sich über einen «flotten Schritt» keine Gedanken zu machen; gehen Sie einfach nach draußen, und dann los! Das «Flotte» kommt von selbst, wenn Sie soweit sind. Der Grundsatz lautet: Wer sich bewegt, trainiert.

Überanstrengen Sie sich nicht. Sie können sehr einfach feststellen, ob Sie nicht des Guten zuviel tun: Beobachten Sie Ihre Atmung. Wenn Sie sich beim Gehen noch unterhalten können, ohne nach Luft zu schnappen, ist alles in Ordnung. Bei diesem Tempo werden Ihre Muskeln ausreichend mit Sauerstoff versorgt, so daß sie das Fett verbrennen können. Wenn Sie aber zu schnaufen beginnen und kein Gespräch mehr führen können, leiden Sie an Sauerstoffmangel, und das kann nicht nur gefährlich werden, sondern es ist auch wirkungslos. Wenn die Muskeln nicht ausreichend Sauerstoff erhalten, verbrennen sie kein Fett, sondern Kohlenhydrate und Protein aus dem Muskelgewebe. Mit anderen Worten: Training, das für Ihr Fitneßniveau zu anstrengend ist, kann zum Verlust von Muskelmasse führen – und damit genau zum Gegenteil von dem, was Sie erreichen wollen.

Dauer. Denken Sie daran: Nachdem Sie eine halbe Stunde gegangen sind, ist jede weitere Minute eine Minute der Fettverbrennung, die zu Ihrer Fitneß beiträgt. Von jetzt an zwingen Sie den Organismus, Fett als Brennstoff zu benutzen. Wiederholt man das Ganze regelmäßig, gibt der Lagerverwalter im Gehirn dem Organismus die Anweisung, mehr fettabbauende Enzyme und andere energieliefernde Substanzen zu produzieren. Je länger Sie gehen, desto größer der Nutzen – solange Sie keine Blasen bekommen oder völlig erschöpft sind.

Kühl bleiben. Übergewichtige können meist die Körperwärme weniger gut abgeben, weil sie eine zusätzliche «Isolierung» mit sich herumtragen. Deshalb kann es günstiger sein, das Gehen in die Morgen- oder Abendstunden zu verlegen. Sehr gut eignen sich auch klimatisierte Einkaufszentren, vor allem wenn dort eine hohe Luftfeuchtigkeit herrscht. Man sollte keine «Sportkleidung» aus Stretchsynthetik tragen, sondern bequeme, locker sitzende Kleidung aus Naturfasern.

Ausrüstung. Gute Schuhe und Sportsocken aus Baumwolle sind sehr zu empfehlen. Die Schuhe sollten bequem sitzen und die Füße stützen, ohne an den Fersen zu drücken oder die Zehen einzuengen.

Fußpflege. Schmerzende Füße oder Blasen können dem Trainingsprogramm sofort den Garaus machen. Hüten Sie sich vor Blasen. Halten Sie die Füße sauber und trocken; gegen Schweiß kann man sie einpudern. Die Fußnägel sollte man gerade abschneiden, um Verletzungen vorzubeugen.

Bleiben Sie flexibel. Legen Sie sich mit dem Gehen nicht auf bestimmte Zeiten fest, sondern nutzen Sie jede Gelegenheit. Gehen Sie zum Laden, zur Bank oder mit den Kindern in den Park. Parken Sie ein paar Straßen von der Firma entfernt, und gehen Sie die Treppen, statt den Aufzug zu benutzen. Jeder Schritt zählt.

Wärmen Sie sich auf. Es ist zwar nicht notwendig, Beine und Fußgelenke wie ein Jogger zu dehnen, aber man sollte zu Beginn langsam gehen. Diese natürliche «Aufwärmphase» beugt Schmerzen und Verletzungen vor und verschafft dem Körper einen einfacheren Übergang zum vollen Gehtempo. (Es steht Ihnen aber frei, Dehnübungen zu machen. Es fühlt sich sehr gut an und lockert angespannte Muskeln und Gelenke. Man muß nur darauf achten, daß es eine sanfte Dehnung ist, ohne Wippen, Überstrecken oder Schmerzen.)

Achten Sie auf die Körperhaltung. Bleiben Sie beim Gehen einoder zweimal stehen, und überprüfen Sie Ihre Körperhaltung. Heben Sie zehn oder 15 Sekunden lang kräftig die Schultern, um Verspannungen im oberen Rücken zu lösen, und ziehen Sie abwechselnd das rechte und linke Knie an, um die Hüften zu lockern. Während des Gehens können Sie Genickschmerzen vermeiden, wenn Sie nicht nach unten, sondern nach vorn blicken. Ziehen Sie die Schultern angenehm weit zurück, und lassen Sie die Arme im Rhythmus der Beine schwingen.

Kühlen Sie sich ab. Gehen Sie die letzten zwei oder drei Minuten langsamer. Zum Schluß machen Sie ein paar Kniebeugen – das lockert den unteren Teil des Rückens. Eine langsame Verbeugung nach vorn aus der Taille heraus (wobei die Knie leicht gebeugt sind) trägt zur Entspannung bei und dehnt die Muskeln, die gerade gearbeitet haben.

Machen Sie Ihr Programm wetterfest. Schlechtes Wetter darf Ihren Fortschritt nicht aufhalten. Überlegen Sie im voraus, welche Trainingsmöglichkeiten es gibt, damit sie sich keine Sorgen mehr machen müssen, wenn es schneit oder wenn das Thermometer auf 35 Grad steht. Beliebt sind Spaziergänge im Einkaufszentrum, das Training in einem Fitneßstudio oder die Benutzung eines Heimtrainers, während man liest oder fernsieht.

Die Fitneßgrundlage

Um soweit fit zu werden, daß man sich wohler fühlt, mehr Energie hat und das eigene Wunschgewicht erreicht, muß man mindestens fünfmal in der Woche eine halbe Stunde gehen. Natürlich braucht man nicht auf diesem Niveau anzufangen. Statt dessen wählt man Zeit und Tempo so, wie es angenehm ist, und steigert sich dann allmählich. Wenn man langsam beginnt, fühlt man sich schon bald besser, und mit zunehmender Fitneß möchte man sich ganz von selbst mehr bewegen.

Wenn Sie sich wohl fühlen, brauchen Sie es nicht bei fünfmal Gehen in der Woche zu belassen. Jeden Tag ein Stück zu gehen ist gut, aber wenn man es weniger als fünfmal in der Woche tut, vergißt der Lagerverwalter, daß Sie einen aktiven Körper haben, der mehr Energie braucht. Regelmäßiges Gehen ist der unentbehrliche erste Schritt.

Anfangs müssen Sie wahrscheinlich viel für die Motivation tun und alles unternehmen, damit das Gehen Spaß macht. Suchen Sie sich angenehme Wege, damit Sie das Schöne um sich herum wahrnehmen und an die schönen Vorgänge in Ihrem Körper denken können. Sie werden spüren, wie Fitneß und Energie zunehmen, so daß Sie Ihr Leben besser in den Griff bekommen.

Um in den Genuß der Fettverbrennung zu kommen, sollten Sie Ihrem Grundprogramm eine Langzeitübung hinzufügen. Versuchen Sie, drei- oder viermal in der Woche 60 bis 90 Minuten lang zu gehen.

Genug gegangen? Nachdem Ihr Fitneßniveau nun gestiegen ist, können Sie sich Abwechslung verschaffen. Aerobic, Radfahren, Tennis und jeder andere Sport, der das Herz auf Touren bringt, ist ausgezeichnet.

Die nächste Stufe: Krafttraining

Um aus allen Übungen den größtmöglichen Nutzen zu ziehen, müssen Sie den Oberkörper kräftigen. 65 Prozent unserer Muskeln liegen oberhalb der Gürtellinie, und sie sind meist am wenigsten entwickelt.

Sportarten wie Gehen, Joggen, Tennis, Basketball und Federball beanspruchen vor allem die großen Muskelgruppen in den Beinen, aber der Oberkörpermuskulatur nützen sie relativ wenig. Andererseits kann man im Oberkörper am einfachsten Muskelmasse aufbauen. Wie gesagt: Wir reden hier nicht von den Muskelpaketen der Bodybuilder, sondern von Muskelgewebe und seiner inneren Spannung. Wie wissenschaftliche Untersuchungen gezeigt haben, stärkt schon das Training mit leichten Hanteln (am Anfang reichen 1,5 bis 2,5 Kilogramm) sehr wirksam die Muskulatur.

Wie fängt man an?

Vielleicht möchten Sie Mitglied eines Fitneßstudios werden und sich von einem ausgebildeten Sportlehrer ein individuelles Übungsprogramm zur Kräftigung des Oberkörpers zusammenstellen lassen. Das hat zwei Vorteile: Erstens kann der Trainer Ihnen helfen, alle Übungen richtig und gefahrlos auszuführen, und zweitens gibt er Ratschläge, wann man die Belastung oder die Zahl der Wiederholungen steigern sollte. Man sollte sich aber davon überzeugen, daß der Sportlehrer wirklich fachlich qualifiziert ist; ein Trainer, der nicht über eine entsprechende Ausbildung verfügt, kann Ihrer Gesundheit schaden!

Steht kein Trainer zur Verfügung, kann man das im folgenden beschriebene Programm anwenden. Es ist nach meiner Überzeugung ungefährlich und nützlich. Man sollte mindestens zweimal wöchentlich 20 Minuten trainieren und sich dann auf viermal wöchentlich steigern. Die meisten Männer und Frauen können mit Kurzhanteln von 1,5 Kilogramm anfangen. Wenn es keine Mühe mehr bereitet, die Übung fünfzehnmal zu wiederholen, kann man das Gewicht steigern. Ich empfehle eine Steigerung in Schritten von 500 Gramm, damit es nicht zu Verletzungen kommt. Am Ende schafft man manche Übungen vielleicht mit fünf Kilo oder mehr. Aber wie gesagt: Lassen Sie es langsam angehen!

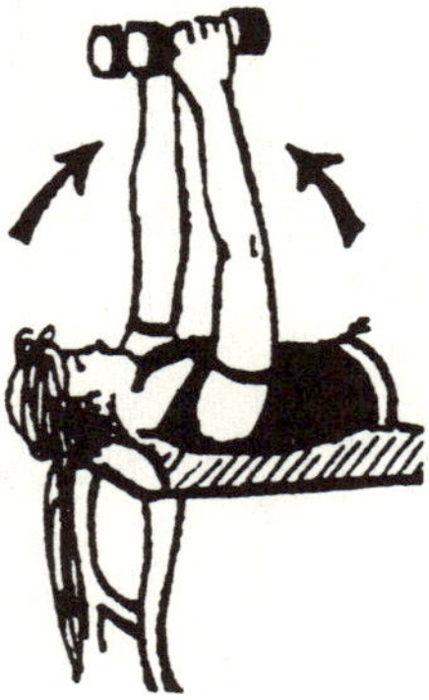

Butterfly liegend. Legen Sie sich auf einer Liege auf den Rücken, und halten Sie die Hanteln mit leicht gebeugten Ellenbogen senkrecht über der Brust. Führen Sie die Arme bei unveränderter Beugung der Ellenbogen langsam im Halbkreis zur Seite, bis sie sich auf gleicher Höhe mit der Brust oder ein wenig tiefer befinden. Bewegen Sie dann die Hanteln wieder nach oben über die Brust. Wiederholen Sie die Übung fünfmal, und steigern Sie bis auf fünfzehnmal.

Trizepstraining. Stützen Sie das linke Knie und die linke Hand auf eine Bank oder einen Stuhl. Halten Sie die Hantel mit der rechten Hand seitlich neben der Brust, wobei der Arm so weit gebeugt ist, daß der Ellenbogen sich hinter Ihnen befindet. Bewegen Sie den Arm nach hinten, ohne die Beugung des Ellenbogens zu ver-

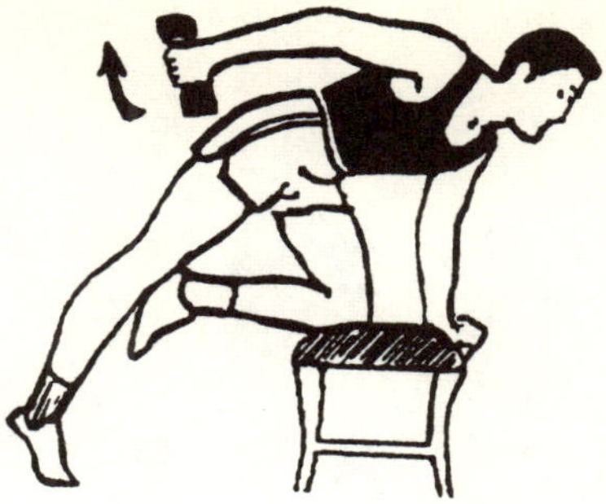

ändern, und wieder nach vorn in die Ausgangsposition. Wiederholen Sie die Übung fünfmal, und steigern Sie bis auf fünfzehnmal.

Bizepstraining. Beugen Sie sich im Sitzen ein wenig nach vorn, wobei die Beine leicht gespreizt sind und die linke Hand sich auf den linken Oberschenkel stützt. Der rechte Ellenbogen liegt auf dem rechten Oberschenkel, und Sie halten die Hantel so, daß der Unterarm waagerecht steht. Ziehen Sie die Hantel langsam nach oben in Richtung der Brust, und senken Sie sie wieder. Wiederholen Sie die Übung fünfmal, und steigern Sie bis auf fünfzehnmal.

Anschließend machen Sie die gleiche Übung mit dem linken Arm.

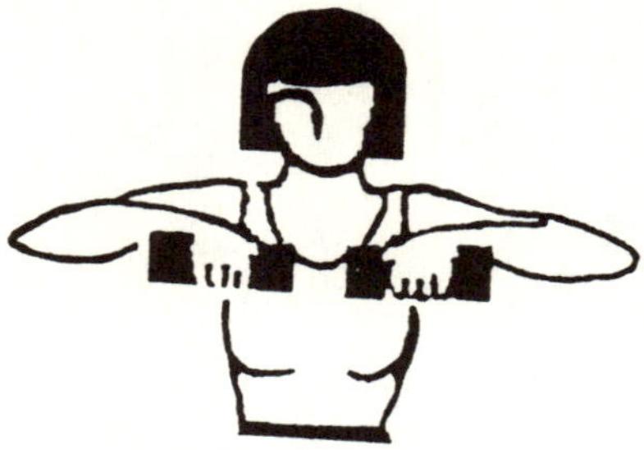

Schultertraining. Stellen Sie sich hin, wobei die Füße schulterbreit gespreizt und die Knie locker sind. Halten Sie die Hanteln nebeneinander (die Handflächen zeigen in Richtung der Oberschenkel). Ziehen Sie die Hantel langsam nach oben zum Schlüsselbein, bis die Ellenbogen sich auf Schulterhöhe befinden, und senken Sie sie langsam wieder ab. Wiederholen Sie die Übung fünfmal, und steigern Sie bis auf fünfzehnmal.

Schulter-Arm-Training. Stellen Sie sich mit schulterbreit gespreizten Beinen und lockeren Knien hin. Halten Sie die Hanteln seitlich auf Höhe der Oberschenkel. Heben Sie die Arme seitlich bis auf Schulterhöhe, wobei die Ellenbogen leicht gebeugt sind, und lassen Sie sie langsam wieder sinken. Wiederholen Sie die Übung fünfmal, und steigern Sie bis auf fünfzehnmal.

Wichtig ist, daß man langsame, kontrollierte Bewegungen

macht. Man sollte niemals an den Hanteln reißen oder die Gelenke überdehnen.

Machen Sie alle fünf Übungen langsam, und konzentrieren Sie sich auf die Bewegung der einzelnen Muskelgruppen. Nehmen Sie die Tätigkeit der Muskeln wahr, und achten Sie darauf, welche stärker oder schwächer zu sein scheinen. Wenn Sie mit den Übungen fertig sind, können Sie wieder von vorn anfangen, bis die 20 Minuten um sind.

Wichtige Anmerkung: Krafttraining sollte man *jeden zweiten Tag* betreiben, so daß die Muskeln sich in der Zwischenzeit ausruhen und aufbauen können. Bis sich Erfolge einstellen, muß man sechs bis zwölf Wochen bei dem Trainingsprogramm bleiben. Erst dann sollte man die nächste Stufe in Angriff nehmen.

Die letzte Grenze: maximales Training

Als «maximales Training» bezeichnet man ein Programm, bei dem man den Körper maximal belastet. Bei diesem Training für Fortgeschrittene macht man beispielsweise jede Übung zehnmal, aber mit so viel Gewichten, daß die elfte Wiederholung nicht mehr möglich ist. Beim maximalen Training nutzt man Zeit und Energie am effizientesten, aber man muß es unbedingt langsam und unter Anleitung eines qualifizierten Trainers aufbauen. Wer über 40 ist, sollte außerdem die in Kapitel 6 beschriebenen Nährstoffe zur Unterstützung von Gelenken, Knochen und Sehnen zu sich nehmen.

Männer beginnen häufiger als Frauen mit dem maximalen Training, und das liegt einfach am Testosteron. Man kann es in den Maschinen- und Hanteltrainingsräumen jedes Fitneßstudios beobachten. Die Burschen dort röhren alle wie die Affen, denn genau das braucht man, um die größtmögliche Muskelkraft zu erreichen. Fragen Sie den Kerl, der gerade 120 Kilo gestemmt hat, doch einmal, wie er sich fühlt. Er mußte jede Faser seiner Schulter-, Arm-,

Brust- und Rückenmuskulatur einsetzen, und er fühlt sich *großartig*. Sein Selbstbewußtsein steigt in schwindelnde Höhen, und man erkennt keinen Unterschied mehr zwischen ihm und dem Gorilla, der die Horde anführt. Wie ein Gorilla tut er einfach das, was seine DNA ihm befiehlt.

Frauen betrieben früher kein maximales Krafttraining, und zwar aus zwei Gründen. Erstens wußten sie nicht, daß sie es konnten, oder sie hatten keine Gelegenheit dazu. Und zweitens haben die meisten Frauen eine Abneigung gegen «Muskelpakete». Aber ihre Befürchtungen sind zum größten Teil unbegründet. Wegen der hormonellen Unterschiede können Frauen nur unter großen Schwierigkeiten riesige Muskelmassen aufbauen. Weibliche Bodybuilder müssen acht bis zehn Jahre hart trainieren, um die preisgekrönte Figur zu bekommen, die wir im Fernsehen bewundern können. Bei einer Durchschnittsfrau, die viermal in der Woche 20 Minuten trainiert, entstehen solche Muskeln nie. Aber das zwanzigminütige Krafttraining bringt gewaltigen Nutzen. Wie gesagt: Muskelgewebe ist der zuverlässigste Weg zu einem verstärkten Stoffwechsel, größerer Energie und mühelos gehaltenem Idealgewicht.

Für Frauen, die an Krafttraining interessiert sind, kann DHEA von Nutzen sein: Es trägt dazu bei, die Energie, das Selbstvertrauen und die Lebensfreude der Jugend wiederherzustellen, so daß auch Frauen bei geeigneter Anleitung ebenfalls vom maximalen Training profitieren können.

Was man leicht vergißt: Dehnen und Entspannen

Wieviel man auch trainiert: Dehnübungen können für den Erfolg entscheidend sein. Täglich durchgeführt, sind sie von großer Bedeutung, um Muskeln und Sehnen geschmeidig zu halten und um die Gewöhnung an den neuen Tagesablauf zu erleichtern.

Warum dehnen sich die Menschen nicht öfter? Männer tun es nicht, weil sie es nicht gut können. Männer und Frauen stehen oft unter Zeitdruck und wollen lieber sofort mit irgendeinem Training beginnen – manchmal mit schmerzhaften Folgen, weil man die Muskeln zu schnell zu stark angestrengt hat. Man sollte täglich fünf bis zehn Minuten für Dehnübungen reservieren. Es kann sich dabei um Yogastellungen oder jede andere Art des Streckens handeln.

Kräftigung und Dehnung mit Yoga

Yoga ist wahrscheinlich das am höchsten entwickelte System des Dehnens und Anspannens, das jemals entwickelt wurde. Außerdem haben Yogaübungen den Vorteil, daß sie die Elastizität und Gelenkigkeit verbessern; Muskeln und Sehnen werden durch die Bewegung in alle möglichen Richtungen gestärkt.

Die zwanglosen Bewegungen beim Yoga sind natürlich und ungefährlich. Praktisch jeder kann diese fünftausend Jahre alte Technik anwenden. Sie hat ihren eigenen Rhythmus, und man braucht keine besondere Ausrüstung. Zwar kann man Yoga auch mit Büchern oder Videos lernen, aber gerade als Einsteiger besucht man am besten einen Kurs mit einem qualifizierten Yogalehrer. Den Nutzen spürt man von der ersten Stunde an, und wenn man weitermacht, baut man einen kräftigen, energiegeladenen Körper auf.

Und wie steht es mit der Entspannung? Auch sie ist mit Sicherheit ein wichtiger Bestandteil des Fitneßtrainings. Um aus dem Programm den größtmöglichen Nutzen zu ziehen, sollte man mindestens einen Tag in der Woche aussetzen. Dieser Ruhetag verschafft den Muskeln Zeit, sich neu aufzubauen und kräftiger zu werden. Wer das Training bis zur Belastungsgrenze steigert, muß sogar zwei Tage in der Woche pausieren – einmal in der Mitte der Woche und einmal am Wochenende –, um weiterhin so gut wie möglich davon zu profitieren.

Die Ziele der Fitneß

Welche Ziele verfolgen Sie mit Ihrer Fitneß? Wollen Sie sich wohler fühlen und mehr Energie haben? Versuchen Sie, Fettpolster abzubauen? Oder interessieren Sie sich ernsthaft für Bodybuilding und maximales Training?

Klar definierte Ziele sind entscheidend, wenn man die Motivation beibehalten und auf Erfolgen aufbauen will. Nehmen Sie sich einmal ein paar Minuten Zeit, und schreiben Sie Ihre Fitneßziele auf. Denken Sie in kleinen Schritten, und setzen Sie sich Ziele, die Sie auch erreichen können. Ein solches realistisches, erreichbares Ziel könnte zum Beispiel lauten: «Ich möchte dreimal in der Woche 20 Minuten gehen.»

Das Ziel «Ich möchte zehn Kilo abnehmen» ist für den Anfang zuviel. Wenn man abnehmen will, sollte man sich nicht um die genaue Zahl von Kilos kümmern. Wenn man jeden Tag zur Badezimmerwaage rennt, macht man sich nur verrückt, und die Motivation bleibt auf der Strecke. Wie gesagt: Übergewichtige Höhlenmenschen gab es nicht. Das DHEA-Programm stellt den Einklang mit den Genen wieder her und trägt zur Entwicklung eines jugendlichen, kräftigen, energiegeladenen, leistungsfähigen Körpers bei. Dabei normalisiert sich auch das Körpergewicht, und obwohl das

Gewicht nur langsam sinkt (optimal ist ein halbes bis ein Kilo pro Woche), ist man hinterher fitter als zuvor, und das Gewicht bleibt niedrig.

Manchen Menschen fällt das Abnehmen aus genetischen Gründen schwer. Wenn man abnehmen will, muß man sich deshalb eine wichtige Frage stellen: «Welche genetischen Möglichkeiten habe ich dafür?» Setzen Sie sich die Ziele entsprechend. Streben Sie maximale Gesundheit, Vitalität und Erfüllung an, gleichgültig was für Gene Sie mitbekommen haben. Ich bin ganz und gar gegen die verbreitete Vorstellung, Schönheit sei das gleiche wie eine fast vogelscheuchenhafte Magerkeit. Gesunde Körper gibt es in allen Größen.

Die Motivation aufrechterhalten

Damit die Motivation erhalten bleibt, ist es entscheidend, daß Sie sich ein maßgeschneidertes Trainingsprogramm zusammenstellen. Dazu sollten Sie sich nicht nur realistische Ziele setzen, sondern auch folgende Fragen beantworten:

- Was will ich mit meinen Zielen erreichen?
- Muß ich mit einem Trainer einen Termin ausmachen, um meine Übungen durchzuführen?
- Trainiere ich lieber allein?
- Trainiere ich lieber mit Bekannten oder in einem Kurs?
- Wie kann ich mich belohnen, wenn ich durchhalte (neue Schuhe zum Gehen, neue Sportkleidung usw.)?

Fachmännischen Rat suchen

Wenn Sie Übergewicht haben oder wegen einer Krankheit in ärztlicher Behandlung sind, sollten Sie auf jeden Fall den Arzt befragen, bevor Sie mit einem Trainingsprogramm beginnen. Wenn irgend möglich, sollten Sie sich von einem ausgebildeten Sportlehrer beraten lassen, insbesondere wenn das Training neu für Sie ist. Bei gesundheitlichen Problemen, die besondere Übungen erfordern, sollten Sie einen Physiotherapeuten hinzuziehen.

Wie gesagt: Das Schöne an der körperlichen Betätigung ist, daß gerade Anfänger schon nach kurzer Zeit ein Erfolgserlebnis haben. Sie haben nichts zu verlieren, aber wenn Sie heute mit dem Training beginnen, können Sie eine ganze Welt der Vitalität gewinnen.

KAPITEL 8

DHEA, Gene und Körpergewicht

Unser Körperbau ist bis zu einem gewissen Grade genetisch festgelegt. Wer untersetzte Vorfahren hatte, neigt selbst ebenfalls zu einer stämmigen Figur. Aber innerhalb der von den Genen gezogenen Grenzen bestehen bedeutende Möglichkeiten zur Veränderung – zweifellos eine gute Nachricht für die vielen Übergewichtigen. Sie können sich wohler fühlen, besser aussehen und ihr Idealgewicht erreichen – und sie können heute damit anfangen.

Übergewichtige sind eine mißverstandene Mehrheit. Viele Millionen Menschen versuchen Tag für Tag, abzunehmen, Milliarden werden für Diätprodukte und Schlankheitsprogramme ausgegeben, aber trotz aller Bemühungen hat die Diät nur in den seltensten Fällen Erfolg. Woran liegt das?

Läge es nur am Gleichgewicht zwischen Kalorienaufnahme und Kalorienverbrauch, wäre Abnehmen ein Klacks. Aber für die meisten Erwachsenen ist es komplizierter, weil der Gleichgewichtsmechanismus selbst, der Stoffwechsel, aus dem Tritt gekommen ist. Wenn wir älter werden, arbeitet der Stoffwechsel langsamer und weniger effizient. Dazu tragen viele Faktoren bei, beispielsweise Streß, ungesunde Ernährung, Bewegungsmangel und Umweltgifte.

Hier kommt DHEA ins Spiel. Die Wiederherstellung des jugendlichen DHEA-Spitzenwertes sollte für alle, die abnehmen wollen, das erste Ziel sein. In Kombination mit den in diesem Kapitel beschriebenen Methoden kann DHEA dazu beitragen, den Traum vom Idealgewicht Wirklichkeit werden zu lassen.

Der Schlankheitseffekt

Es gibt eine Fülle von wissenschaftlichen Belegen, daß DHEA zur Verminderung des Körpergewichts beiträgt. In einer Studie untersuchte man die Wirkung des Hormons auf Mäuse, die aus genetischen Gründen an Fettsucht litten. Die DHEA-behandelten Tiere fraßen wie alle anderen, erreichten und hielten aber ein geringeres Gewicht; und sie lebten auch länger als die unbehandelten Kontrolltiere. In einer anderen Studie nahmen übergewichtige Ratten mittleren Alters ab, wenn man ihnen DHEA gab.

Den gleichen «Schlankheitseffekt» beobachtete man auch in Untersuchungen an Menschen. In einer Studie mit Freiwilligen stellte sich 1988 sogar heraus, daß DHEA-Gaben den Anteil des Körperfetts am Gesamtgewicht in 28 Tagen um 31 Prozent schrumpfen ließen. Hat sich nicht jeder, der Diät macht, immer genau das gewünscht? Jetzt ist es möglich.

Untersuchungen zum Zusammenhang zwischen DHEA und Appetit erbrachten unterschiedliche Ergebnisse: Verschiedene Experimente zeigten zunehmenden, abnehmenden oder unveränderten Appetit. Ein entscheidender Faktor scheint die Fettaufnahme zu sein. DHEA-behandelte Ratten, die fettreich gefüttert wurden, fraßen weniger als die Kontrollgruppe, bei fettarmer Ernährung dagegen fraßen sie mehr. Aber unabhängig von der aufgenommenen Nahrungsmenge nahmen DHEA-behandelte Ratten regelmäßig ab. Auch für den Menschen ergeben sich daraus gewaltige Möglichkeiten zur Gewichtsverminderung.

Die Rolle der Glucose

Übergewicht ist untrennbar mit dem Insulinspiegel im Körper verbunden. Insulin sorgt dafür, daß der Organismus Kalorien speichert. Bei zu hohem Insulinspiegel ist das Abnehmen so gut wie unmöglich. Aber wie kann er so hoch steigen? Dazu kommt es, wenn der Organismus versucht, den Blutzuckerspiegel zu steuern – keine leichte Aufgabe angesichts der Zuckermengen, die viele Menschen zu sich nehmen.

Zucker ist fast reine Glucose, und unser Körper ist nicht dafür eingerichtet, damit fertig zu werden. Zucker ist im Rahmen unserer Evolution eine relativ neue Erfindung. Die einzigen süßen Stoffe waren jahrtausendelang komplexe Kohlenhydrate, die die Glucose während der Verdauung langsam an das Blut abgaben. Heute verzehrt der Durchschnittsverbraucher an einem Tag mehr Glucose als unsere Vorfahren in zwei Wochen. Und entscheidend ist nicht nur die Menge, sondern auch die Geschwindigkeit, mit der die Glucose ins Blut gelangt.

Da Zucker ein stark raffiniertes, einfaches Kohlenhydrat ist, wird er schon von den Enzymen im Speichel abgebaut; wenn man also beispielsweise einen Schokoladenriegel kaut, steigt der Glucosespiegel (das heißt der Blutzucker) schon an, bevor man den ersten Bissen geschluckt hat. Mit den heutigen raffinierten, stark weiterverarbeiteten Lebensmitteln kann der Blutzuckerspiegel sehr schnell sehr stark in die Höhe schießen.

Was geschieht als nächstes? Durch den Anstieg des Blutzuckerspiegels schaltet sich die Bauchspeicheldrüse ein: Sie schüttet Insulin aus, das die Zuckerkonzentration wieder senkt. Dabei stellt sich das Problem, daß die ausgeschüttete Insulinmenge dem Blutzuckerspiegel entspricht und oft sogar noch darüber hinausgeht. Kurze Zeit später leidet man dann möglicherweise an Unterzuckerung, auch Hypoglykämie genannt. Dann ist man nicht nur durcheinander, und der Heißhunger auf Süßes stellt sich wieder ein, sondern das Insulin veranlaßt den Organismus auch, die Energie als Fett zu speichern.

Die Reaktion der Nebennieren

Ein gesunder Mensch kommt ohne Hilfe der Nebennieren über die Unterzuckerung hinweg. Sinkt der Blutzuckerspiegel aber zu schnell zu stark ab, schütten die Nebennieren Streßhormone aus, und diese Hormone veranlassen die Leber, Glucose ins Blut abzugeben. Damit ist der Normalzustand wiederhergestellt – vorausgesetzt, man ist gesund.

Aus Studien mit DHEA weiß man aber, daß Krankheiten und Alter die Funktion der Nebennieren stark beeinflussen können. Wenn wir älter werden, reagieren sie unter Umständen langsamer, so daß wir länger im Zustand der Unterzuckerung bleiben. Das ist unangenehm, und deshalb ist es nur natürlich, daß die Menschen ihre Angelegenheiten selbst in die Hand nehmen. Aber was wollen wir dann? Die Antwort: entweder mehr Zucker oder den Tritt in den Hintern für die Nebennieren, der unter dem Namen Koffein bekannt ist. So oder so beginnt das Auf und Ab damit von neuem.

Wichtig ist dabei, daß diese Stoffwechsel-Achterbahn die Nebennieren weiter schwächt; auf diese Weise entsteht ein Teufelskreis aus schwankendem Blutzuckerspiegel (mit den zugehörigen Stimmungs- und Energieschwankungen), übermäßiger Insulinausschüttung und Streß. Und das Paradoxe dabei: Während unser Organismus diesen «Blutzuckerkrieg» führt, speichert er den größten Teil der aufgenommenen Kalorien als Fett. Warum? Weil die geschwächten Nebennieren kein DHEA produzieren, und ein niedriger DHEA-Spiegel führt zu Problemen.

DHEA hemmt sogar ein Enzym, das an der Umwandlung von Glucose in Fett mitwirkt. Dieses Enzym, Glucose-6-Phosphat-Dehydrogenase oder kurz G6PDH genannt, bestimmt wesentlich über das Schicksal der Glucosemoleküle im Organismus. Wie sich in Tierversuchen herausgestellt hat, wird die Glucose bei hohem DHEA-Spiegel von der Fettspeicherung auf energieerzeugende Stoffwechselwege umgeleitet, was zu einem intensiveren Stoffwechsel beiträgt. DHEA ist mit Sicherheit keine «Schlankheitspille», und noch sind weitere Studien an Menschen notwendig, aber schon dieser interessante Befund dürfte eine Erklärung dafür sein, warum die Muskelmasse bei Männern und Frauen nach sechsmonatiger Einnahme von DHEA zunahm, ohne daß sie in Ernährung oder körperlicher Betätigung etwas verändert hatten.

Eine weitere Verbindung besteht zwischen DHEA und der Insulinresistenz, einer häufigen Krankheit, die zusammen mit dem Übergewicht vorkommt (und dazu beiträgt). Wenn man älter wird, und insbesondere wenn man dann auch noch zunimmt, spricht das Gewebe immer weniger auf Insulin an. Da das Insulin notwendig ist, damit der «Brennstoff» Glucose aus dem Blut in die Zellen gelangt, versucht der Organismus, diesen Mangel durch die Produktion immer größerer Insulinmengen auszugleichen. Da der Defekt selbst sich aber eher verschlimmert, hat das nur zur Folge, daß der Insulinspiegel in gefährliche Höhen steigt. Dieser Zustand, Hyperinsulinämie genannt (der medizinische Fachausdruck für «zuviel Insulin im Blut»), trägt zu Herzkrankheiten, Bluthochdruck, Diabetes und Übergewicht bei.

Damit sind wir schon wieder bei einem Teufelskreis. Schon vor dem 30. Lebensjahr geht man zu sitzender Lebensweise über, man nimmt zu, und ungefähr wenn man 30 wird, produziert der Organismus zuviel Insulin. Und damit nicht genug: Das Körperfett verstärkt die Insulinresistenz, so daß man noch mehr zunimmt. Mit den Jahren verschlimmert sich der Zustand. Solche Menschen können hundertmal Diät machen und scheitern immer wieder, weil der Stoffwechsel ihnen entgegenarbeitet. Es besteht nur eine Erfolgsaussicht: Man muß den zugrundeliegenden Insulindefekt beheben. Das aber führt zu einem Dilemma: Um den Insulindefekt zu beheben, muß man abnehmen, und um abzunehmen, muß man den Insulindefekt beheben.

Der Ausweg

DHEA kann für Übergewichtige von großem Nutzen sein. Wie bereits erwähnt wurde, hemmt es die G6PDH und trägt damit zur Umstellung des Stoffwechsels von der Fettspeicherung zu Energieproduktion bei. Außerdem wissen wir, daß ein höherer DHEA-Spiegel auch für eine verstärkte Produktion des Muskel-Wachstumsfaktors IGF-1 sorgt. Aber mit steigendem Insulinspiegel geht der DHEA-Spiegel in der Regel zurück. Wie Dr. John Nestler und seine Kollegen vom Medical College of Virginia nachgewiesen haben, vermindert ein erhöhter Insulinspiegel die DHEA-Produktion, und gleichzeitig wird das Hormon auch schneller aus dem Blut beseitigt. Damit scheint das Schicksal aller, die über 30 sind und abnehmen wollen, besiegelt zu sein. Aber es gibt einen Silberstreif am Horizont, und wieder einmal bringen offensichtlich unsere steinzeitlichen Vorfahren die Erleuchtung.

Warum Diäten scheitern

Die herkömmlichen Diäten scheitern, weil unser Organismus ein fein abgestimmter Überlebensmechanismus ist. Der Körper ist dazu da, am Leben zu bleiben, und deshalb hat er unglaubliche Möglichkeiten entwickelt, um sich unter härtesten Bedingungen zu behaupten. Eine Gefahr, der wir in unserer Entwicklungsgeschichte immer wieder ausgesetzt waren, sind Hungersnöte, und deshalb hat die Evolution uns mit einem System ausgestattet, das uns auch bei Nahrungsknappheit überleben läßt.

Diese «Hungerreaktion» ähnelt ein wenig dem Winterschlaf der Bären: Sobald die Kalorienaufnahme merklich absinkt, verlangsamen sich die Körpervorgänge, so daß Energie eingespart wird. Jedesmal wenn wir mit einer neuen Diät beginnen, sagt also unser Organismus: «Aha, das sieht nach Hungersnot aus; also schön langsam, und Kalorien sparen. Besser erst einmal möglichst viel Fett ansetzen ... man weiß ja nicht, wie lange es dauert.»

Je mehr wir die Kalorienzufuhr einschränken, desto langsamer arbeitet unser Organismus. Am Ende leben wir nur noch von ein paar Salatblättern, und das Gewicht sinkt dennoch nicht weiter. Gleichzeitig sind wir so hungrig, schwach und frustriert, daß wir aufgeben. Und wenn wir wieder mehr essen, nehmen wir am Ende mehr zu, als wir vorher abgenommen haben.

Das traurige Lied der herkömmlichen Diät

Seit über 20 Jahren helfe ich Profi- und Amateursportlern, ein hohes Leistungsniveau zu erreichen. Ich hatte auch mit Menschen zu tun, die ihre Fitneß steigern, abnehmen oder sich nur ganz allgemein wohler fühlen wollten. Zwischen 1975 und 1985 beriet ich über 9000 Patienten, und dabei vertrat ich die übliche Lehre jener Zeit – nämlich das, was wir heute «herkömmliche Diät» nennen. Ich mußte zusehen, wie Menschen trotz aller Entschlossenheit und Mühen ihre Ziele nicht erreichten, und immer mehr machte sich bei mir die Trauer über die mageren, kurzlebigen Erfolge meiner Patienten breit.

Ich unterhielt mich mit Kollegen, die ähnliche Enttäuschungen erlebt hatten, und mir fiel auf, daß nicht einmal die Bariatriker (Fachärzte für Übergewicht und Gewichtsabnahme) sonderlich erfolgreich waren. Von diesem vielschichtigen Problem herausgefordert und in dem Wissen, daß es noch einen anderen Weg geben mußte, verließ ich die klinische Praxis und widmete mich wieder der Forschung.

Diät-Mythen werden entlarvt

Wie mir schon bald klar wurde, baut die gesamte Diätindustrie auf falschen Voraussetzungen auf, und die wichtigste davon lautet: Gewichtsabnahme ist nur eine Frage der Kalorien. Aus meiner eigenen Erfahrung weiß ich, daß Übergewichtige weder faul sind noch übermäßig viel essen. In Wirklichkeit gehören sie oft zu denen, die am stärksten motiviert sind und am härtesten arbeiten.

Ich stieß auf Forschungsergebnisse, die den Vorwurf der Gefräßigkeit eindeutig widerlegten; unter anderem zeigten einige Studien, daß Übergewichtige in der Regel weniger Kalorien zu sich nehmen als Personen mit Normalgewicht. Und je mehr ich mich mit dem Forschungsgebiet befaßte, desto mehr erkannte ich, daß Menschen, die Diät machen, nicht nur eine, sondern zwei Bürden bewältigen müssen. Sie kämpfen nicht nur gegen die überzähligen Pfunde, sondern auch gegen die falschen Annahmen, auf die sich alle kalorienarmen Diäten gründen. Unter anderem sind das folgende Weisheiten:

«Stoffwechsel ist unwichtig.» Falsch. Zwar stimmt es, daß noch nicht einmal drei Prozent der Übergewichtigen an «Drüsenstörungen» leiden, aber ich fand andere genau umrissene Stoffwechseldefekte, die man völlig übersehen hatte.

«Kalorien sind Kalorien.» Falsch. Immer noch gelten kalorienarme Diäten als eine Art Heiligtum. Entscheidend ist nicht die Zahl der Kalorien, sondern ihre Zusammensetzung. Es gibt nicht nur eindeutige Unterschiede im Verhalten der Kalorien, sondern der Körper schaltet auch auf eine «Hungerreaktion» um, wenn man weniger als 1200 Kalorien am Tag ißt, es sei denn, man veranlaßt ihn mit «Tricks» zu etwas anderem.

«Fett ist immer schlecht.» Falsch. Manche Fette sind für die Gesundheit absolut unentbehrlich, und einige Typen regen sogar die Energieproduktion im Stoffwechsel an, so daß mehr Energie zur

Verfügung steht, während gleichzeitig die Speicherung überschüssiger Kalorien als Körperfett vermieden wird.
«Regelmäßige körperliche Betätigung ist eine Frage der Willenskraft.» Falsch. Für viele unsportliche Menschen erzeugt schon die geringste körperliche Anstrengung ein Gefühl der Erschöpfung, Überforderung und Depression. Glücklicherweise gibt es aber Wege, um Energie und Ausdauer auf natürliche Weise zu steigern, so daß Bewegung Spaß macht und belebend wirkt.

Diese falschen Annahmen sind die Grundlage der herkömmlichen Diätmethoden. Da diese Diätform aber eine Versagerquote von 95 Prozent hat, sollte uns langsam klar werden, daß der Fehler bei der Diät liegen muß und nicht bei denen, die sie anwenden. Die Quintessenz dieses Fehlers ist das, was ich den «großen Diätmythos» nenne: *die Vorstellung, eine einfache Kalorienverminderung könne zu dauerhaftem Gewichtsverlust führen.* Nichts könnte weiter von der Wahrheit entfernt sein.

In den letzten Jahren hat sich die Idee, daß «Diät nicht funktioniert», allgemein durchgesetzt. Man hat endlich erkannt, daß bei einer so hohen Versagerquote irgend etwas nicht stimmen kann. Jetzt sprach die Abnehmindustrie nicht mehr von «Diät», sondern von «Programmen», aber auch sie gründen sich meist auf die gleichen falschen Annahmen.

Mit dem DHEA-Programm können Sie das Idealgewicht mit einer *geringfügig* verminderten Kalorienzahl erreichen. Wenn Sie den jugendlichen Spitzenwert des DHEA-Spiegels mit bioenergetischen Nährstoffen (siehe Kapitel 6) und Programmen zur Bindegewebsunterstützung kombinieren und sich regelmäßig körperlich betätigen, werden die Ergebnisse Ihre kühnsten Erwartungen übertreffen.

Die Figur: eine Frage der Wahrnehmung?

Das Motiv für eine Diät ist oft unsere Vorstellung von einem «Idealgewicht». Über folgendes sollte man einmal nachdenken:

- In einer Umfrage unter Collegestudentinnen schätzten 40 Prozent ihre Körpergröße zu hoch.
- 25 Prozent aller Männer machen ständig Diät.
- 50 Prozent aller Frauen machen ständig Diät.
- 90 Prozent aller weiblichen Teenager sind mit ihrem Gewicht unzufrieden, aber nur 13 Prozent liegen tatsächlich über dem Normalgewicht für ihr Alter und ihren Körperbau.
- Und überhaupt: Was ist das Idealgewicht? Wer legt es fest?

Jahrzehntelang waren die Größen- und Gewichtstabellen der Lebensversicherungsunternehmen der Maßstab, wer fit und wer fett war. Unterschiede in Knochenbau und Lebensweise wurden dabei nicht ausreichend berücksichtigt.

Stoffwechselfaktoren

Jahrzehntelang hat man uns gesagt, der Stoffwechsel habe, von seltenen Ausnahmen abgesehen, nichts mit dem Übergewicht zu tun. Nach dieser absurden Ansicht ist die Stoffwechseleffizienz bei allen Menschen gleich, und wenn manche dünner sind als andere, dann nur deshalb, weil sie weniger essen oder sich mehr bewegen. So ein Unsinn!

Man braucht sich nur Angehörige oder Bekannte anzusehen, dann erkennt man sofort, daß das nicht stimmen kann. In Studien hat sich gezeigt, daß viele Übergewichtige weniger Kalorien zu sich nehmen als Personen mit Normalgewicht, oft sogar weitaus weniger. Wenn diese Menschen sich nicht mit den zugrundeliegenden Stoffwechselfaktoren befassen, werden sie nie ihr Idealgewicht erreichen, ganz gleich, wieviel Diäten sie machen. Im Gegenteil: je länger sie Diät halten, desto weiter werden sie sich von ihrem Ziel entfernen.

Viele Menschen wollen abnehmen, aber die wenigsten sind bereit, in einem Zustand der Entbehrung und Unterernährung zu leben, indem sie nur 800 bis 1000 Kalorien am Tag zu sich nehmen. In Wirklichkeit haben wir ein anderes Ziel: Wir wollen uns wohler fühlen, besser aussehen und das Leben genießen, ohne daß wir bei jedem Bissen ein schlechtes Gewissen bekommen. Wenn wir die Stoffwechseleffizienz verbessern, können wir mit normalen Essensportionen unser Idealgewicht erreichen und uns dabei gesund und energiegeladen fühlen.

In meiner zwanzigjährigen Arbeit mit Spitzensportlern, Hollywoodstars und Abnehmprogrammen habe ich immer wieder beobachtet, daß es sehr unterschiedliche Eßgewohnheiten, Bewegungsformen und Gewichtsbereiche gibt. Daraus habe ich gelernt, daß wir offenbar viele Stoffwechselfaktoren übersehen oder mißachtet hatten, und das veranlaßte mich, eine umfassende Recherche in mehreren tausend medizinischen und naturwissenschaftlichen Studien vorzunehmen. Wie sich bei dieser Suche herausstellte, ist Übergewicht eine Stoffwechselkrankheit, und für den Erfolg jedes langfristigen Programms zur Gewichtskontrolle ist es entscheidend, daß man die Stoffwechselfaktoren beeinflussen kann.

Das Schwierige ist, daß die meisten «Diäten» mit Mangel verbunden sind – und mit Mangel funktioniert es eindeutig nicht. Aber wenn Sie die richtigen Maßnahmen zur Wiederherstellung der optimalen Stoffwechseleffizienz ergreifen, müssen Sie nie wieder Kalorien zählen.

Neun Stoffwechselfaktoren beim Abnehmen

In der modernen Industriegesellschaft leiden die meisten Menschen an geringer Stoffwechseleffizienz; das führt zu geringerer Fitneß, Trägheit, Müdigkeit, Depressionen, Teilnahmslosigkeit, Fettansatz und einer allgemein geringeren Lebensfreude. Übergewicht ist ein vielschichtiges Phänomen, das sich oft durch Eßgewohnheiten und geringes Selbstwertgefühl verschlimmert. Der erste Schritt zum Erreichen des Idealgewichts besteht darin, die Stoffwechselungleichgewichte zu beseitigen, die durch sitzende Lebensweise und schlechte Ernährung entstehen.

Für das Körpergewicht sind neun Stoffwechselfaktoren von Bedeutung:

1. Appetitsteuerung: Während man ißt, läuft eine ganze Reihe biochemischer Reaktionen ab, damit die Nahrung verdaut, resorbiert und im Stoffwechsel umgesetzt wird. Eine dieser Reaktionen ist die Ausschüttung eines Hormons namens *Cholecystokinin* (CCK), das im Dünndarm gebildet wird. Mit steigendem CCK-Spiegel nimmt der Wunsch zu essen ab. Bei Übergewichtigen setzt die CCK-Produktion häufig zu spät ein. Wenn sie essen, wird der Appetit zu spät «abgeschaltet», so daß sie tagtäglich zuviel zu sich nehmen.

Die CCK-Ausschüttung beginnt etwa 15 bis 20 Minuten nach Beginn einer Mahlzeit, wenn die ersten teilweise verdauten Proteine den Darm erreichen. Wenn man schnell ißt, kann man eine unglaubliche Zahl von Kalorien aufnehmen, bevor CCK gebildet wird und den Appetit vermindert. Die naheliegende Folgerung lautet: langsamer essen. Oder probieren Sie einmal folgendes: Essen Sie zu Beginn der Mahlzeit eine rohe Möhre oder einen Teller heiße Suppe. Das schafft auf natürliche Weise eine Verzögerung, so daß Zeit für die CCK-Ausschüttung bleibt, und Sie werden mit weniger Kalorien satt.

2. Essentielle Fette: Nicht alle Fette sind schlecht. Die meisten Wohlstandsbürger nehmen zuviel Fett zu sich, aber die *Art* des Fettes ist wichtiger als die Menge. Bestimmte Fette sind für die Gesundheit absolut unentbehrlich, und manche Typen tragen sogar zum Abnehmen bei. Essentielle Fette sind in pflanzlichen Lebensmitteln (Bohnen, Nüsse, Samen, Oliven) enthalten, aber auch in Kaltwasserfischen wie Lachs, Makrele und Kabeljau. Unnötige Fette stammen aus tierischen Produkten (Fleisch, Geflügel, Eier, Milchprodukte).

Wenn Sie bei einer Diät schon einmal Veränderungen von Haut und Haaren erlebt haben (trockene, schuppige Haut oder brüchige, stumpfe Haare), haben Sie wahrscheinlich zuwenig essentielle Fette aufgenommen. Ein solcher Mangel führt zu Stoffwechselstörungen, die das Abnehmen tatsächlich behindern. Wer nicht genügend essentielle Fette ißt, nimmt unter Umständen sogar zu.

3. Sauerstoff: Es gibt nur einen Weg, um Fett loszuwerden: Es muß verbrannt werden und Energie erzeugen. Diese innere Verbrennung erfordert eine Menge Sauerstoff, der durch ein hochwirksames Transportsystem angeliefert werden muß. Dazu wiederum müssen Herz, Lungen und Muskeln in gutem Zustand sein – und genau das ist bei den meisten Übergewichtigen nicht der Fall.

Im Gegensatz zu der Einstellung «ohne Schweiß kein Preis» hat sich in Studien herausgestellt, daß körperliche Betätigung bis zur Erschöpfung sich auf das Ziel der Gewichtsabnahme katastrophal auswirkt. Wenn wir erschöpft sind, ist auch die Sauerstoffreserve des Organismus erschöpft, so daß er vorwiegend Protein (Muskelmasse), Glucose (Blutzucker) und Glycogen (eine Speicherform der Glucose) verbrennen muß. Das führt zur Unterzuckerung (Hypoglykämie) mit Müdigkeit, Depressionen und einem Heißhunger auf Süßes. Betätigen Sie sich also körperlich, aber halten Sie dabei Maß, und vermeiden Sie die unangenehmen Auswirkungen des Sauerstoffmangels.

Stärke und Dauer des Trainings können Sie allmählich steigern. Wie man das sinnvoll und ohne Probleme tun kann, wird in Kapitel 7 beschrieben.

4. Die «Fettbegleiter»: Das Fett im Körper reißt sich nicht darum, verbrannt zu werden. Es müssen vielmehr Enzyme gebildet werden, welche die Fettmoleküle zu den Kraftwerken in unseren Muskeln «begleiten». Bewegung regt die Produktion dieser fettverbrennenden Enzyme an, aber entscheidend ist in diesem Fall die *Dauer* der körperlichen Betätigung. Wie sich in wissenschaftlichen Untersuchungen gezeigt hat, verstärkt sich die Enzymproduktion ungefähr 30 Minuten nach Beginn einer mittelschweren körperlichen Tätigkeit, aber die meisten Übergewichtigen sind längst außer Atem, bevor sie diese Schwelle erreichen. Das macht Bewegung zu einem ständigen Kampf, und die Fettverbrennung bleibt gering. Kein Wunder, daß uns der Mut verläßt.

Das DHEA-Programm trägt dazu bei, daß Sie Anstrengungen besser vertragen, denn es gleicht Ernährungsmängel aus und bietet einen speziellen Trainingsplan, der die Produktion der fettverbrennenden Enzyme anregt (siehe Kapitel 7).

5. Insulinresistenz: Den Zusammenhang zwischen Übergewicht und Insulin kennt man in der Medizin schon seit 30 Jahren. Insulin ist ein Hormon, das am Transport der Brennstoffe in die Körperzellen mitwirkt. Die meisten Übergewichtigen leiden an mehr oder weniger starker Insulinresistenz, und das beeinträchtigt den Brennstofftransport. Die Folgen sind Müdigkeit, geringe Belastbarkeit und geringere Fettverbrennung. Wie ich zuvor bereits erläutert habe, tragen DHEA, richtige Ernährung und körperliche Betätigung dazu bei, den Insulinspiegel zu stabilisieren und das Abnehmen zu erleichtern.

6. Die Hungerreaktion: Wenn man die Kalorienaufnahme drastisch einschränkt, glaubt der Organismus, eine Hungersnot sei ausgebrochen. Manchen Untersuchungen zufolge kann die Stoffwechselrate bei kalorienarmer Ernährung um bis zu 36 Prozent sinken. Die Körpervorgänge verlangsamen sich, der Organismus spart seine Fettvorräte auf und wartet, bis die Hungersnot zu Ende geht. Und wenn das geschieht, wird gefeiert. Wir laden uns viel auf den Teller, und der Körper schaltet auf massive Fettspeicherung um. Das Ganze ergibt dann den «Jojo-Effekt»: Wir nehmen ab, nur um hinterher um so mehr wieder zuzunehmen. Es erscheint wie ein grausamer Scherz, aber in Wirklichkeit liegt es einfach daran, daß unser Organismus so effizient arbeitet.

7. Das feindliche Enzym: Es gibt ein Enzym, über das in der Diätindustrie offenbar niemand redet: die Lipoproteinlipase (LPL). Ganz gleich, wie lange wir gekämpft und wieviel wir abgenommen haben – LPL kann uns wieder dick machen. Das ist nicht fair, aber so ist es nun einmal. Es ist ein weiterer Überlebensmechanismus. LPL schnappt sich die Fettmoleküle und lagert sie an Hüften, Bauch und anderen schwabbeligen Speicherstellen des Körpers ab.

Solange man die LPL nicht steuern kann, stehen die Chancen für ein langfristig stabiles Gewicht schlecht. Durch die herkömmliche Diät steigt der LPL-Spiegel, und er kann noch sechs Monate nach Beendigung der Diät so hoch bleiben. Kein Wunder, daß die Pfunde so schnell wiederkommen.

Entscheidend ist, daß der Organismus nicht hungert und keinen Mangel leidet. Mit manchen Lebensmitteln kann man den LPL-Spiegel im Fettgewebe auf natürliche Weise senken. Diese Lebensmittel tragen zum Sättigungsgefühl bei und verhindern, daß der Körper zur Hungerreaktion übergeht. Wir werden uns später in diesem Kapitel noch genauer mit solchen Lebensmitteln befassen.

8. Zeitpunkte: Ein chinesisches Sprichwort lautet: «Beachte bei allem den Zeitpunkt.» Das gilt beim Abnehmen genauso wie bei allem anderen, was wir im Leben tun. Wie sich in wissenschaftlichen Untersuchungen gezeigt hat, wirkt sich der Zeitpunkt der Nahrungsaufnahme stark auf das weitere Schicksal der Kalorien aus. Schon vier oder fünf Stunden ohne ausreichende Kalorienzufuhr können die Hungerreaktion auslösen und den LPL-Spiegel steigen lassen, das heißt, Kalorien, die wir nach einer solchen «Hungersnot» aufnehmen, werden als Fett gespeichert, weil der Organismus mit einer weiteren Hungerperiode rechnet. Das Frühstück oder Mittagessen auszulassen und sich dann mit einem kalorienreichen Abendessen zu belohnen, ist ein Rezept für Fehlschläge und Frustration.

Der zeitliche Ablauf von Essen, Aktivität und körperlicher Betätigung ist von größter Bedeutung. Das Gehirn erhält von den Muskeln Signale, was es mit den Kalorien anfangen soll: Sie können entweder als Glycogen (eine Form von Energie) oder als Fett gespeichert werden. Bei jeder körperlichen Betätigung besagt dieses Signal, daß der Körper aktiv ist und daß mehr Glycogen (und weniger Fett) bereitgehalten werden soll. Lange Stunden vor dem Fernseher dagegen bedeuten, daß der Körper keine Energie braucht, und deshalb werden die Kalorien in Fett umgewandelt. Das DHEA-Programm zeigt Wege, um die Aktivität so zu verstärken, daß der Stoffwechsel das Signal erhält, Fettablagerungen zu vermeiden.

9. Geist und Stoffwechsel: In zahlreichen Untersuchungen an Sportlern hat man nachgewiesen, daß geistige Bilder körperliche Reaktionen auslösen können. Wenn man sich ein bestimmtes Ergebnis ausmalt, kann das die Muskelkraft steigern und zu besseren sportlichen Leistungen führen, und deshalb dachte ich mir: Warum soll man diesen Effekt nicht auch nutzen, um die Stoffwechseleffizienz zu steigern und die Gewichtsabnahme einfacher zu machen? Geistige Bilder können ein sehr wirksames Hilfsmittel zum Abnehmen sein. Der Geist ist ein machtvoller Verbündeter, wenn wir den CCK-Spiegel erhöhen, das feindliche Enzym LPL zurückdrängen und die positive Einstellung zur Fitneß aufrechterhalten wollen. Am Ende dieses Kapitels wird ausführlicher von geistigen Bildern die Rede sein.

Von der Information zum Handeln

Wenn wir das Übergewicht im Zusammenhang der Evolution verstehen – als Überlebensreaktion, die in unseren steinzeitlichen Genen festgeschrieben ist –, können wir uns auf die eigentliche Ursache (den Stoffwechsel) konzentrieren, statt nur die Symptome zu behandeln. Gibt es eine Möglichkeit, die Kalorienaufnahme zu vermindern, ohne damit die Hungerreaktion des verminderten Stoffwechsels und der verstärkten Fettspeicherung auszulösen? Die Antwort lautet ja, aber dazu braucht man eine Reihe wichtiger Hilfsmittel.

Die Trickkiste für das Abnehmen

- Ballaststoffe verstärken das Sättigungsgefühl und verzögern die Entleerung des Magens.
- Ausreichende Proteinzufuhr regt die CCK-Produktion an, die den Appetit «abschaltet», und trägt so dazu bei, überschüssige Kohlenhydrate auszugleichen und den Anstieg des Insulinspiegels zu vermeiden.
- Mittelkettige Triglyceride (MKT) verhindern die Anregung der LPL und liefern Energie.
- Garcinia-Extrakt trägt zur Kontrolle des Appetits bei und vermindert die Umwandlung der Kalorien in Fett.
- Bioenergetische Nährstoffe sind lebenswichtig; blättern Sie noch einmal zum Kapitel 7 und dem Abschnitt über bioenergetische Nährstoffe zurück. Diese lebenswichtigen Substanzen wie Coenzym Q10, Chrom und Alpha-Ketoglutarsäure, können die Energieproduktion des Organismus drastisch verstärken. Das macht körperliche Betätigung nicht nur einfacher und angenehmer, sondern *es verstärkt auch den Nutzen, den sie bringt*. Und das ist noch nicht alles: Wie sich in wissenschaftlichen Untersu-

chungen gezeigt hat, kann der Ausgleich von Chrommangel den Insulinstoffwechsel erheblich verbessern. Wenn man Diät macht, ist die optimale bioenergetische Ernährung unentbehrlich.

Im nächsten Abschnitt werden diese Hilfsmittel genauer beschrieben, und es wird davon die Rede sein, wie sie sich im einzelnen vorteilhaft auf den Stoffwechsel auswirken, so daß man leicht und natürlich abnehmen kann.

Ein Hoch auf die Ballaststoffe

Ballaststoffe sind ausgezeichnete Schlankheitsnahrung. Da sie unverdaulich sind, enthalten sie keine Kalorien. Ballaststoffe quellen, verstärken das Sättigungsgefühl und tragen zur Regulation des Blutzuckerspiegels bei. Die nützlichen Eigenschaften der Ballaststoffe wurden in den letzten Jahren ausführlich beschrieben, aber wie sich in wissenschaftlichen Untersuchungen gezeigt hat, nehmen die meisten Menschen immer noch bei weitem nicht die empfohlenen Mengen zu sich. Mit den heutigen, weiterverarbeiteten Lebensmitteln eine angemessene Menge an Ballaststoffen zu verzehren ist so gut wie unmöglich.

Wenn in den Medien von Ballaststoffen die Rede ist, geht es meist um Weizen- und Haferkleie. Beide sind tatsächlich ausgezeichnete Ballaststofflieferanten, aber das gleiche gilt auch für viele andere Getreide- und Gemüsesorten. Ballaststoffe sorgen dafür, daß die Nahrung den Magen langsamer verläßt, so daß das Sättigungsgefühl länger bestehen bleibt. Außerdem enthalten Guarbohnen und Flohsamen (*Plantago psyllium*) vorwiegend *lösliche* Ballaststoffe, die nachgewiesenermaßen den Cholesterinspiegel im Blut senken können.

Es gibt eine ganz einfache Möglichkeit, den Ballaststoffanteil in der Ernährung zu steigern: Man nimmt ein Gefäß mit großen Löchern im Deckel (wie man es in ähnlicher Form auch für Parmesankäse verwendet) und füllt es mit einer Mischung aus einer Tasse Weizenkleie, einer halben Tasse Haferkleie und einer viertel Tasse Reiskleie (alles in Reformhäusern oder Naturkostläden erhältlich). Diese Mischung schüttet man auf alles und jedes: Frühstückscerealien, Salate, Tomatenpüree und insbesondere Suppen. Jeder Teelöffel enthält ungefähr drei Gramm Ballaststoffe (lösliche und unlösliche zu gleichen Teilen), und im Laufe eines Tages zwei Teelöffel davon zu verzehren dürfte nicht allzu schwierig sein.

Kraftvolle Proteine

Welche Protein*menge* sich zum Abnehmen am besten eignet, ist umstritten. Meinen steinzeitlichen Blickwinkel werde ich später in diesem Kapitel darlegen, aber jetzt möchte ich erst einmal darauf hinweisen, daß Proteine die CCK-Produktion besser anregen als Fette oder Kohlenhydrate. Bei meinen Patienten (insbesondere bei solchen, die schnell aßen) hatte ich mit einem Trick großen Erfolg: Sie nahmen unmittelbar vor dem Essen eine geringe Menge vorverdauter Proteine zu sich. Es gibt heute buchstäblich Dutzende von Proteinpräparaten – Pulver, Flüssigkeiten, Tabletten und Kaubonbons. Man sollte ein halb- oder vorverdautes Produkt wählen, das acht bis zehn Gramm Protein liefert. Das viele Geld für freie Aminosäuren kann man sich sparen. Produkte, die große Proteinbruchstücke (Peptide) enthalten, wirken besser und kosten weniger. Schon in so geringer Menge regen die Proteine sehr wirksam die CCK-Produktion an. Außerdem stimulieren sie das *Gastrin*, ein anderes Hormon, das die Verdauung fördert.

Mittelkettige Triglyceride

Die Übergewichtigen, die ich im Laufe der Jahre beraten habe, hatten die verschiedensten Diäten ausprobiert, in manchen Fällen zwanzig und mehr. Ohne daß sie es gemerkt hätten, führte jede Diät zu einer Erhöhung des LPL-Spiegels, und damit entstand ein *fettaufbauender* Stoffwechsel, der erfolgreiches Abnehmen so gut wie unmöglich machte. LPL ist zu einem großen Teil für die Fettpölsterchen verantwortlich, aber man kann dieses Ungeheuer zähmen.

Das, so könnte man meinen, hätte eigentlich früher schon einmal jemand herausfinden können, aber vielleicht war es einfach zu naheliegend. LPL ist ein Überlebensmechanismus, der dem Organismus bei Hungersnöten nützt. In Gang gesetzt wird er von der drastischen Kalorienreduzierung, die für alle herkömmlichen Diäten typisch ist. Deshalb nahm man immer an, man könne gegen die LPL nichts unternehmen. Wenn man sich aber die Forschungsergebnisse genau ansieht, stellt man fest, daß eine natürliche Substanz den Anstieg des LPL-Spiegels verhindern kann – und diese Substanz ist Fett.

Die Kalorien im Fett senden das Signal aus, daß der Körper *nicht* hungert, und deshalb steigt der LPL-Spiegel nicht an. Wenn man abnehmen will, ist aber die Art des Fetts entscheidend. Gebraucht wird eine Fettsorte, die das LPL-Ungeheuer besänftigt, ohne sich an unseren Hüften abzusetzen. Verblüffenderweise gibt es ein solches Fett tatsächlich; es ist unter dem Namen «mittelkettige Triglyceride» oder MCTs bekannt. MCTs teilen dem Organismus schon in relativ geringer Menge mit, daß kein Nahrungsmangel besteht, und damit schalten sie einen wichtigen Bestandteil der Hungerreaktion aus.

Aber MCTs haben noch mehr Besonderheiten. Normale Fette machen viele Verdauungsstadien durch und gelangen schließlich in die Leber, wo sie je nach dem Bedarf des Organismus entweder genutzt oder als Fett gespeichert werden. Da die Stoffwechseleffizienz bei Übergewichtigen gering ist, landet ein großer Teil von ihnen in den Fettspeichern des Organismus.

MCTs dagegen werden in einem einfachen Schritt verdaut und dann sofort ins Blut transportiert. Diese energiereichen Teilchen gelangen in die Leber oder werden unmittelbar von den arbeitenden Muskeln und anderen Geweben aufgenommen, so daß sie leicht verbrannt werden können und zur Energieversorgung des Körpers beitragen. Als Fett werden sie dagegen nur dann gespeichert, wenn man sich so gut wie überhaupt nicht bewegt. MCTs liefern also sehr wirksam Energie und verhindern die Hungerreaktion, indem sie das LPL-Ungeheuer zähmen.

MCTs finden sich in Muskelaufbaupräparaten. Ausdauersportler benutzen sie zur Unterstützung ihres anstrengenden Trainings und bei Wettbewerben von der Dauer eines Marathonlaufs. Man sollte reine MCTs wählen und kein Produkt, das alle überhaupt bekannten Nährstoffe enthält. Reine MCTs sind als Öl oder Kapseln erhältlich, und man braucht nur drei bis vier Gramm (einen Eßlöffel) am Tag. MCT-Öl schmeckt neutral, so daß man es für Salatsoßen und Suppen verwenden, auf Toast gießen oder wie eine Medizin einnehmen kann.

Garcinia-Extrakt

Die Pflanze *Garcinia cambogia* dient schon seit Jahrhunderten als Hilfsmittel zum Abnehmen. Sie dämpft das Hungergefühl und vermindert nachweislich die Fettproduktion in der Leber. Ihr aktiver Bestandteil ist die Hydroxyzitronensäure (HCA); deshalb sollte man ein Produkt kaufen, das diese Substanz in bekannter Menge enthält. Die meisten standardisierten Extrakte haben einen HCA-Gehalt von 50 Prozent. Heute ist Garcinia in Form von vielerlei Tabletten, Pulvern und Lösungen zu haben. Sie wirken am besten, wenn man sie zwischen den Mahlzeiten nimmt, und die nützlichen Wirkungen addieren sich. Deshalb nimmt man besser drei- bis viermal täglich eine kleine Dosis und nicht einmal eine große. Am wirksamsten sind Dosierungen von 750 bis 1500 Milligramm HCA am Tag. Geringere Mengen dämpfen den Hunger nicht so stark, wie man es sich wahrscheinlich wünscht.

Wichtig ist die Erkenntnis, daß Garcinia kein Appetitzügler ist. Die Medikamente, die üblicherweise zu diesem Zweck eingesetzt werden, erzeugen eine leichte Magenverstimmung, so daß man keinen Appetit mehr hat. Das hat zur Folge, daß man nichts mehr essen kann, was zwar kurzfristig zum Abnehmen führt, langfristig aber keinerlei Erfolge bringt. Durch die stark eingeschränkte Kalorienzufuhr wird nämlich im Organismus die Hungerreaktion ausgelöst. Entscheidend ist, daß man die Kalorienmenge nur *mäßig* reduziert und den Stoffwechsel gleichzeitig mit regelmäßiger körperlicher Betätigung ankurbelt. Dabei kann Garcinia eine große Hilfe sein, denn es macht das Essen nicht unmöglich. Die Mahlzeiten schmecken weiterhin, aber man ist schlicht und einfach schneller satt. Zusammen mit dem Protein-CCK-Trick können die meisten Menschen auf diese Weise die Kalorienaufnahme um 20 bis 30 Prozent vermindern, und dennoch sind sie satt, zufrieden und energiegeladen. Ist das nicht genau die «Diät», die Sie sich schon immer gewünscht haben?

Essen Sie sich schlank!

In Japan fragte mich ein Mann, der etwa 200 Kilo wog, wie man *zunehmen* kann! Er war Sumoringer, und ich erforschte dort bioenergetische Nährstoffe. Mein Gastgeber, ein japanischer Wissenschaftler, hatte mich eingeladen, mir die Sumomeisterschaft anzusehen und einige Ringer kennenzulernen. Es sind gewaltige Männer, die oft 250 Kilo und mehr wiegen. Zu meinem Erstaunen erfuhr ich, daß sie sich genauso fettarm ernähren wie der japanische Durchschnittsbürger: Reis, Gemüse, Sojabohnen und Fisch.

Wie konnten diese Leute mit einer Ernährung, die andere zum Abnehmen benutzen, so schwer werden? Als ich meinem Gastgeber diese Frage stellte, erwiderte er mit einem Lächeln: «Es kommt auf den Zeitpunkt an.»

Trotz dieser rätselhaften Antwort überraschte mich das, was ich später in Gesprächen mit den Ringern erfuhr: Ob sie zunahmen, hing nicht so sehr davon ab, *was* sie aßen, als vielmehr davon, *wann* sie aßen und was sie hinterher taten. Einer von ihnen erklärte mir den typischen Sumo-Trainingsplan:

Morgens: Training
Mittags: Mittagessen
Nachmittags: Mittagsschlaf (drei Stunden oder mehr)
Abends: Hauptmahlzeit
Nachts: Imbiß

Sumoringer frühstücken nicht

Als ich nach dem Frühstück fragte, sagte der Ringer: «Wir frühstücken nie. Nur Mittag- und Abendessen, und später noch Kleinigkeiten.» Natürlich nahmen diese Sumokämpfer riesige Nahrungsmengen zu sich, aber ich war vor allem über den Zeitplan verblüfft. Spielte es wirklich eine so große Rolle, *wann* sie etwas aßen?

Sobald ich wieder in meiner Praxis in Los Angeles war, suchte ich nach Forschungsberichten über Eßhäufigkeit und Stoffwechsel. Wie sich herausstellte, fängt die Wissenschaft gerade erst an zu verstehen, was die Sumoringer schon seit Jahrhunderten wissen: Der Zeitpunkt spielt für den Aufbau des Fetts eine wesentliche Rolle. Der wichtigste Unterschied besteht in der Art des Essens – Knabbern oder Schlingen.

Sumokämpfer schlingen. Sie lassen das Frühstück aus, das heißt, sie essen etwa 15 Stunden lang nichts, und dann verzehren sie bei zwei Mahlzeiten eine Riesenmenge Lebensmittel. Die lange Zeit dazwischen löst im Organismus die Hungerreaktion aus und läßt den LPL-Spiegel steigen. Und wenn sie dann die erste große Mahlzeit zu sich nehmen, schaltet der Stoffwechsel auf Fettspeicherung um.

Ein weiterer Faktor für den gewaltigen Umfang der Sumoringer ist die Art ihres Trainings. Im Ring müssen sie sehr plötzliche Bewegungen machen, aber ansonsten sitzen sie nur am Rand und sehen zu. Dieses Ein- und Ausschalten der Aktivität verbrennt Glycogen, aber kein Fett. Das Sumotraining verstärkt sogar das Signal, das dem Organismus «Fett speichern» befiehlt.

Nach einem reichlichen Mittagessen, das der Organismus für das Festessen nach einer Hungersnot hält, schlafen die Sumokämpfer drei Stunden lang. Und nach dieser langen Phase ohne Bewegung kommt eine weitere üppige Mahlzeit. Ein solcher Zeitplan sagt dem Lagerverwalter im Gehirn sehr nachdrücklich: «Dieser Körper ist inaktiv; die Muskeln brauchen keine Energie, also speichere soviel wie möglich, und zwar als Fett.»

Eindrucksvolle Forschungsergebnisse

Wie eine Wissenschaftlergruppe schon vor 30 Jahren feststellte, haben Menschen, die wenige üppige Mahlzeiten zu sich nehmen, in der Regel Übergewicht, während andere, die dieselbe Kalorienzahl in häufigeren, kleineren Portionen zu sich nehmen, eher schlank sind. Das war ein faszinierender Zusammenhang, aber gab es zwischen der Häufigkeit der Mahlzeiten und dem Übergewicht tatsächlich eine Ursache-Wirkung-Beziehung? Die Antwort wurde in den siebziger Jahren deutlich: damals konnte man im Stoffwechsel ganz bestimmte Veränderungen nachweisen, die eine Folge des Schlingens waren. Die wichtigste Auswirkung war eine verstärkte Fettablagerung, die man als *adaptive Hyperlipogenese* bezeichnete (*hyper* = «zuviel», *lipo* = «Fett», *genese* = «Entstehung»). In Versuchen an Ratten stellte sich heraus, daß das Schlingen zur Gewichtszunahme führte, auch wenn die Tiere um 25 Prozent weniger Kalorien zu sich nahmen als solche, die nur knabberten.

Sumo-Ernährung für alle?

Zwar war es faszinierend zu verstehen, wie die Sumoringer ihren gewaltigen Umfang erreichen, aber noch verblüffender war die Erkenntnis, daß die meisten Bewohner der Industrieländer sich genauso verhalten, insbesondere wenn sie Diät machen und abnehmen wollen.

Überlegen wir einmal. Viele Menschen, die Diät machen, lassen das Frühstück ausfallen oder nehmen nur sehr wenig zu sich (200 Kalorien oder weniger). Am Vormittag besteht die Aktivität meist darin, daß man am Schreibtisch sitzt und vielleicht ein wenig geht, einen Aktenkoffer trägt oder einen Wäschekorb hebt. Die erste «richtige» Mahlzeit ist das Mittagessen, und dann folgen drei oder vier weitere Stunden ohne Aktivität (Sitzen am Schreibtisch oder im Schulzimmer, Fernsehen und so weiter). Und nach dieser ganzen Bewegungslosigkeit nehmen wir ein umfangreiches Abendessen zu uns, gefolgt von erneuter Bewegungslosigkeit und eventuell noch mit Knabbereien. *Eine bessere Methode zum Zunehmen gibt es nicht.*

Vom Schlingen zum Knabbern

Was ist also zu tun? Wenn wir abnehmen wollen, müssen wir vom Schlingen zum Knabbern übergehen. Wie sich in wissenschaftlichen Untersuchungen gezeigt hat, erhält das Gehirn durch häufige kleine Mahlzeiten ein ganz anderes Signal: «Es besteht eine zuverlässige Kalorienversorgung; eine Hungersnot droht nicht; die

Kalorien können als Glycogen gespeichert werden; eine Umwandlung in Fett ist nicht notwendig.»

Kommt zu diesem Verhalten noch mäßig starke, regelmäßige körperliche Betätigung hinzu, verbessert sich das Signal weiter: «Dies ist ein aktiver Körper; baue lieber einen Teil des gespeicherten Fetts ab und schicke die Energie an die Muskeln.» Baut man außerdem mit gezieltem Oberkörpertraining Muskelmasse auf, lautet die Nachricht an das Gehirn: «Dies ist ein aktiver, starker und dynamischer Körper, der zuverlässig mit Kalorien versorgt wird. Schalte auf maximale Stoffwechseleffizienz, und schaff den unnötigen Ballast (Fette, Giftstoffe) beiseite. Verstärke den Stoffwechsel in den Muskeln und verbrenne alles überschüssige Fett. Schicke soviel Energie wie möglich an alle Muskeln, Gewebe und Organe.»

So entsteht das, was wir *Vitalität* nennen: die natürliche Entfaltung der angeborenen Fähigkeit unseres Körpers, auf allen Ebenen die größtmögliche Leistung zu erbringen. Eine solche maximale Vitalität hat vielerlei Vorteile:

- das Immunsystem ist kraftvoll und wachsam;
- ein höchst effizientes Atmungs- und Kreislaufsystem transportiert reichlich fettverbrennenden Sauerstoff zu allen Zellen und beseitigt sehr wirksam Stoffwechselabfälle;
- ein fein abgestimmtes Nervensystem wird mit Streß leichter fertig und schafft geistige Klarheit;
- mit kräftigen Muskeln, Sehnen, Bändern und Gelenken können wir uns selbstsicher bewegen;
- ein leistungsfähiger Stoffwechsel erzeugt reichlich fettverbrennende Enzyme, Verdauungsenzyme, Schilddrüsen- und Wachstumshormone; die Glucosetoleranz steigt, so daß die Gefahr von Diabetes und Unterzuckerung sinkt.

Mit dem Fett fertig werden

Viele Menschen nehmen 40 Prozent ihrer gesamten Kalorien in Form von Fett zu sich. Das macht es sehr schwierig, das Gewicht unter Kontrolle zu halten, denn die Nahrungsfette kann der Organismus sehr leicht seinen eigenen Reserven hinzufügen. Kohlenhydrate und sogar Proteine können zwar ebenfalls in Fett umgewandelt werden, aber das erfordert einen energieaufwendigen Vorgang, der mehrere Stufen umfaßt. Mit anderen Worten: Wenn der Organismus Kohlenhydrate und Proteine in Fett umwandelt, verbraucht er Kalorien. Das aufgenommene Fett dagegen wird im Handumdrehen in die Pölsterchen des Körpers eingebaut.

Die Verminderung der Nahrungsfette beginnt damit, daß man weniger gesättigte Fette zu sich nimmt, wie sie beispielsweise in Fleisch, Eiern, Butter, Käse und anderen Milchprodukten, Mayonnaise und Salatdressings enthalten sind. Um den Fettanteil auf die empfohlenen 30 Prozent der Gesamt-Kalorienaufnahme zu drükken, muß man eine gute «Nase für Fette» entwickeln.

Häufig ist auf der Verpackung von Lebensmitteln angegeben, wieviel Fett sie enthalten. Von Angaben «pro Portion» sollte man sich dabei nicht täuschen lassen: Solche «Portionen» sind oft viel kleiner als die Mengen, die man normalerweise verzehrt. Multipliziert man die Grammangaben für Fett mit 9, erhält man die Kalorienzahl für die Fette (ein Gramm Fett enthält neun Kalorien). Sind es über 60 Kalorien pro Portion, haben wir es mit fettreichen Lebensmitteln zu tun. Um den Prozentanteil der Fette an der Gesamtkalorienzahl zu berechnen, dividiert man die Fett-Kalorien durch die gesamte Kalorienzahl der Mahlzeit. Das Ergebnis ist äußerst wichtig, denn es vermittelt einen guten Eindruck davon, welche Bedeutung die Ernährung für das Körpergewicht hat. Das Ziel sollte es sein, die Zahl unter 30 Prozent zu halten. Einzelne Lebensmittel liegen zwar unter Umständen darüber, aber über den ganzen Tag sollte man unter 30 Prozent bleiben.

Zucker? Sagen Sie einfach nein!

Kalorien sind durchaus nicht gleich Kalorien, und die im Zucker gehören zu den schlimmsten. Zucker enthält nicht nur Kalorien, die für die Ernährung wertlos sind, sondern er läßt auch den Insulinspiegel steigen. Da Insulin ein anaboles (gewebeaufbauendes) Hormon ist, stellt der Anstieg seiner Konzentration für alle Zellen im Körper ein deutliches Signal dar, Kalorien zu *speichern*. Und wie ich bereits erwähnt habe, ist ein steigender Insulinspiegel auch für den Rückgang der DHEA-Menge verantwortlich.

Zucker löst die Hungerreaktion aus. Das funktioniert folgendermaßen: Der Appetit wird unter anderem durch den Glucosespiegel im Blut gesteuert. Während man ißt, werden die komplexen Kohlenhydrate (Gemüse, Getreide, Bohnen, Obst) zu Glucose abgebaut und ins Blut aufgenommen. Diese Glucose dient als Brennstoff für alle Lebensfunktionen wie Wachstum, Regeneration, Gehirnfunktion und Bewegung. Wenn der Glucosespiegel später wieder auf den Normalwert sinkt, wird der Hungermechanismus in Gang gesetzt. Ein solcher Kreislauf dauert normalerweise vier bis fünf Stunden.

Raffinierter Zucker schließt diesen Zyklus völlig kurz. Anders als komplexe Kohlenhydrate, deren Verdauung einige Zeit dauert, gelangt einfacher Zucker sehr schnell als Glucose ins Blut. Wenn man zuckerhaltige Lebensmittel zu sich nimmt, steigt der Blutzuckerspiegel unter Umständen schon nach 50 Sekunden an. Ein solcher Sturmangriff des Zuckers ist für den Stoffwechsel ein Notfall: Er produziert sehr viel Insulin, um die Glucose aus dem Blut in die Zellen zu befördern. Daraufhin kann der Blutzuckerspiegel sehr schnell absinken, so daß erneut ein Notfall eintritt.

Was jetzt kommt, können Sie sich wahrscheinlich denken. Man fühlt sich nicht nur müde und verwirrt, weil Muskeln und Gehirn nach Glucose schreien, sondern auch der Hungermechanismus wird aktiviert, selbst wenn man erst vor 20 Minuten gegessen hat.

Das kann zu Heißhunger, Eßanfällen und einem ständigen Gefühl der Machtlosigkeit führen.

Ein gutes Programm zur Gewichtsabnahme wird deshalb die Menge an raffiniertem Zucker beschränken und statt dessen mehr Wert auf Proteine und natürliche Kohlenhydrate wie Vollkornprodukte, Bohnen und Gemüse legen. Obst sollte man in Form ganzer Früchte essen. Zwischen einem Apfel und einem Glas Apfelsaft besteht ein bemerkenswerter Unterschied. Der Apfel liefert das befriedigende Gefühl des Kauens, Ballaststoffe und eine beträchtliche Hungerstillung. Er ist eine sinnvolle Zwischenmahlzeit. Apfelsaft dagegen enthält konzentrierten Fruchtzucker, aber keine Ballaststoffe. Er kann leicht die Insulin-Achterbahn in Gang setzen, die man eigentlich vermeiden wollte.

Auch eine ausreichende Proteinzufuhr trägt dazu bei, diese Achterbahn zu bremsen. Kohlenhydratreiche Lebensmittel wie Nudeln können den Insulinspiegel fast ebenso hoch ansteigen lassen wie Zucker. Man sollte deshalb zu Beginn der Mahlzeit ein wenig Protein in Form eines fettarmen Milchproduktes wie Magerquark zu sich nehmen oder ein Proteinpräparat verwenden.

Achtung: Alkohol wird vom Stoffwechsel ganz ähnlich verarbeitet wie Zucker. Er läßt nicht nur den Insulinspiegel steigen, sondern hemmt auch die fettverbrennenden Enzyme. Alkoholische Getränke sollten nur eine gelegentliche Begleitung des Essens sein, aber kein regelmäßiger Bestandteil der Ernährung.

Sumo-Ernährung oder schlanke Ernährung?

Mit dem folgenden kleinen Test können Sie feststellen, ob Sie ähnliche Eßgewohnheiten haben wie ein Sumoringer:

1. Nehmen Sie den größten Teil der Kalorien mit einer oder zwei Mahlzeiten am Tag zu sich?

2. Ist das Abendessen Ihre Hauptmahlzeit?

3. Schwankt Ihre Nahrungsaufnahme stark (zum Beispiel weil Sie am Wochenende «zuschlagen» und dann die Mengen mehrere Tage lang einschränken?)
4. Machen Sie häufig eine Woche lang oder länger eine «Diät» (das heißt, befolgen Sie einen kalorienreduzierten Ernährungsplan)?
5. Haben Sie nach dem Essen Bewegungsmangel (das heißt: sitzen Sie am Schreibtisch oder vor dem Fernseher)?
6. Essen Sie vorwiegend weiterverarbeitete Lebensmittel (Fertiggerichte, Weißbrot, Weißmehlprodukte) anstelle von Vollkornprodukten (brauner Reis, Vollkornbrot, Vollkorn-Getreideprodukte)?
7. Essen Sie mehr fett- und zuckerreiche Lebensmittel anstelle von frischem Obst und Gemüse?
8. Essen Sie weniger als fünf Portionen Obst oder Gemüse am Tag?
9. Essen Sie weniger als fünf Portionen Vollkornprodukte, Bohnen und Cerealien am Tag?
10. Sind Sie ein schneller Esser?
11. Konsumieren Sie Koffein oder pflanzliche Anregungsmittel, um den Appetit zu vermindern und den Tag durchzuhalten?

Wenn Sie die Mehrzahl dieser Fragen mit ja beantwortet haben, ist das ein Hinweis, daß Sie nicht wie ein schlanker Mensch, sondern eher wie ein Sumoringer essen. Ihre Gewohnheiten sorgen unnötigerweise dafür, daß möglichst viele Kalorien in Fett umgewandelt werden. Der menschliche Organismus verwertet die Lebensmittel unterschiedlich, je nachdem, wann man ißt, wie oft man ißt, wieviel Ballaststoffe die Nahrung enthält und wieviel man sich den Tag über bewegt. Die folgenden Tips können Ihnen helfen, «schlanke» Eßgewohnheiten zu entwickeln:
1. Nehmen Sie mehrere kleine Mahlzeiten zu sich. Wie sich in wissenschaftlichen Untersuchungen gezeigt hat, sorgen vier bis

fünf kleine Mahlzeiten am Tag für eine optimale Verdauung, einen verbesserten Stoffwechsel und eine geringere Umwandlung der Kalorien in Fett. Knabbern ist besser als Schlingen.

2. Lassen Sie keine Mahlzeiten aus. Schon nach vier oder fünf Stunden ohne Nahrung kann die Hungerreaktion einsetzen, so daß der Stoffwechsel sich verlangsamt.

3. Verkleinern Sie das Abendessen. Beim Essen verstärkt sich der Stoffwechsel, um die Nahrung zu verdauen. Ein großer Teil der dabei entstehenden Energie wird als Wärme abgegeben. Diese Wärmeproduktion hat zur Folge, daß der Körper aus einer Mahlzeit wesentlich weniger Kalorien aufnimmt, und der Effekt ist morgens viel stärker als am Abend. Wie sich in wissenschaftlichen Untersuchungen gezeigt hat, nehmen Personen, die kräftig frühstücken (650 Kalorien), nicht zu. Verzehren sie jedoch die gleiche Portion am Abend, zeigte sich bei 76 Prozent von ihnen eine deutliche Gewichtszunahme.

4. Essen Sie, bevor Sie sich bewegen. Wenn Sie mit leerem Magen trainieren, schaltet der Organismus, der jetzt außer dem Hunger auch noch die Aktivität wahrnimmt, den Stoffwechsel noch weiter zurück. Nehmen Sie deshalb 40 bis 60 Minuten vor körperlichen Anstrengungen einen kleinen Imbiß zu sich.

5. Vermindern Sie die Kalorienmenge allmählich. Bei einer kalorienarmen Diät vermindert der Organismus die Wärmeproduktion, um Energie zu sparen. Außerdem werden Enzyme gebildet, die dem Körper signalisieren, er solle alle verfügbaren Kalorien als Fett speichern. Diese beiden Überlebensmechanismen untergraben nicht nur den Abnehmerfolg, sondern sie tragen auch verstärkt zum Zunehmen bei, sobald man sich wieder normal ernährt.

6. Essen Sie ballaststoffreiche Lebensmittel. Vollkornprodukte, Bohnen, Gemüse und Obst vermindern die Fettspeicherung. Diese Lebensmittel sind nicht nur selbst fettarm, sondern zusätzlich verbindet sich auch ein Teil der gleichzeitig aufgenommenen Fette mit den Ballaststoffen, und das Ganze wird als Abfallprodukt ausgeschieden.

7. Meiden Sie fette Lebensmittel. Kalorie ist nicht gleich Kalorie. Kalorien, die aus Fett stammen, machen viel leichter dick als solche aus Protein oder Kohlenhydraten. Die Umwandlung von Proteinen und Kohlenhydraten in Fett verbraucht eine Menge Energie. Fettkalorien dagegen kann der Körper ganz leicht seinen Reserven hinzufügen.

8. Vermindern Sie den Zuckerkonsum. Damit ist nicht nur der Streuzucker gemeint, sondern auch Glucose (Traubenzucker), Dextrose, brauner Zucker, Honig sowie Ahorn- und Rübensirup. Zucker ist ein Hauptfeind der Gewichtsabnahme, denn er führt wertlose Kalorien zu und signalisiert allen Zellen des Körpers, daß sie diese Kalorien speichern sollen.

9. Im Zweifelsfall Gemüse. Gemüse ist der beste Freund der Abnehmwilligen, und damit meine ich nicht nur Möhren oder Sellerie. Erweitern Sie das Repertoire um alle köstlichen, energiereichen Produkte aus der Gemüseabteilung oder vom Wochenmarkt. Viele Läden bieten bis zu 40 Gemüsesorten, die man dünsten, kochen, grillen oder als Rohkost essen kann. Gemüse enthält wenig Kalorien, aber viel Vitamine, Mineralstoffe und komplexe Kohlenhydrate. Und da es auch eine Menge Ballaststoffe liefert, trägt es zum Gefühl der Sättigung und Zufriedenheit bei.

10. Erzeugen Sie Aktivitätssignale. Wie sich in wissenschaftlichen Untersuchungen gezeigt hat, erhält das Gehirn unterschiedliche Stoffwechsel«signale», je nachdem, wie aktiv man im Laufe des Tages ist. Ihr Körper sollte nie vergessen, daß er aktiv ist und viel Energie braucht. Denken Sie daran, daß Kalorien nicht verdunsten. Sie müssen als Energie (Glycogen) oder als Fett gespeichert werden. Um das Gewicht langfristig in den Griff zu bekommen, müssen Sie Ihren Organismus davon überzeugen, daß Sie aktiv sind und Energie brauchen. Machen Sie alle paar Stunden eine Aktivitätspause. Zehn Minuten flottes Gehen, ein paar Etagen Treppensteigen oder ein paar Dehnübungen, und schon ist es geschafft. Sehr empfehlenswert ist eine längere Aktivitätspause von 15 bis 20 Minuten nach dem Essen. Und ein mäßig schneller Spaziergang von 30 bis 40 Minuten trägt dazu bei, daß die Kalorien in Energie und nicht in Fett umgewandelt werden.

11. Essen Sie langsam. Der Appetit wird unter anderem vom CCK gesteuert. Dieses Hormon wird gegen Ende der Mahlzeit ausgeschüttet und signalisiert dem Gehirn, daß es den Appetit ausschalten soll. Mit schnellem Essen kommt man dieser Nachricht zuvor, und das führt zu übermäßiger Nahrungsaufnahme. Proteine, die man zu Beginn der Mahlzeit verzehrt, tragen dazu bei, die CCK-Produktion anzuregen, so daß sich mit erstaunlich wenig Kalorien ein Sättigungsgefühl einstellt.

12. Meiden Sie Anregungsmittel. Koffein und pflanzliche Stimulantien lösen eine Streßreaktion aus, die den Appetit vorübergehend unterdrückt. Aber ein paar Stunden später kehrt nicht nur der Appetit um so heftiger wieder, sondern auch das Nervensystem nimmt es Ihnen übel. Langzeitstudien, die einen Nutzen der Anregungsmittel für das Abnehmen belegen würden, gibt es nicht.

13. Sichern Sie Ihre Ernährung ab. Wissenschaftlichen Untersuchungen zufolge sind selbst bei einer genau *geplanten* Ernährung für Männer 2000 und für Frauen 1500 Kalorien notwendig, damit einigermaßen ausreichende Vitamin- und Mineralstoffmengen zugeführt werden. Da wir meist weder Zeit noch Lust haben, Mahlzeiten genau zu planen, sind Multivitaminpräparate eine nützliche «Rückversicherung». Da man bei einer Diät in der Regel weniger als die genannten Kalorienmengen zu sich nimmt, erkennt man leicht, warum die Diätwilligen häufig als größte mangelernährte Gruppe der Bevölkerung bezeichnet werden.

Das DHEA-Programm unterstützt eine sinnvolle Ernährung und konzentriert sich auf Stoffwechseleffizienz und körperliche Betätigung als wichtigste Hilfsmittel zum Abnehmen. Mit dieser Methode vermeidet man nicht nur die Hungerreaktion, die zu einer Verminderung des Stoffwechsels führt, sondern man macht die Nährstoffe auch leichter verfügbar. Dennoch empfehle ich ein gutes Multivitaminpräparat zum Ausfüllen der Lücken, die durch die heutigen verarbeiteten Lebensmittel und unsere streßgeplagte Lebensweise gerissen werden.

14. Trinken Sie Wasser. Wasser kann beim Abnehmen ein ausgezeichnetes Hilfsmittel sein. Im Organismus ist es für Transport und Verbrennung der Fette ebenso unentbehrlich wie für die Beseitigung der Abfallprodukte, die durch die verstärkte Stoffwechselaktivität entstehen. Wasser ist für alle Körperfunktionen notwendig, auch für Bewegung, Verdauung und Temperaturregulation. Die meisten Menschen trinken nicht genügend Wasser, und wenn Sie sich stärker körperlich betätigen, werden Sie feststellen, daß Ihr Wasserverbrauch zunimmt.

Verlassen Sie sich nicht auf den Durst. Er ist kein verläßliches Zeichen für den Wasserbedarf. Wie sich in wissenschaftlichen Untersuchungen gezeigt hat, kann der Körper schon unter erheblichem Wassermangel leiden, bevor wir Durst bekommen.

Der Wasserbedarf läßt nicht immer ein eindeutiges Signal für das Gehirn entstehen. Manchmal empfinden wir einfach ein ungenaues körperliches Bedürfnis und interpretieren es als Wunsch nach Nahrung. Da die meisten Lebensmittel eine beträchtliche Menge Wasser enthalten, wird auf diese Weise meist auch der Wasserbedarf gedeckt, aber gleichzeitig nehmen wir zu viele Kalorien zu uns. Wenn wir dieses vage Bedürfnis spüren, sollten wir als erstes ein Glas Wasser trinken. Wenn es nur Durst war, ist er damit gestillt.

Wenn man genug trinkt, wird weniger Wasser im Körper zurückgehalten, und Ödeme werden vermieden. Manchmal ist es schwer zu verstehen, daß weniger Wasser im Körper bleibt, wenn man mehr Wasser trinkt. Aber wenn Sie Ihren Organismus ausreichend mit reinem Wasser versorgen, braucht er es nicht im Gewebe festzuhalten. Andere Getränke wie Tee, Fruchtsaft, Limonade, Milch oder Kaffee bestehen natürlich ebenfalls zum größten Teil aus Wasser, aber sie enthalten auch andere Bestandteile, darunter harntreibende Stoffe und Salz.

Harntreibende Medikamente sind für das Problem des im Körper zurückgehaltenen Wassers nur eine vorübergehende Lösung. Der Körper schafft einen Ausgleich, sobald man sie nicht mehr nimmt. Die wahre Lösung besteht darin, daß man eine Menge reines Wasser trinkt. Auf diese Weise erhält der Organismus, was er für den Stoffwechsel braucht, und Abfallstoffe werden schnell ausgeschieden. Außerdem vermindert ausreichende Wasserzufuhr die verbreiteten Beschwerden durch Muskelkater und Verstopfung.

Tips für eine ausreichende Wasserzufuhr

1. Stellen Sie immer eine Flasche Wasser griffbereit, und trinken Sie immer wieder einen Schluck.
2. Hängen Sie an den Kühlschrank einen Zettel mit der Aufschrift: «Nimm Wasser!»
3. Trinken Sie langsam ein Glas Wasser, während Sie das Essen zubereiten.
4. Denken Sie immer daran: Je mehr Wasser Sie trinken, desto wohler fühlen Sie sich.
5. Verbannen Sie Limonaden aus Ihrem Haushalt.
6. Geben Sie dem Wasser mit einem Spritzer Zitronensaft oder ganz wenig Fruchtsaft mehr Aroma.

15. Vergessen Sie Diätgerichte und insbesondere «Light»-Getränke. Überall geben die Menschen viele Milliarden für Diätgerichte und Light-Produkte aus. Aber der Bauch vieler Wohlstandsbürger wächst ebenso schnell wie die Diätindustrie. Light-Produkte sind nämlich keine Lösung. Die Werbung will uns weismachen, das zierliche Mannequin, das an der Light-Limonade nippt, habe früher Übergewicht gehabt und sei mit diesem Getränk so schlank geworden, aber die Wahrheit sieht ganz anders aus. Die Werbung erzählt uns, Abnehmen sei nur eine Frage von weniger Kalorien, aber Sie wissen es jetzt besser.

Die Ansicht, die *Qualität* der Lebensmittel spiele keine Rolle, solange sie nur wenig Kalorien haben, ist ein gefährlicher Irrtum. Sehen Sie sich die Etiketten solcher Diätgerichte einmal genau an. Oft enthalten sie eine Menge Salz, Süß-, Farb- und Geschmacksstoffe, ja sogar Zutaten, deren Namen Sie nicht einmal aussprechen können. Manche dieser Bestandteile bergen gesundheitliche Risiken, aber wir kaufen die Produkte dennoch, weil wir verzweifelt abnehmen wollen.

Wenn das funktionieren würde, könnte es sich ja vielleicht lohnen, das Risiko auf sich zu nehmen und alle diese Chemikalien, Pseudofette, künstlichen Süßstoffe und Stabilisatoren zu schlukken. *Aber mit solchen Produkten funktioniert es nicht.* Bob Schwarz, der Autor des Buches *Diets Don't Work* («Diäten funktionieren nicht»), wies als einer der ersten Gesundheitsexperten darauf hin, daß die Diätprodukte den Menschen nicht helfen, die Ursachen des Übergewichts zu verstehen, genau wie eine Aspirin-Tablette uns nicht hilft, die Ursache unserer Kopfschmerzen zu begreifen. In beiden Fällen kehrt die Störung immer wieder, bis man das Übel bei der Wurzel packt. Und Übergewicht hat seine Wurzeln nun einmal in Stoffwechsel, Energiehaushalt, Bewegungsmangel, mangelnder Muskelmasse, Einstellungen und der Qualität der Nahrung. Kalorien zählen zwar, aber nicht besonders viel.

Wissenschaftliche Untersuchungsergebnisse haben sogar gezeigt, daß Light-Getränke die Gewichtszunahme fördern können. In einer sechs Jahre dauernden Studie mit 80000 Frauen stellte sich heraus, daß diejenigen, die gewohnheitsmäßig künstliche Süßstoffe konsumierten, Pfunde ansetzten. Diese Frauen nahmen viel leichter zu als solche, die keine künstlichen Süßstoffe benutzten. Und unter allen Frauen, deren Gewicht in der Studie anstieg, war die Zunahme bei denen, die Süßstoff verwendeten, deutlich größer.

Wie kommt das? Einige Wissenschaftler glauben eine Erklärung zu haben: Die Leute versuchen zwar, die Kalorienaufnahme mit Light-Produkten zu vermindern, aber dafür essen sie doppelt so viel, oder sie verzehren Lebensmittel, die sie sonst nicht zu sich nehmen würden. Biochemisch betrachtet wäre es sogar möglich, daß künstliche Süßstoffe den Appetit steigern. In einer Blindstudie (bei der die Versuchspersonen nicht wußten, ob sie Aspartam oder Zucker bekamen) berichteten diejenigen, die Aspartam zu sich nahmen, über eine größere Eßlust und eine Verminderung des Sättigungsgefühls.

Weiteren Forschungsergebnissen zufolge können Süßstoffe zu einer geringfügigen Störung der Kommunikation zwischen Geschmackssensoren, Gehirn und Darm führen. Mit anderen Worten: Der starke süße Geschmack im Mund löst offenbar eine Stoffwechselreaktion aus, mit der unser Organismus sich auf eine Riesenmenge an Kohlenhydraten vorbereitet. Werden diese Kalorien nicht aufgenommen, ist der Körper dennoch darauf eingestellt, und möglicherweise werden die nächsten Kalorien dann verstärkt als Fett gespeichert.

Zu der Frage, warum Menschen, die Light-Getränke konsumieren, eher zunehmen, gibt es auch eine psychologische Theorie. Danach halten sie sich für so klug, weil sie kalorienarme Produkte zu sich nehmen, daß sie sich später mit einer Extraportion Lasagne belohnen.

Solche Forschungsergebnisse sind provozierend, aber nicht schlüssig. Eine herausragende Erkenntnis läßt sich aber nicht bestreiten: Seit es Light-Getränke und Diätprodukte gibt, hat die Zahl der Übergewichtigen nicht ab-, sondern zugenommen.

Zusammenfassung

Das DHEA-Programm macht das Abnehmen einfacher, weil es zur Korrektur der Stoffwechselstörungen beiträgt, die Heißhunger, Müdigkeit und andere Hindernisse verursachen. DHEA vermindert offenbar die Umwandlung von Glucose in Fett, und wenn man die Konzentration von DHEA und bioenergetischen Nährstoffen auf dem jugendlichen Spitzenwert hält, kann man den Stoffwechsel «ankurbeln», so daß körperliche Betätigung einfacher und angenehmer wird. Ich habe eine ganze Reihe von Hinweisen gegeben und zahlreiche Hilfsmittel aufgeführt, die zu verbesserten Erfolgsaussichten führen, aber trotz allem bleibt die Kontrolle des Körpergewichts ein schwieriges Unterfangen.

Abnehmen ist ein komplizierter Vorgang mit körperlichen, seelischen und gesellschaftlichen Komponenten. Die Eßgewohnheiten sind von allen Verhaltensweisen am schwierigsten zu ändern oder zu durchbrechen, vor allem weil wir niemals auf «radikalen Entzug» umschalten können. Die Nahrung begleitet uns immer, und Essen ist lebensnotwendig. Jeden Tag müssen wir Entscheidungen darüber treffen, welche Lebensmittel wir zu uns nehmen wollen und welche nicht.

Statt ein aufgezwungenes, kontrolliertes Programm zu befolgen, sollten Sie lieber neu lernen, was Ihren Körper gesund und energiegeladen hält. Wenn Sie den Stoffwechsel verbessern und die Aktivität verstärken, werden Sie sich stärker einem Gleichgewicht annähern, mit dem Sie das Idealgewicht für Ihren Körperbau halten können.

Es gibt aber einige Ratschläge, die mental dazu beitragen können, dauerhaft abzunehmen. Als allererstes sollten Sie auf Ihren Körper hören. Statt darüber nachzudenken, wie er aussieht, und den Erfolg mit Waage oder Maßband zu messen, sollten sie wahrnehmen, wie Ihr Körper sich *fühlt*. Er will sich gesund und energiegeladen fühlen, und dazu muß er mit guter Nahrung, reinem Wasser und sauberer Luft versorgt werden.

Wenn Sie auf Ihren Körper hören, wissen Sie, wann er Hunger hat und was für Lebensmittel er braucht, um sich gesund zu fühlen. Dann essen Sie nicht mehr «nach der Uhr», sondern wenn Sie Hunger haben. Bei den herkömmlichen Diätprogrammen, die mit Mangelernährung arbeiten, bringt der Heißhunger auf die verschiedenen Lebensmittel Sie so durcheinander, daß es fast unmöglich wird, dem Körper genau zuzuhören.

Die Eßauslöser bremsen

Als zweites sollte man verstehen, was die Eßlust auslöst. Nahrung ist ein unverzichtbarer Bestandteil unseres Soziallebens, ein Weg, um mit anderen in Verbindung zu treten, uns zu belohnen und zu trösten. Tausende von gesellschaftlichen und emotionalen Signalen verursachen Eßbedürfnisse, und das wird sich wahrscheinlich auch nie ändern. Was wir aber ändern können, ist unser Bewußtsein für die Eßauslöser und die Art, wie wir darauf reagieren.

Vier solche Auslöser sind besonders wirksam: Hunger, Ärger, Einsamkeit und Müdigkeit. Gleich danach kommen Depressionen und Langeweile. Diese Gefühle aus unserem Leben zu verbannen wird uns nie ganz gelingen, aber wir können Wege finden, um positiv mit ihnen umzugehen.

Ein paar Alternativen zu den Eßauslösern:

Hunger. Der erste Grundsatz lautet: *Wenn Sie Hunger haben, es-*

sen Sie! Wenn Sie aber nicht sicher sind, ob Sie wirklich Hunger empfinden, können Sie das auf zweierlei Weise überprüfen: Machen Sie eine Aktivitätspause, und trinken Sie ein Glas Wasser. Manchmal ist der Hunger dann schon verschwunden.

Ärger. Machen Sie Ihrem Ärger Luft: Schreiben Sie einen Brief, auch wenn Sie ihn später zerreißen, verprügeln Sie ein Kissen, gehen Sie allein nach draußen, und dann brüllen und schimpfen Sie. Und reagieren Sie sich ab: machen Sie einen flotten Spaziergang, fegen Sie den Bürgersteig, putzen Sie die Küche, oder waschen Sie das Auto.

Einsamkeit. Treten Sie mit anderen in Verbindung: Schreiben Sie einen Brief, rufen Sie jemanden an, bieten Sie Ihre Hilfe an. Und tun Sie sich etwas Gutes: Gehen Sie zum Friseur, lassen Sie sich massieren, machen Sie Yoga, oder steigen Sie in die Badewanne.

Müdigkeit. Machen Sie eine Aktivitätspause: Arbeiten Sie im Garten, machen Sie Dehnübungen, fahren Sie Fahrrad. Und tun Sie etwas für die Seele: Arrangieren Sie Blumen, spazieren Sie durch einen schönen Park, hören Sie entspannende Musik.

Langeweile. Tun sie etwas Neues: Gehen Sie in ein Museum, hören Sie sich einen Vortrag an, stellen Sie sich bei den Nachbarn vor. Lernen Sie etwas: Machen Sie einen Kurs, bestimmen Sie alle Bäume und Blumen in Ihrem Stadtviertel, entziffern Sie antike Hieroglyphen. Und machen Sie sich nützlich: Hüten Sie Nachbarskinder, oder besuchen Sie einen Behinderten.

Ein Blick zurück

Der steinzeitliche Blickwinkel fasziniert mich immer wieder, insbesondere im Zusammenhang mit der Lebensqualität. Von den heutigen Jägern und Sammlern wissen wir, daß sie mehr Freizeit haben als der Durchschnittsbürger in den Industrieländern. Und außerdem kommen 75 Prozent der Krankheiten, an denen wir sterben, bei ihnen nicht vor. Krebs ist selten, und Herzkrankheiten oder Diabetes sind bei Menschen, die im Einklang mit ihrer Umwelt leben, so gut wie unbekannt. Ich habe nur einmal ein solches Volk besucht, aber ich war verblüfft über seine Energie, seine Begeisterung und seine Lebensfreude. Das Leben ist für diese Menschen voller Abenteuer.

Natürlich geht die Zahl solcher Menschen zurück, und bald werden sie völlig verschwunden sein. Aber ihre Gesichter sehe ich immer wieder vor mir, zusammen mit ihren geschmeidigen, muskulösen Körpern. Sie kümmern sich nicht um ihr Körpergewicht, und vieles, was in diesem Kapitel steht, geht auf meine Erfahrungen mit ihnen zurück. Essen Sie langsam und häufig. Essen Sie möglichst naturbelassene Lebensmittel. Gehen Sie regelmäßig und mit einer breiten Palette von Bewegungen körperlicher Betätigung nach. Essen Sie nur, wenn Sie Hunger haben, und hören Sie auf, wenn der Hunger gestillt ist. Das alles sind nützliche Tips, aber zu diesem Bewußtsein gehört etwas noch Wichtigeres. Ich nenne es die Macht der Leidenschaft.

Die Lebensfreude hat etwas ganz Besonderes. Wenn wir uns für eine neue Idee, eine Verpflichtung, einen Beruf, unsere Familie oder das Leben im allgemeinen begeistern, scheint alles andere plötzlich von selbst zusammenzupassen. Die Bequemlichkeit des modernen Lebens ist nach meiner Überzeugung ein zweischneidiges Schwert. Sie ermöglicht uns ein angenehmes Dasein, aber diese Annehmlichkeiten bezahlen wir oft mit Lustlosigkeit und Krankheit. Um unseren Lebensstandard zu halten, müssen wir vielleicht jeden Tag in einem Beruf arbeiten, der uns keinen Spaß macht, und das ist dann ein schlechter Handel. Und wenn die Bequemlichkeit nur dazu führt, daß unsere Kinder schon in jungen Jahren Übergewicht haben, ist das genau das Gegenteil von Fortschritt – es ist Zerstörung.

Ich möchte Sie auffordern, auszubrechen. Nach meiner Überzeugung muß jeder Mensch sich auf einzigartige, konstruktive

Weise entfalten. Das kann durch Musik oder Kunst, Theaterspielen oder Sport geschehen. Sie können im Laufe eines Lebens ein Dutzend verschiedene Ausdrucksformen finden, nur sollten Sie nie aufhören, zu lernen und zu wachsen. Und hören Sie nicht auf, sich zu bewegen! Wenn Ihre Selbstentfaltung, Ihre Tätigkeiten oder Ihre neuen Fähigkeiten anderen nützen, um so besser. Der Dienst an anderen verschafft uns einen Lohn, den keine selbstversunkene Tätigkeit bieten kann. Er zapft Quellen der Energie und Vitalität an, die Sie vielleicht noch nie zuvor kennengelernt haben. Das DHEA-Programm kann dazu die Rohstoffe und Informationen liefern, aber Ihre eigene Motivation und Leidenschaft sind die wichtigsten Schlüssel zum Erfolg – für die Kontrolle des Körpergewichts ebenso wie für das ganze Leben.

KAPITEL 9

Ernährung und das DHEA-Programm: Essen wie ein Höhlenmensch

Gesunde Ernährung ist die Grundlage aller Erfolge mit dem DHEA-Programm. Das US-Gesundheitsministerium hat es sogar offiziell festgestellt: Wenn man nicht raucht oder übermäßig viel Alkohol trinkt, ist die Ernährung der wichtigste Einzelfaktor, der die Gesundheit und damit auch die Lebensdauer beeinflußt. Wie sich in wissenschaftlichen Untersuchungen gezeigt hat, wären drei von fünf Krankenhausaufenthalten zu vermeiden, wenn die Betreffenden bessere Ernährungs- und Lebensgewohnheiten hätten.

Aber das sind nur Tatsachen und Zahlen. Um sie mit Leben zu füllen, brauchen Sie nur das nächste Krankenhaus zu besuchen. Gehen Sie einmal durch die Stationen, und erkundigen Sie sich, wie viele Menschen dort behandelt werden. Wir geben nahezu unseren gesamten Gesundheitsetat für die Therapie aus, aber fast nichts für die Vorbeugung. Und wenn es dann zu spät ist, hätte jeder seine Krankheit gerne verhütet.

Wie sind wir in diesen Schlamassel geraten? Nach meiner Überzeugung liegt es daran, daß frische Luft, Vollkornernährung, körperliche Betätigung, Brokkoli oder Möhren keine Lobby haben. Unsere Aufmerksamkeit konzentriert sich auf die Therapie, weil dort viel Geld zu verdienen ist. Das heutige Gesundheitswesen gleicht einer Feuerwehr mit allermodernster Ausrüstung. Ständig erhöht der Staat das Budget, und jedesmal kauft die Feuerwehr wieder neue Geräte zum Löschen, aber die Brandverhütung wird weiterhin vernachlässigt. Es muß eine großartige Feuerwehr sein: jedesmal wenn es brennt, ist sie mit schicker Ausrüstung zur

Stelle. Das ist aufregend und höchst eindrucksvoll, nur bemerken die Leute bald, daß es von Jahr zu Jahr mehr Brände gibt.

Das gleiche erkennt man in der Gesundheitsstatistik. Der Krebs ist ebenso auf dem Vormarsch wie Diabetes, Autoimmunkrankheiten und Fettsucht. Die Sterblichkeit durch Herzkrankheiten sinkt mittlerweile, aber auch hier ist die Verbesserung vorwiegend auf Veränderungen in Ernährung und Lebensweise zurückzuführen. Die Gesellschaft als Ganzes muß sich fragen, auf welchem Weg sie ist und ob sie ihn wirklich weitergehen will. Nach meiner Überzeugung ist es an der Zeit, daß wir der Vorbeugung mehr Aufmerksamkeit und Mittel widmen, und der Schlüssel dazu ist die Ernährung. Jede Zelle unseres Körpers vom Scheitel bis zur Sohle entsteht aus der Nahrung, die wir essen. Und eine der naheliegendsten Aussagen über die Gesundheit lautet: Wohlbefinden hängt von optimaler Ernährung ab.

Eine unterernährte Nation

Unabhängige Untersuchungen weisen eindeutig darauf hin, daß sich die Qualität der Ernährung in den letzten 40 Jahren ständig verschlechtert hat. In den USA stellte sich bei einer großen Umfrage heraus, daß von 20000 befragten Personen keine einzige alle wichtigen Nährstoffe in der empfohlenen Menge zu sich nahm. Und interessanterweise ist das offensichtlich keine Geldfrage. Selbst Menschen, die sich hervorragende Lebensmittel leisten können, wählen oft schlecht aus und nehmen deshalb unzureichende Vitamin- oder Mineralstoffmengen zu sich. Fast 40 Prozent der Durchschnittsernährung in den Industrieländern bestehen heute aus wertlosen Kalorien in Zucker, Desserts, Fetten, Getränken und Knabberprodukten.

Ebenso wichtig ist die Frage der Mengen. Wie sich in wissenschaftlichen Untersuchungen gezeigt hat, sind selbst bei sorgfältiger Planung für einen Mann 2000 und für eine Frau 1500 Kalorien erforderlich, damit Vitamine und Mineralstoffe in ausreichenden Mengen zugeführt werden. Allein aus diesem Grund können wir davon ausgehen, daß die vielen Millionen Menschen, die sich mit einer kalorienarmen Schlankheitsdiät ernähren, in erheblichem Umfang fehlernährt sind.

Und mit dem Alter verschlimmert sich natürlich alles. Eine ganze Reihe von Faktoren sorgt dafür, daß wir Nährstoffe immer schlechter aufnehmen und resorbieren. Allmählich fangen die Ärzte an, ihre Patienten an ausgebildete Ernährungsberater zu überweisen. Diese Fachleute können mit Ernährungstagebüchern und Computeranalysen den Ernährungszustand der Patienten beurteilen und Empfehlungen zur Auswahl der Lebensmittel und dem vernünftigen Einsatz von Nahrungsergänzungsmitteln geben.

Aber auch die beste Ernährung bietet keine Gewähr für eine optimale Nährstoffversorgung. Man muß außerdem die wichtigen Faktoren von Verdauung und Stoffwechsel berücksichtigen. Viele Umstände können die Nährstoffresorption beträchtlich vermindern: Erkrankungen von Bauchspeicheldrüse, Galle und Leber; Lebensmittelallergien; Reizungen und Entzündungen des Dünn- oder Dickdarms; chirurgische Eingriffe an den Verdauungsorganen; ungenügende Säureproduktion im Magen; geringe Enzymproduktion; Antibiotika; Bewegungsmangel; ständige Einnahme von Magenmedikamenten und Abführmitteln; Proteinmangel; Hefe- und Parasiteninfektionen; und körperliche oder seelische Belastungen.

Selbst die verbreitete Gewohnheit, schnell zu essen und wenig zu kauen, kann die Nährstoffresorption beeinträchtigen. Man sollte deshalb nicht nur die genannten Krankheiten behandeln, langsam essen und gut kauen, sondern auch Nahrungsergänzungsmittel als «Rückversicherung» gegen unzureichende Resorption in Erwägung ziehen. Wichtig ist dabei die Erkenntnis, daß solche Präparate kein *Ersatz* für gesunde Ernährung sind; sie sollen nur eine Ergänzung sein und verbessern in manchen Fällen die Verdauung, Resorption und Verwertung lebenswichtiger Nahrungsbestandteile.

Raffiniert ist ruiniert

Unsere Ernährung besteht zum größten Teil aus raffinierten, weiterverarbeiteten Lebensmitteln. Aber durch das Weiterverarbeiten gehen wichtige Nährstoffe verloren. Wenn beispielsweise Weizen zu Weißmehl vermahlen wird, verliert er 85 Prozent des Coenzyms Q, 90 Prozent des Vitamin E und praktisch sämtliche Ballaststoffe. Daß die Hersteller das Weißmehl dann mit Thiamin, Riboflavin und Niacin «anreichern», ist wirklich ein Witz, denn vorher haben sie 19 Vitamine und Mineralstoffe entfernt.

Mit stark raffinierten Lebensmitteln riskiert man immer die Fehlernährung, ganz gleich, wieviel Lebensmittel man zu sich nimmt, und das kann keine Vitaminpille wiedergutmachen. Nach meiner Überzeugung enthalten natürliche Lebensmittel viele Bestandteile, die wir noch nicht einmal kennen. Erst 1995 wurde zum Beispiel ein neuer Mineralstoff entdeckt.

Was meine ich mit «natürlichen Lebensmitteln»? Die Antwort: vor allem frisches Obst und Gemüse, Vollkornprodukte, Bohnen, Eier und eine bescheidene Menge tierisches Protein (Fisch, Geflügel und Fleisch). Ich meine aber *keine* Lebensmittel, die es vor 10000 Jahren noch nicht gab, wie zucker- und fettreiche Süßigkeiten, Limonaden, Kartoffelchips, Popcorn und Speiseeis.

Nun fragen Sie vielleicht: Warum soll ich mich wie ein Höhlenmensch ernähren? Mit dieser Frage hatte ich gerechnet.

Unsere Vergangenheit als Jäger und Sammler

Fast 1,6 Millionen Jahre lang lebten die Menschen als Jäger und Sammler in Urwäldern und dichten Gehölzen, in denen es Nahrung im Überfluß gab. Sie konnten sich die Früchte von den Bäumen pflücken oder eßbare Wurzeln ausgraben. Und wenn ein schmackhaftes Tier vorbeikam, beispielsweise ein Hirsch oder Büffel, wurde es erlegt, und sein Fleisch ergänzte den täglichen pflanzlichen Speisezettel. Wurde die Nahrung knapp, zogen unsere Vorfahren in eine andere Gegend weiter.

Die Jäger und Sammler früherer Zeiten waren selbst nach heutigen Maßstäben unglaublich fit und kräftig. Alles, was sie aßen, war unverfälscht und unverarbeitet, so daß es seinen natürlichen hohen Energiegehalt bewahrte. Und außerdem wurden für jeweils 2500 gesammelte Kalorien auch 1000 Kalorien aufgewandt, so daß sie einen schlanken, muskulösen Körper «ohne ein Gramm Fett» hatten.

Anders als man meistens glaubt, waren unsere steinzeitlichen Vorfahren keine untersetzten, schimpansenähnlichen Geschöpfe, sondern sie waren fast so groß wie wir. Nach den Befunden der Paläontologen waren die männlichen Jäger und Sammler am Ende der letzten Eiszeit etwa 1,72 Meter groß, und die Frauen maßen 1,62 Meter. Nach der Einführung der Landwirtschaft nahm die Durchschnittsgröße unserer Vorfahren sogar *ab* – darauf werde ich später in diesem Kapitel noch einmal zurückkommen.

Unser genetisches Erbe

Auch nach über einer Million Jahren der menschlichen Evolution besitzen wir im wesentlichen die gleiche Genausstattung wie unsere Vorfahren in der Steinzeit. In den letzten 20000 Jahren hat sich unsere DNA überhaupt nicht verändert. Und erst in den letzten 200 Jahren hat die westliche Zivilisation Menschen mit sitzender Lebensweise hervorgebracht, die Zucker, Salz und gesättigte Fette in sich hineinschaufeln, eine Entwicklung, die zu unserem Untergang führen könnte.

Wie man daraus leicht erkennt, haben unsere Gene uns nicht auf die ernährungsbedingten Gesundheitsprobleme vorbereitet, die uns heute zu schaffen machen. Mit einer Rückkehr zu steinzeitlichen Ernährungs- und Bewegungsgewohnheiten könnten wir nach Ansicht mancher Fachleute den Zivilisationskrankheiten ein Ende machen, so der Atherosklerose und Osteoporose, dem Bluthochdruck, dem Diabetes und manchen Formen von Krebs. In den wenigen heute noch vorhandenen Jäger-Sammler-Kulturen sind diese Krankheiten praktisch unbekannt.

Leiden wir vielleicht einfach deshalb an den «Zivilisationskrankheiten», weil wir länger leben? Dieses Argument hört man häufig, aber es wird kaum durch stichhaltige Indizien belegt. Im Gegenteil: Verfallskrankheiten findet man bei den Kindern der Industrieländer schon in jungen Jahren, und dieses Phänomen gibt es in den Kulturen der Jäger und Sammler nicht. Außerdem bekamen «primitive» Männer und Frauen, die das 60. Lebensjahr erreichten, solche Krankheiten auch später nicht – ganz im Gegensatz zu den heutigen Industrieländern, wo ältere Menschen in der Regel mindestens an einer Verfallskrankheit, häufig aber auch an mehreren leiden.

Die Steinzeitmenschen waren körperlichen Gefahren ausgesetzt, die ihre Lebenserwartung gegenüber der unseren verkürzten. Solche Gefahren würden wir heute niemals freiwillig auf uns nehmen, und glücklicherweise ist das auch nicht nötig. Aber was die Ernährung anging, waren sie uns meilenweit voraus. Und da wir die gleichen Gene haben wie sie, können wir von der Ernährungsweise unserer Vorfahren eine Menge lernen.

Die Bedeutung vielseitiger Ernährung

Überraschend, aber wahr: Die Jäger und Sammler nahmen vielfältigere Nahrungsmittel zu sich als die meisten heutigen Menschen. Das gleiche gilt auch für die etwa 50 Gruppen von Jägern und Sammlern, die es heute noch auf der Erde gibt. Die Buschleute in der afrikanischen Kalahari essen zum Beispiel ungefähr 75 verschiedene Arten wilder Pflanzen. Daß sie jemals Hungers sterben wie die Menschen während der irischen Kartoffel-Hungersnot nach 1840, ist äußerst unwahrscheinlich.

Vielseitigkeit ist eines der wichtigsten Grundprinzipien für eine gesunde Ernährung, denn dann kann man alle Nährstoffe, die in einem Lebensmittel vielleicht nicht enthalten sind, aus einem anderen beziehen. In den Industrieländern haben wir zwar eine große Auswahl an Lebensmitteln, aber sehr vielseitig ernähren wir uns nicht. Wie sich beispielsweise in einer Umfrage gezeigt hat, verzehrt ein gebildeter Amerikaner nicht mehr als elf verschiedene Arten von Lebensmitteln.

Wie kommt das? Alle predigen, wir sollten uns vielseitig ernähren. Aber wenn man beispielsweise nach Getreideprodukten fragt, enthält die übliche Liste nur Brot, Brötchen, Frühstückszerealien, Kräcker, Kekse, Nudeln und Kuchen – und alles meist nur aus Weizen hergestellt.

Jetzt verstehen Sie, was ich meine. Meist essen wir, was schon unsere Mütter uns vorgesetzt haben und was uns schmeckt. Wir nehmen Gewohnheiten an, die so lange bestehen bleiben, bis unser Bewußtsein sich ändert, aber dann wird uns klar, daß die Erde uns eine unglaubliche Vielfalt bietet. Diese Vielfalt hat ihren Grund. Sie ist nicht nur zum Anschauen da. Entscheiden wir uns dafür, können wir uns mit vielseitiger Ernährung ein langes, gesundes Leben verschaffen.

Denken wie ein Höhlenmensch

Es gibt eine Fülle von Büchern über Ernährung. Sie machen aus der einfachen Tätigkeit des Essens etwas höchst Kompliziertes, aber gute Ernährung ist keine Hochtechnologie. Wir brauchen einfach nur wie die Höhlenmenschen zu denken. Was aßen sie, und wie aßen sie es?

Hatten die Höhlenmenschen einen Mikrowellenherd? Hatten sie gehärtete Fette, die sie Margarine nannten, oder raffinierte Kohlenhydrate namens Gummibärchen? Und schluckten sie hochkonzentrierten Alkohol? Natürlich nicht. Ihre Nahrungsmittel wuchsen nicht auf ausgelaugten Böden, wurden nicht geerntet, bevor sie reif waren, und legten keine Transportstrecken von vielen tausend Kilometern zurück, um dann noch monate- oder jahrelang gelagert zu werden.

Je mehr man die Lebensweise eines Höhlenmenschen nachahmt, desto gesünder lebt man. Wenn man sich die Zeit der Evolution als Linie von der Länge eines Fußballfeldes vorstellt, macht der Abschnitt mit der heutigen Lebensmittelauswahl etwa zwei Zentimeter aus. Unser Organismus hatte noch keine Zeit, sich an verarbeitete Lebensmittel anzupassen. Wenn wir sie essen, stürzen wir unseren Stoffwechsel in eine Verwirrung, aus der er fast nicht wieder herauskommt. Damit sind wir bei einer wichtigen Frage im Zusammenhang mit der Landwirtschaft.

War die Landwirtschaft ein Fehler?

Eine Gruppe höchst angesehener Wissenschaftler vertritt die Ansicht, die Landwirtschaft sei der Sündenfall der Menschheit gewesen. Das ist zwar eine ungewöhnliche Sichtweise, aber sie hat in dem Zusammenhang, um den es hier geht, etwas für sich.

Als vor etwa 10000 Jahren die Landwirtschaft begann, trat im

Verlauf der Menschheitsgeschichte eine grundlegende Änderung ein. Von jener Zeit bis heute hat die landwirtschaftliche Revolution die ganze Erde erfaßt. Nur wenige Stämme von Jägern und Sammlern sind geblieben. Die Schulweisheit besagt natürlich, daß Ackerbau und Viehzucht ein Segen für die Menschheit waren, weil die Menschen nun an einem Ort bleiben und mit weniger Mühe mehr Lebensmittel erzeugen konnten. Aber war es wirklich so? Untersuchungen an heutigen Buschleuten haben gezeigt, daß sie viel weniger arbeiten als ihre Nachbarn, die Getreide anbauen. Ihre Lebensweise mit Jagen und Sammeln verschafft ihnen mehr Freizeit und mehr Zeit zum Schlafen.

Auch aus anderen Gebieten gibt es eine Fülle von Beispielen. Nach den Befunden der Anthropologen sind manche Jäger und Sammler nach der Einführung der Landwirtschaft sogar kleiner geworden, ein Schicksal, von dem ihre Nachkommen sich bis heute nicht völlig erholt haben. Eine andere Untersuchung an Indianerskeletten aus dem Tal des Illinois River zeigt einen starken Verfall des Gesundheitszustandes, nachdem man um 1150 den Maisanbau eingeführt hatte.

Von den Bedürfnissen einer wachsenden Bevölkerung getrieben, übernahmen viele primitive Völker die Landwirtschaft eher aus Notwendigkeit denn aus Neigung, und dabei wurde vielfach die Qualität der Nahrung zugunsten der Quantität geopfert. Die Landwirtschaft kann zweifellos mehr Menschen pro Quadratkilometer ernähren als das Jagen und Sammeln, aber wohin sind wir heute damit gekommen? Nur noch drei Nutzpflanzenarten – Weizen, Reis und Mais – liefern den größten Teil aller von Menschen aufgenommenen Kalorien. Und allen dreien fehlen bestimmte Vitamine und Aminosäuren, die für eine gute Gesundheit notwendig sind.

Daß ein Lebensmittel oder auch zwei oder drei alle Nährstoffe liefern, kann man realistischerweise nicht erwarten, aber es gibt kein Zurück. Wir können die Landwirtschaft und die von ihr erzeugten Produkte nicht ablehnen. Entscheidend ist aber, daß man versucht, die Jäger und Sammler mit ihrer vielseitigen Ernährung so gut wie möglich nachzuahmen. Wer wie die Buschleute 75 verschiedene Pflanzenarten ißt, tut seiner Gesundheit damit zweifellos einen Gefallen.

Jäger und Sammler essen anders

Wie bereits erwähnt, haben die heutigen Jäger und Sammler wissenschaftlichen Untersuchungen zufolge viel mehr Freizeit als «zivilisierte» Menschen. Das mag sich überraschend anhören, aber wenn man nicht viel ißt, braucht man auch nicht viel Zeit für Arbeit (das heißt für die Nahrungssuche) aufzuwenden. Jäger und Sammler wissen, daß der Hunger schon mit kleinen Nahrungsmengen gestillt wird. Wenn Sie das nicht glauben, probieren Sie es aus! Wenn Sie das nächste Mal Hunger haben, achten Sie genau darauf, wann er weg ist. Die meisten Menschen stellen fest, daß sie dann erst ein Drittel oder die Hälfte der Mahlzeit verzehrt haben.

In den Industrieländern essen wir nach dem Ende des Hungers noch lange weiter, denn wir wissen, daß es erst in vier bis fünf Stunden (oder mehr) wieder etwas gibt. Jäger und Sammler leben nicht nach einem solchen Zeitplan. Ihre Art des Essens – häufig und mit kleinen Portionen – ist zweifellos viel effizienter. Wie sich in wissenschaftlichen Untersuchungen gezeigt hat, verlieren Menschen, die auf diese Weise 2000 Kalorien am Tag zu sich nehmen, an Gewicht, während andere, die ebenso viele Kalorien in Form des Mittag- und Abendessens verzehren (wie 90 Prozent der Wohlstandsbürger), eher zum Zunehmen neigen.

Auch Sie können sich diese gesunde Lebensweise zu eigen machen, wenn Sie zu Hause und im Büro immer gesunde Kleinigkeiten zur Hand haben. Am besten sind frisches Gemüse und Obst, gefolgt von Vollkornkeksen, Reisgebäck und anderen ballaststoffreichen Getreideprodukten.

Knabbern Sie alle paar Stunden einen solchen gesunden Snack. Wenn dann die Zeit des Mittagessens naht, werden Sie feststellen, daß der Appetit viel geringer ist. Und wenn Sie am Nachmittag genauso weitermachen, werden Sie dem Abendessen keine große Bedeutung mehr beimessen. Es wird Ihnen viel leichter fallen, kleine Portionen zu essen, weil der Energiebedarf des Körpers den ganzen Tag über befriedigt wurde. Der Blutzuckerspiegel bleibt stabil, und deshalb bleibt auch die Energie ständig auf einem hohen Niveau, statt auf und ab zu schwanken.

Wir sind Allesfresser

Unsere Vorfahren waren über eine Million Jahre lang auf pflanzliche Nahrung angewiesen. Obst und Gemüse haben den Vorteil, daß sie nicht weglaufen oder wegschwimmen können. Aber das heißt nicht, daß wir von Natur aus Vegetarier wären – beileibe nicht! Der *Homo sapiens* konnte sich vor allem deshalb entwikkeln, weil wir zu Allesfressern geworden sind. Menschen waren immer in der Lage, vielfältige pflanzliche und tierische Nahrungsmittel zu verzehren. In der Steinzeit trug unsere breit gefächerte Lebensmittelauswahl viel dazu bei, das Überleben unserer Spezies zu sichern.

Heute haben wir noch mehr Auswahl, und manchmal wird das rundheraus als schädlich bezeichnet. Zu dem üppigen Angebot von Mutter Natur haben wir Tausende von raffinierten und verarbeiteten Lebensmitteln hinzugefügt, deren Wert für die Ernährung bestenfalls gering ist und häufig bei Null liegt.

Entscheidende Bestandteile der Steinzeiternährung

In der Ernährung der Steinzeit stammen 60 Prozent der Kalorien aus komplexen Kohlenhydraten, das heißt aus Obst, Gemüse und Vollkorn. Fette und Proteine tragen jeweils 20 bis 25 Prozent bei. Der Kasten auf dieser Seite enthält eine Liste der besten derartigen Lebensmittel und Hinweise für ihre Verwendung:

Die besten Lebensmittel für die Steinzeiternährung

Frischgemüse und Obst: fünf Portionen am Tag;
Vollkornprodukte, Bohnen und Getreide: fünf Portionen am Tag.
Milchprodukte (Milch, Käse usw.): eine Portion am Tag.
Fleisch, Eier, Geflügel und Fisch: zwei Portionen am Tag;
Wasser: acht Gläser am Tag.

- Essen Sie so viele Lebensmittel wie möglich im naturbelassenen Zustand;
- meiden Sie alle raffinierten und weiterverarbeiteten Lebensmittel;
- beschränken Sie die Menge tierischer Fette und vollmilchhaltiger Produkte;
- beziehen Sie hochwertiges Protein aus Fleisch, das nicht mit Zusätzen oder Hormonen behandelt wurde, und aus tiefgefrorenem oder frischem Fisch.

Wie steht es mit den vier Hauptnahrungsbestandteilen?

In der ursprünglichen Steinzeiternährung unserer Vorfahren gab es eigentlich nicht vier, sondern nur zwei Gruppen von Lebensmitteln. Zu der ersten gehörten Fleisch und Fisch, zu der zweiten Obst und Gemüse. Sie aßen weder Milchprodukte noch Brot und Getreideprodukte, die heute die dritte und vierte Gruppe bilden.

Wenn wir aber die Steinzeiternährung für unser heutiges Leben anpassen wollen, können wir diese Lebensmittel nicht völlig weglassen, denn wir sind stark auf sie angewiesen. Deshalb sollte man ballaststoffreiche Brotsorten und Getreideprodukte essen und die Milchprodukte auf eine Portion am Tag beschränken. Vermeiden sollte man vor allem die großen Fettmengen in den Milchprodukten.

Im Zweifelsfall Gemüse

Gemüse enthält eine Fülle von Vitaminen, Mineralstoffen, essentiellen Fetten, komplexen Kohlenhydraten und sogar Proteinen. Wenn man Gemüse ißt, kann man nichts falsch machen. Es steckt so voller wertvoller Bestandteile, daß man sich ziemlich lange ausschließlich von Gemüse ernähren könnte.

Abwechslung ist die Würze des Lebens, und das gilt auch für Gemüse. Man sollte sich nicht auf Möhren, Sellerie und ein paar Brokkoliröschen beschränken. In vielen Supermärkten kann man unter mehr als 50 Sorten wählen, und man kann sie kochen, braten, dämpfen, schmoren oder roh essen. Das ballaststoffreiche, kalorienarme Gemüse ist die Grundlage der gesunden Steinzeiternährung.

Krankheitsvorbeugung und Steinzeiternährung

Die Steinzeiternährung hat bestimmte Vorteile, die zur Bekämpfung der wichtigsten Zivilisationskrankheiten beitragen:

Krebs: Wie Wissenschaftler in jüngster Zeit feststellen, regen pflanzliche Wirkstoffe in unserem Organismus krebsbekämpfende Enzyme an. Diese Substanzen sind von Natur aus in Obst und Gemüse enthalten, beispielsweise in Knoblauch, Kohl und Zitrusfrüchten; alle diese Pflanzen sind für die Krebsvorbeugung von großer Bedeutung und spielen auch in der Steinzeiternährung eine wichtige Rolle.

Diabetes: Mit vielen kleinen Portionen statt zwei oder drei großen Mahlzeiten stabilisiert man den Blutzuckerspiegel, und das bedeutet ein erheblich geringeres Risiko, als Erwachsener Diabetes zu bekommen.

Atherosklerose: Mit einem Fettanteil von weniger als 25 Prozent der gesamten aufgenommenen Kalorien vermindert sich das Risiko von Arterienverengungen und Herzkrankheiten.

Osteoporose: Mit reichlichen Mengen Obst und Frischgemüse verbessert sich die Mineralstoffaufnahme. Nimmt man dann noch körperliche Betätigung und die in Kapitel 6 beschriebenen Ergänzungsstoffe hinzu, werden die Knochen stärker, und die Gefahr von Knochenbrüchen vermindert sich.

Bluthochdruck: Körperliche Betätigung und eine natürliche Ernährung können die Gefahr des Bluthochdrucks drastisch vermindern. Natürliche Lebensmittel enthalten wenig Natrium, aber viel Kalium und Calcium, zwei Substanzen, die den Blutdruck niedrig halten. Körperliche Betätigung läßt den Blutdruck ebenfalls sinken und baut Streß ab.

Steinzeiternährung und langes Leben

Auch wenn man davon absieht, daß man durch Vermeidung von Krankheiten länger leben kann, scheint die Steinzeiternährung sich positiv auf die Lebensdauer auszuwirken. Wissenschaftlich kann man es bisher nicht ganz erklären, aber wenn man Tiere mit weniger Kalorien füttert, leben sie länger, manchmal um 30 bis 50 Prozent im Vergleich zu ihren wohlgenährten Altersgenossen. Dies ist an mehreren Primatenarten belegt.

Kürzlich ging ein Wissenschaftlerteam der Frage nach, ob DHEA dabei eine Rolle spielen könnte. Jedenfalls führte die Beschränkung der Kalorienaufnahme bei Rhesusaffen zu einem Anstieg des DHEA-Spiegels, möglicherweise weil der Insulinspiegel sank. Altersforscher befürworten schon lange eine Ernährung, die in der Formulierung von Dr. Roy Walford «reich an Nährstoffen, aber arm an Kalorien» ist, und viele Fachleute untersuchen heute den zusätzlichen Nutzen, wenn man den DHEA-Spiegel auf dem jugendlichen Spitzenwert hält.

Gutes vom Mittelmeer

Wenn die Vorstellung von steinzeitlicher Ernährung nicht besonders reizvoll erscheint, ist ein mediterraner Speisezettel ein ausgezeichneter Ersatz. Das Schwergewicht liegt auf Frischgemüse, Obst und Vollkornprodukten mit mäßigen Mengen Fisch, Geflügel und Fleisch. Weitere Bestandteile der Mittelmeerküche sind das herzfreundliche, immunanregende Olivenöl (das sogar zur Senkung des Cholesterinspiegels beiträgt), Knoblauch (der die Verklumpung der Blutplättchen hemmt und den Blutdruck senkt), Tomaten und Tomatensoße (die Lycopin enthalten, ein stark krebshemmendes Carotinoid) und Wein (der, in mäßigen Mengen genossen, die Bildung anormaler Blutgerinnsel verhindert).

Welche dieser Bestandteile am gesündesten sind, weiß niemand genau, aber in wissenschaftlichen Studien hat sich gezeigt, daß manche Menschen im Mittelmeerraum ebenso gut oder besser gegen Herzkrankheiten geschützt sind wie amerikanische Vegetarier. Außerdem sind die Mittelmeervölker sehr kontaktfreudig, und daß Gemeinschaft die Abwehrkräfte stärkt, ist wissenschaftlich nachgewiesen. Auch der berühmte Sonnenreichtum der Region trägt wesentlich zum allgemeinen Gesundheitszustand und Wohlbefinden bei.

Die Mittelmeerküche ermöglicht einen einfachen Übergang zwischen stark weiterverarbeiteten Lebensmitteln und der Steinzeiternährung. Entscheidend ist wie immer das richtige Maß. Bleiben Sie bei einem Glas Wein am Tag, und lassen Sie sich die Nudeln schmecken. Und vor allem denken Sie daran, daß Essen einer der größten Genüsse im Leben ist.

Der Vorteil der modernen Zeit: Nahrungsergänzungsmittel

Vielleicht der größte Vorteil, den wir in Sachen Ernährung gegenüber unseren steinzeitlichen Vorfahren haben, sind die Vitamin- und Nährstoffpräparate, denn sie sind das schnellste und zuverlässigste Hilfsmittel, um die Ernährung und den allgemeinen Gesundheitszustand zu verbessern. Wie ich bereits erwähnt habe, müssen wir immer daran denken, daß es sich wirklich um eine *Ergänzung* handelt. Diese Produkte dienen dazu, eine vielseitige, natürliche Ernährung zu ergänzen, aber sie sind kein Ersatz dafür. In diesem Zusammenhang sind sich alle Gesundheitsexperten einig, daß die Nahrungsergänzungsmittel für Wohlbefinden und Lebensdauer eine wichtige Rolle spielen können.

Für die meisten Menschen stellt sich nicht die Frage, ob sie Vitaminpräparate nehmen sollen, sondern welche. In den Medien liest man darüber höchst unterschiedliche Ratschläge, die vollen Regale im Reformhaus stiften Verwirrung, und auch der Arzt ist meist kaum eine Hilfe. In Wirklichkeit ist es aber einfacher, als man glaubt.

Richtlinien zur Auswahl von Nahrungsergänzungsmitteln

Multivitaminpräparate mit Mineralstoffen

Sie sind die Grundlage, die Rückversicherung für die Ernährung; es gibt ein gewaltiges Qualitätsspektrum.

• Der Nährstoffbedarf ist für Männer und Frauen unterschiedlich. Suchen Sie nach einem geschlechtsspezifischen Multivitaminpräparat.

• Man kann nicht alles in eine Tablette packen, und selbst wenn das möglich wäre, könnte der Organismus es nicht aufnehmen. Suchen Sie nach einem Produkt, welches die ganze Nährstoffpalette in drei bis sechs Tabletten oder Kapseln enthält.

• Achten Sie auf höchste Qualität. Mineralstoffe sind auch in Schmutz enthalten, aber dann wirken sie nicht besonders gut. Die Bestandteile mancher Produkte sind nicht viel besser. Man sollte Mineralstoffe wählen, die in *Chelatform* vorliegen oder an organische Säuren wie Zitronen- oder Asparaginsäure gebunden sind. Diese Citrate und Aspartate sind herkömmlichen Mineralsalzen nachweislich überlegen.

• Meiden sie Präparate mit mehr als 40 Bestandteilen. Ein gutes Multivitaminpräparat sollte 28 bis 32 Wirkstoffe enthalten, aber keine zweifelhaften Zusätze wie Bienenpollen, Algen, Quecken, Bierhefe oder Beifuß.

Bioenergetische Nährstoffe

Sie sind die Energielieferanten; hier wählt man Stoffwechselverbesserer ohne aufputschende Wirkung, zum Beispiel Coenzym Q10, Alpha-Ketoglutarsäure, Chrom (ich bevorzuge die Nicotinsäureverbindung), Kalium- und Magnesiumaspartat sowie Vitamin B_6. Nützliche Zusätze sind Ginseng (in standardisierter Konzentration) und Kreatin, ein Energiepuffer, der den Muskeln bei längerer körperlicher Anstrengung Brennstoff liefert.

Unterstützung für Knochen, Gelenke und Sehnen

Hier sollte man umfassend vorbeugen, nicht nur mit Calcium, sondern mit allen Nährstoffen, die ein gesundes Bindegewebe braucht: Magnesium, Kalium, Mangan, Zink, Kupfer, Bor, Chrom, Vitamin K, Vitamin C und Vitamin D. Man sollte Chondroitinsulfat oder Glucosaminsulfat wählen (siehe Kapitel 6) und auf hochwertige Calciumverbindungen wie Hydroxyapatit und Calciumcitrat achten. Auch hier ist ein Präparat zu bevorzugen, das in mehreren Dosen genommen wird und so eine optimale Resorption gewährleistet.

Zusätzliche Antioxidantien

Hier sollte man daran denken, daß Antioxidantien den Organismus auf unterschiedliche Weise schützen. Deshalb sollte man ein Produkt wählen, das nicht nur die Vitamine E und C sowie Beta-Carotin enthält, sondern auch Bioflavonoide, Niacinamid, Folsäure, gemischte Carotinoide und die Antioxidantiengruppe der Proanthocyanidine, die aus Kiefernrinde oder Weintraubenkernen gewonnen werden.

KAPITEL 10:
Die Geschichte des DHEA

Seit über 20 Jahren gewinnt man DHEA für die medizinische Anwendung aus den *Sapogeninen*, einer Gruppe pflanzlicher Verbindungen. In der höchsten Konzentration kommen diese Stoffe in Pflanzen aus der Familie der Dioscoreaceae vor, die in den Tropen zu Hause sind und zu denen unter anderem die Yamswurzel gehört. Die Entdeckungsgeschichte dieser Pflanzen ist höchst spannend und verbindet sich mit den Anfängen der Hormonforschung am Beginn des 20. Jahrhunderts. Dieses Kapitel befaßt sich mit der Geschichte der DHEA-Produktion und beschreibt, was man heute an Reinheit und Wirksamkeit sowie beim Wahrheitsgehalt der Werbung erwarten kann.

Eine kurze Geschichte der Hormonproduktion

Die Geschichte des DHEA beginnt im Jahr 1905. Damals verwendeten Wissenschaftler zum erstenmal den Begriff *Hormone* für Substanzen, die sie in den Organen von Tieren gefunden hatten; man hoffte, diese Stoffe könnten auch Menschen bei bestimmten Mangelkrankheiten helfen.

Anfang der zwanziger Jahre bestätigten mehrere Wissenschaftler und ein paar neu gegründete Firmen, daß Hormone tiefgreifende Auswirkungen auf die menschliche Physiologie haben können. F. G. Banting und Charles H. Best aus dem kanadischen Toronto isolierten 1921 das erste bedeutsame nichtsteroidale Hormon, das Insulin; diese Entdeckung bedeutete eine Umwälzung für die Behandlung des Diabetes, einer zuvor unheilbaren und oftmals tödlichen Krankheit. Zusammen mit Dr. J. J. R. MacLeod erhielten Banting und Best 1923 den Nobelpreis.

Durch den Erfolg mit dem Insulin ermutigt, befaßten andere Forscher sich nun mit Östrogen, Testosteron, Cortison, Progesteron und Androsteron. Diese sogenannten Steroide waren von den zwanziger bis zu den vierziger Jahren die «Lieblingshormone» der Wissenschaftler. Aber wo war DHEA?

Daß es DHEA gab, wußte man, aber vielleicht zog es deshalb so wenig Aufmerksamkeit auf sich, weil Testosteron und andere Hormone wesentlich wirksamer oder «biologisch aktiver» sind. Schon eine winzige Testosteron- oder Insulinmenge, die man einem Versuchstier verabreicht, ruft dramatische Stoffwechsel- und Verhaltensänderungen hervor, während geringe DHEA-Mengen keine unmittelbare Wirkung zeigen. In den sechziger Jahren entdeckte man, daß DHEA in unserem Organismus in wesentlich größerer Menge vorliegt als jedes andere Steroidhormon und daß es je nach Bedarf in Geschlechtshormone umgewandelt werden kann.

In den siebziger Jahren wuchs der Verdacht, daß DHEA nicht nur als «Vorrat» für die Produktion der Geschlechtshormone dient, und seitdem ist das Interesse ständig gewachsen. Kürzlich formulierte ein Experte es so: «DHEA liegt nicht nur herum und wartet, bis es in etwas anderes umgewandelt wird. Das Problem besteht darin, daß wir uns von seiner Funktion im Stoffwechsel kein vollständiges Bild machen können.» Eigentlich wird DHEA erst seit zehn bis 15 Jahren in klinischen Tests an Menschen untersucht, und deshalb kristallisiert sich dieses Bild erst jetzt allmählich heraus.

Die Suche nach einer Quelle

In den dreißiger und vierziger Jahren gewann man Steroidhormone meist aus den Organen von Tieren. Damals brauchte man eine Riesenmenge Ausgangsmaterial, um ein wenig reines Hormon herzustellen. Ein Labor gewann zum Beispiel aus den Eierstöcken von 50000 Schweinen 20 Milligramm reines Progesteron.

Manche Hormone stellte man aus Cholesterin her, denn diese Verbindung hat das gleiche Molekül«gerüst» wie DHEA, Testosteron, Progesteron und andere Hormone. Aber die so erzeugten Hormonmengen waren gering, und die Wissenschaftler suchten weiter nach einem Ausgangsmaterial, das sich für die großindustrielle Produktion eignete.

Im Jahr 1935 glaubte Russell E. Marker, ein Chemiker am Rockefeller Institute, er könne ein neues, besseres Rohmaterial für das «Schwangerschaftshormon» Progesteron finden. Als das Institut seinen Finanzierungsantrag ablehnte, ging er mit Geldern der Firma Parke, Davis & Co. an das Pennsylvania State College, und bald darauf fand er die Quelle, die er gesucht hatte: Es waren die pflanzlichen Sapogenine (lateinisch *sapo* = Seife), und der Erforschung dieser Verbindungen widmete er seine gesamte weitere Berufslaufbahn.

Markers Untersuchungen führten dazu, daß man zahlreiche neue Steroide isolieren konnte, unter anderem auch das DHEA. Von 1935 bis 1938 veröffentlichte er über 50 wissenschaftliche Aufsätze, und das war für andere Chemiker Grund genug, die Struktur der Sapogenine sowie ihre chemischen Reaktionen genauer zu untersuchen und seine Befunde zu bestätigen. Vielleicht sein wirtschaftlich wichtigstes Ergebnis war der «Marker-Abbau», eine chemische Reaktion in fünf Schritten, die noch heute dazu dient, Pflanzenextrakte in Progesteron und andere nützliche Hormone – darunter auch DHEA – umzuwandeln.

Andere Wissenschaftler isolierten 1936 aus einer japanischen

Dioscorea-Art ein Sapogenin, das sie Diosgenin nannten. Eine Probe dieser Substanz analysierte Marker mit dem nach ihm benannten Abbauverfahren, und dabei stellte er fest, daß es zu Progesteron und anderen Steroidhormonen umgesetzt wird. In der Überzeugung, er habe ein billiges Ausgangsmaterial für die Massenproduktion von Hormonen gefunden, ging er nun daran, die besten pflanzlichen Diosgenin-Lieferanten zu suchen.

Die Jagd nach der wilden Dioscorea

Marker organisierte eine ganze Reihe botanischer Expeditionen durch den Süden der Vereinigten Staaten und Mexiko, von denen er über 400 Pflanzenarten zur weiteren Analyse mitbrachte. Im Jahr 1943 ging er nach Mexiko und konzentrierte sich dort auf zwei Pflanzen aus der Familie der Dioscoreaceen, die als «wilde mexikanische Yamswurzel» bekannt waren. Als besonders nützlich erwies sich die Sorte *Dioscorea barbasco*.

Die Arten der Gattung Dioscorea findet man in vielen tropischen Gebieten der Erde. Sie haben charakteristische Blätter mit einem schmalen Fortsatz, und die Ranken entspringen aus einer Wurzel, die häufig sehr groß und knollenartig verdickt ist.

Fast 30 Jahre lang ernteten nun Pharmafirmen in Mexiko im großen Stil diese Pflanzen. Als die Nachfrage stieg, mußten die mexikanischen *yerberos* (Heilpflanzenhändler) immer tiefer in den Urwald vordringen, um die Pflanzen noch zu finden. Daraufhin beschränkte die mexikanische Regierung den Export des Diosgenins.

Seit 1975 verbot Mexiko neuen ausländischen Firmen, die Pflanzen zu nutzen. Das hatte zwei Gründe: Zum einen wollte man verhindern, daß die Gattung ausstarb, und zum anderen wollte man eine eigene Hormonindustrie aufbauen.

Dieser Versuch schlug fehl, und die meisten ausländischen Hormonproduzenten ergänzten ihren Diosgeninbedarf nun durch Lieferungen aus anderen Ländern. In Mexiko unterliegt der Export des rohen Diosgenins immer noch strengen Beschränkungen.

Das im Handel erhältliche DHEA wird heute in verschiedenen Gebieten hergestellt, vor allem in Europa und China. Sieht man einmal von seiner derzeitigen Popularität ab, ist DHEA auch deshalb von großer Bedeutung, weil die Pharmafirmen es manchmal als Ausgangsmaterial für die Herstellung anderer Steroidhormone benutzen.

Natürlich oder synthetisch?

Wenn «reine» Homone im großindustriellen Maßstab hergestellt werden, geschieht das meist durch eine Kombination aus chemischen und mikrobiologischen Prozessen, und DHEA ist in dieser Hinsicht keine Ausnahme.

Es sind zahlreiche Produkte auf dem Markt, bei denen es sich angeblich um «natürliche» DHEA-Lieferanten handeln soll. Manchmal herrscht die Ansicht, man solle statt «synthetischer» lieber «natürliche» Produkte nehmen, aber überlegen wir einmal: Die wilde Yamswurzel enthält kein DHEA, sondern Diosgenin, das in unserem Körper von Natur aus nicht vorkommt und für Menschen wahrscheinlich sogar *toxisch* ist. Es muß durch den Marker-Abbau in DHEA umgewandelt werden, das der Organismus verwerten kann. *Zu dieser Umwandlung ist der menschliche Körper nicht in der Lage. Sie kann nur im Labor stattfinden.*

Die Gründe liegen in der Chemie. Das Molekül des Diosgenins enthält sechs Kohlenstoffringe, bei unseren Geschlechtshormonen einschließlich des DHEA sind es nur vier. Erst wenn zwei Kohlenstoffringe des Diosgenins aufgebrochen werden, entsteht die Molekülstruktur der menschlichen Steroidhormone, und erst dann kann unser Organismus die Substanz als DHEA verwerten.

Was ist also im Zusammenhang mit DHEA «natürlich»? Diosgenin ist für Pflanzen eine natürliche Substanz, aber nicht für Menschen. Um natürliches DHEA als Nahrungsergänzung zu gewinnen, müssen wir es teilweise synthetisch herstellen; dabei gehen wir von den Kohlenstoffring-Strukturen des Diosgenins aus, die Mutter Natur bereits zusammengebaut hat, und gewinnen daraus mit dem Marker-Abbau die eigentlichen Wirkstoffe. Deshalb muß man das «reine» DHEA, das man kaufen kann, eigentlich als halbsynthetisch bezeichnen.

Umwandlung von Yams-Extrakten im Menschen: Einbildung oder Tatsache?

Menschen und Pflanzen besitzen sehr unterschiedliche Enzymsysteme. Aus Pflanzenstoffen wie Diosgenin sind Hormone, die der menschliche Organismus verwerten kann, nur durch die Weiterverarbeitung im Labor zu gewinnen.

Nach den vorliegenden klinischen Befunden ist DHEA nützlich, wenn es in bekannter Dosis und pharmazeutischer Reinheit (98 bis 99 Prozent) verwendet wird. Bei manchen Extrakten aus wilden Yamswurzeln und anderen «Vorläufern», die derzeit auf dem Markt sind, ist die Wirksamkeit jedoch nicht zu belegen.

Ein Hersteller behauptet zum Beispiel, Diosgenin oder Dioscorea-Extrakte versetzten das Hormonsystem des Organismus in die Lage, eigenes DHEA herzustellen. Das ist unmöglich. Wir wissen genau, daß Yamswurzel-Extrakte im Organismus nicht in DHEA, Testosteron, Progesteron oder irgendein anderes menschliches Steroidhormon umgewandelt werden können. Es grenzt schon an arglistige Täuschung, wenn ein Hersteller die nützlichen Wirkungen von DHEA aufzählt und als Inhaltsstoff des eigenen Produkts Dioscorea-Extrakt aufführt. Zwischen seiner Konzentration und dem DHEA-Spiegel im Blut besteht keinerlei Zusammenhang.

Inzwischen haben viele Verbraucher begriffen, daß «Vorläufer» oder «natürliche» DHEA-Lieferanten ihnen nicht die Dosen liefern, die sie sich wünschen. Deshalb wird meist pharmazeutisch reines DHEA verwendet, das unter anderem als Kapseln, Tabletten und Tinktur erhältlich ist.

Bevor man sich eine Meinung über die Wirksamkeit eines DHEA-Produktes bildet, sollte man immer sehr genau die Informationen des Herstellers oder Vertreibers lesen. Wie gesagt: Diosgenin oder Yamswurzel-Extrakte enthalten als solche keinerlei DHEA!

Weitere Informationen zu der Kontroverse um Natürliches und Synthetisches

Die Debatte um natürliche oder synthetische Substanzen ist in allen Bereichen der Ernährung und Gesundheitsvorsorge stark emotional aufgeladen. Man hängt ganz allgemein an reinen, natürlichen Dingen, und diese Gefühle haben die Hersteller ausgenutzt, wo sie nur konnten, von der Gestaltung der Etiketten bis zu der Art, wie die Inhaltsstoffe angegeben werden.

Guarana ist zum Beispiel eine südamerikanische Pflanze, die pro Gramm mehr Koffein enthält als Kaffeebohnen. Sie erzeugt fast die gleichen Wirkungen und Nebenwirkungen wie Kaffee: einen Schlag mit dem Holzhammer für Nebennieren und Nervensystem. Aber da es sich um eine Pflanze handelt, steht in den Beschreibungen «100 Prozent natürliches Guarana» oder eine ähnliche Nichtinformation.

Nach dem gleichen Prinzip beschriftet man auch die Yamswurzel-Extrakte. Das hatte zur Folge, daß viele Menschen sich über DHEA falsche Vorstellungen machen. Im Gegensatz zur allgemeinen Ansicht gibt es viele Belege, daß das Natürliche durchaus nicht immer das Bessere ist.

Entscheidend ist letztlich folgendes: Im Labor hergestellte Substanzen wie DHEA und viele Nahrungsergänzungsmittel haben ihre Ungefährlichkeit und Wirksamkeit in vielen Jahren der Verwendung bewiesen. Deshalb fordere ich Sie auf: Holen Sie tief Luft, und werfen Sie alle Vorurteile über die angebliche Überlegenheit «natürlicher» Wirkstoffe über Bord. Ihr Körper wird es Ihnen danken.

Auch andere Wirkstoffe, von denen in diesem Buch die Rede war, werden durch eine Kombination aus natürlicher Quelle und Laborverfahren gewonnen. Das gilt beispielsweise für das Coenzym Q10, den ausgezeichneten bioenergetischen Nährstoff, von dem im Kapitel 6 die Rede war. Es wird ebenfalls aus pflanzlichen Rohstoffen gewonnen, genauer gesagt aus Verbindungen, die zur Gruppe der Ubichinone gehören. Aber zur Herstellung des Nahrungsergänzungsmittels CoQ10 muß man die natürliche Ausgangssubstanz ganz ähnlich im Labor weiterverarbeiten wie beim DHEA.

Wie steht es mit der AKG, einem wichtigen bioenergetischen Nährstoff, der die Fähigkeit des Organismus zur Sauerstoffaufnahme verbessert? Das Rohmaterial stammt ebenfalls aus einer Pflanze, aber um AKG in verwertbarer Form zu gewinnen, muß man es – Sie haben es schon geahnt – im Labor verändern.

Ich weiß, jetzt haben Sie eine Menge zu verdauen. Aber seien Sie versichert: Das im Labor gewonnene DHEA hat seine Wirksamkeit und seine Ungefährlichkeit längst unter Beweis gestellt.

KAPITEL 11

Fragen und Antworten

F: Von welchem Alter an sollte man daran denken, DHEA zu nehmen?

A: Wenn man unter 35 ist, besteht kein Anlaß, DHEA einzunehmen, es sei denn, ein Arzt verschreibt es aus besonderen medizinischen Gründen. Nach dem 35. Lebensjahr kann die Einnahme sinnvoll sein.

F: Wie sieht es während der Schwangerschaft und Stillzeit aus?

A: Untersuchungen zur Gefährdung schwangerer und stillender Frauen gibt es nicht. Toxische Wirkungen sind nicht bekannt, aber ich empfehle den Frauen, DHEA während dieser Perioden *nicht* zu nehmen.

F: Zu welcher Tageszeit nimmt man DHEA-Präparate am besten ein?

A: Da der DHEA-Spiegel sich im Tagesverlauf kaum ändert, spielt das eigentlich keine Rolle. Wenn man mehr als 25 mg nimmt, ist es vorteilhaft, wenn man die Einnahme auf morgens und abends verteilt. Viele Männer berichten über sexuelle Erregung etwa 30 Minuten nach der abendlichen Einnahme.

F: Wie findet man die richtige Dosierung?

A: Fachleute empfehlen zu Beginn eine niedrige Dosis (5 bis 15 mg) und dann eine langsame Steigerung, bis der DHEA-Spiegel den jugendlichen Spitzenwert erreicht hat. Ich empfehle, immer einen Arzt zu befragen, denn ein Mediziner, der mit der Gabe von DHEA vertraut ist, kann die Erfolge überwachen und die Dosis entsprechend anpassen. Für Frauen erweist sich in der Regel eine Dosis zwischen 5 und 25 mg als optimal. Männer profitieren häufig auch von Mengen bis zu 75 mg.

Man sollte immer daran denken, daß solche Mengen für den menschlichen Stoffwechsel etwas Normales sind. Ein Mann von 25 Jahren bildet in seinem Organismus von Natur aus täglich 25 bis 50 mg DHEA. Mit 50 Jahren ist diese Menge häufig um zwei Drittel zurückgegangen. Wir reden hier also über *physiologische* Dosierungen, und dabei kommen Nebenwirkungen nur sehr selten vor. Höhere Dosen (zwischen 150 und 300 mg) gehen dagegen über den normalen Stoffwechsel hinaus. Wer solche *pharmakologischen* Dosen nimmt, bewegt sich, was die Erkenntnisse der Forschung angeht, im Niemandsland. Manche Ärzte setzten sehr hohe Dosen zu speziellen therapeutischen Zwecken ein, aber ohne medizinische Aufsicht sollte man das *niemals* tun.

F: Auf welche Nebenwirkungen sollte man achten?

A: Bei Frauen kann zuviel DHEA zu Akne, Reizbarkeit, unangenehm stark gesteigerter Libido, Berührungsempfindlichkeit oder Schwellungen der Brust, Veränderungen der Menstruation, Haarwuchs im Gesicht und sogar zu einer tieferen Stimme führen. Alle diese Nebenwirkungen verschwinden, wenn man das DHEA absetzt.

Auch bei Männern ruft zuviel DHEA manchmal Akne hervor, und durch *sehr* hohe Dosen kann der Östrogenspiegel so stark ansteigen, daß es zu einer Schwellung der Brust (Gynäkomastie) kommt. Anzeichen für einen erhöhten Testosteronspiegel, wie anabole Steroide sie häufig hervorrufen – Aggression, Jähzorn oder Reizbarkeit – wurden bei niedrig bis mäßig dosiertem DHEA bisher nicht beobachtet. Gelegentlich kann die Einnahme von DHEA (insbesondere bei hoher Dosierung) zu erhöhten Leberwerten führen. Deshalb wird der Arzt möglicherweise in regelmäßigen Abständen einen Leberfunktionstest durchführen.

Anmerkung: Wenn man Krebs hat oder stark krebsgefährdet ist, sollte man in jedem Fall einen Arzt befragen, bevor man DHEA oder irgendein anderes Hormon einnimmt. Manche Krebsformen, beispielsweise Prostatakrebs bei Männern sowie Eierstock-, Gebärmutterhals- und Brustkrebs bei Frauen, sprechen auf Hormone an. Theoretisch könnte DHEA das Wachstum solcher Tumore begünstigen.

F: Wie lange sollte man DHEA einnehmen?

A: Das kommt darauf an. Wer einen deutlichen Nutzen bemerkt, nicht unter Nebenwirkungen leidet und im Bereich des jugendlichen Spitzenwertes bleibt, will DHEA vielleicht für den Rest des Lebens nehmen. Und das kann, wenn man von den Tierversuchen ausgeht, eine sehr lange Zeit sein.

Ich selbst habe meinen DHEA-Spiegel und verschiedene andere Blutwerte acht Jahre lang sehr genau verfolgt. Nachdem die DHEA-Konzentration auf den jugendlichen Spitzenwert gestiegen war, ging das Cholesterin auf 135 zurück, und auf dieser Höhe liegt es jetzt seit fünf Jahren. Der Anteil des Körperfetts ist bei mäßiger körperlicher Betätigung auf neun Prozent gesunken und seither so niedrig geblieben. Der PSA-Spiegel (ein Anzeichen für das Prostata-Krebsrisiko) war von Anfang an gering, ist aber auch in den letzten fünf Jahren nicht gestiegen. Dagegen hat sich das Immunprofil von Jahr zu Jahr verbessert, ganz im Gegensatz zu der allgemeinen Entwicklung bei meinen Altersgenossen. Das alles sind sehr gute Anzeichen für Gesundheit und Wohlbefinden. Ich fühle mich großartig und habe nicht die Absicht, mit der Einnahme von DHEA aufzuhören.

Gesundes Leben: ein paar zusammenfassende Richtlinien

Nach meinen Feststellungen sind immer mehr Menschen der Wirtschaftswundergeneration von der allgemeinen Gesundheitswelle enttäuscht. Man hat ihnen gesagt, sie könnten mit körperlicher Betätigung, richtiger Ernährung und anderen richtigen Verhaltensweisen (nicht rauchen, nur mäßig Alkohol trinken und so weiter) länger leben. Aber das stimmt offenbar nicht. Solche Aspekte der Lebensweise sind sicher von großer Bedeutung, wenn man das Risiko für katastrophale und degenerative Erkrankungen vermindern will, aber allmählich wird den Wirtschaftswunderkindern klar, daß sie genauso altern wie ihre Eltern. Man sagt sich: «Da nehme ich nun jeden Tag meine Vitamine und tue alles, was gesund ist. Warum geht es trotzdem mit meinem Körper bergab?»

Wenn es Ihnen so geht, sollten Sie wissen, daß es nicht Ihre Schuld ist. Sie haben aufgrund der Informationen, die Ihnen zur Verfügung standen, Ihr möglichstes getan. In Wirklichkeit hat das ganze Gesundheitsprogramm aber eine große Lücke, und diese Lücke ist *der hormonelle Aspekt*. Wenn Sie bis hierher gelesen haben, wissen Sie wahrscheinlich, was ich damit meine, aber ich möchte es noch einmal wiederholen: Man kann sich richtig ernähren, Sport treiben, auf dem Kopf stehen und Möhrensaft trinken, aber nichts davon verlängert das Leben, denn die Hormone sagen dem Gehirn, daß es mit Ihnen bergab geht. Es ist, als würde Ihr Organismus fragen: «Warum soll ich mir noch die Mühe machen?» Solange wir diese Botschaft nicht verändern, sind alle anderen Bemühungen umsonst.

Sie wissen, daß Sie ein anderes hormonelles Signal aussenden können: «Dieser Körper ist voller sexueller Energie, jung und kräftig. Halte Immunabwehr, Gehirntätigkeit und Regenerationsfunktionen auf dem jugendlichen Spitzenwert.» Sie können die Evolutionsuhr zurückstellen und diese Nachricht den Billionen Zellen in

Ihrem Körper übermitteln. Die folgenden zusammenfassenden Richtlinien sollen Ihnen und Ihrem Arzt helfen, ein optimales Programm für Gesundheit und langes Leben zusammenzustellen.

Wie gesagt: Das Alter in Jahren ist heute nicht mehr von Bedeutung. Mit dem DHEA-Programm spielt es keine Rolle mehr, wie viele Kerzen auf Ihrem Geburtstagskuchen stehen. Wie alt Sie sind, hängt von der Kraft und Vitalität Ihres Körpers ab, von der Klarheit in Ihrem Kopf und der Leidenschaft in Ihrem Herzen. Diese Lebenselemente verstärken und jünger werden können Sie in jedem Alter, und das geht folgendermaßen:

Das große Bild sehen

Ihr biologisches und physiologisches Alter hängt von vielen Faktoren ab, unter anderem von Fitneß, Abwehrkräften, Stoffwechsel, Gehirnleistung und unzähligen biochemischen Einzelheiten. Wie ich dargelegt habe, stehen alle diese Faktoren im Zusammenhang mit dem DHEA-Spiegel. Zuallererst geht es also darum, den DHEA-Spiegel auf dem jugendlichen Spitzenwert zu halten. Sie sollten aber nun nicht den Fehler machen und denken, Sie müßten sich einfach nur eine Flasche mit DHEA-Tabletten kaufen. Wenn Sie den anderen Faktoren keine Beachtung schenken, versuchen Sie damit nur, einen durchlöcherten Eimer mit Wasser zu füllen.

Faktoren, die den DHEA-Spiegel vermindern und die Alterung beschleunigen

- Alles, was zu einer übermäßigen Produktion der Streßhormone beiträgt, vermindert den DHEA-Spiegel. Die wichtigsten derartigen Faktoren sind Streß und Koffein.
- Fehlende regelmäßige Bewegung.
- Schlafmangel.
- Erschöpfung der Nebennieren.

Faktoren, die den DHEA-Spiegel steigern und zu einem langen Leben beitragen

- Erfolgreiche Streßbewältigung. Tiefenentspannung.
- Regelmäßige körperliche Betätigung, eventuell einschließlich Krafttraining.
- Bewegungen, die Körper und Geist in Einklang bringen, zum Beispiel Yoga oder Tai Chi.
- Ausreichender Schlaf: Fachleute glauben mittlerweile, daß acht bis neun Stunden optimal sind.
- Wenn nötig, Nahrungsergänzung mit einem DHEA-Präparat.

Fangen Sie heute mit dem DHEA-Programm an, nicht in zehn Jahren und auch nicht in zehn Tagen

- Wenn Sie über 35 sind, fangen Sie mit den bioenergetischen Nährstoffen und der Bindegewebsunterstützung an, die in Kapitel 6 beschrieben wurden. Ihr Körper braucht diese Rohstoffe zur Regeneration und für sein allgemeines Wohlbefinden.
- Melden Sie sich bei einem Yogakurs an. Später können Sie auch Videos benutzen, aber am Anfang brauchen Sie die Anleitung durch einen ausgebildeten Lehrer.
- Lassen Sie Ihren DHEA-Spiegel bestimmen, oder wenn Sie das empirische Vorgehen bevorzugen, beginnen sie mit der DHEA-Einnahme nach folgendem Schema:

Frauen

35–40 Jahre: Fangen Sie mit 5 mg täglich an, und beobachten Sie einige Wochen lang, wie Sie sich fühlen. Wenn Sie wollen, steigern Sie nach zwei Wochen auf 10 mg. Beachten Sie die in Kapitel 5 genannten Vorsichtsmaßnahmen.

40–50 Jahre: anfangs 10 mg, wenn gewünscht, nach zwei Wochen 20 mg.

50–60 Jahre: anfangs 20 mg, wenn gewünscht, nach zwei Wochen 25 mg.

Über 60 Jahre: anfangs 25 mg, wenn gewünscht, nach zwei Wochen 50 mg.

Männer

35–40 Jahre: Fangen Sie mit 10 mg täglich an, und beobachten Sie einige Wochen lang, wie Sie sich fühlen. Wenn Sie wollen, steigern Sie nach zwei Wochen auf 20 mg.

40–50 Jahre: anfangs 25 mg, wenn gewünscht, nach zwei Wochen 30 mg.

50–60 Jahre: anfangs 30 mg, wenn gewünscht, nach zwei Wochen 50 mg.

Über 60 Jahre: anfangs 50 mg, wenn gewünscht, nach zwei Wochen 75 mg.

ZU GUTER LETZT:
DHEA gestern, heute und morgen

Gestern

Schlafen Sie im Freien auf dem Erdboden? Ich auch nicht. Die meisten Männer und Frauen übernachten schon seit Jahrtausenden nicht mehr in der Natur, und doch produziert unser Organismus auch heute noch das Ohrenschmalz, das verhindern soll, daß uns Insekten in die Ohren kriechen, während wir im Schlummer liegen. Das ist nur eines von vielen Beispielen, wie unser Körper für die Erfordernisse früherer Zeiten konstruiert ist. Unsere DNA hat sich seit über 20000 Jahren nicht verändert, und damals war das Ohrenschmalz wirklich wichtig. Heute ist es eher unangenehm.

Es war davon die Rede, was dieser Zeitsprung mit Diät und Ernährung zu tun hat – die Verdauungsorgane des Menschen sind für das Jagen und Sammeln konstruiert, und die Probleme entstehen, weil wir heute bei Gelegenheiten, die wir Mahlzeiten nennen, riesige Nahrungsmengen vertilgen. Das einzige, wonach die meisten Menschen heute jagen, ist die Fernbedienung des Fernsehers.

Wir sind dazu konstruiert, ständig unsere sämtlichen Möglichkeiten der Bewegung und körperlichen Anstrengung auszuschöpfen, aber heute führen wir meist nur begrenzte, sich dauernd wiederholende Bewegungen aus, und die Folge sind Gelenkschäden oder das Karpaltunnelsyndrom.

Das alles ist leicht zu erkennen, aber ebenso wirklich und wichtig sind die inneren Konflikte zwischen unseren Genen und unserem Verhalten. Je mehr wir den Einklang mit diesen genetischen Gegebenheiten wiederherstellen können, desto besser funktionieren Körper und Geist. Und der grundlegende Befehl unserer DNA ist das Überleben des Geeignetsten. Er hat uns weit gebracht – die Evolution belohnt Eigenschaften und Fähigkeiten, die dem Überleben dienen. Und damit meine ich nicht nur körperliche Fähigkeiten, sondern auch geistige und emotionale.

Deshalb ist es auch nicht verwunderlich, daß Hundertjährige vor allem eines gemeinsam haben: Sie sind *aktiv* geblieben. Indem sie körperlich in Bewegung bleiben, schicken sie jugendliche Botschaften an ihr Gehirn, und das Gehirn hält sie weiter am Leben. Das Gehirn *weiß nicht*, daß sie hundert Jahre alt sind.

Alterung ist nicht nur ein körperlicher Vorgang. Bei älteren Menschen, die Kreuzworträtsel lösen, zeigt das Gehirn weniger Verfallserscheinungen als bei denen, die nur vor dem Fernseher sitzen. Man behält nur das, was man benutzt, und Kreuzworträtsel (aber auch eine Fülle anderer Tätigkeiten, die den Geist beanspruchen) sorgen dafür, daß die Nervenzellen weiterhin Impulse abgeben.

Die Alterung hat auch eine gefühlsmäßige Seite. Es war davon die Rede, wie man unter Belastungen entweder zusammenbricht oder mit ihnen fertig wird, und wer sie bewältigt, erfreut sich nicht nur einer besseren Gesundheit, sondern auch eines längeren Lebens. Aber es geht nicht nur um die Bewältigung von Herausforderungen. Mittlerweile wissen wir, daß Gefühle von Freude, Liebe und Leidenschaft gewaltige positive Auswirkungen auf die Immunabwehr haben. Diese Erkenntnis kann man philosophisch, religiös oder spirituell deuten, aber sie hat auch ganz einfach mit Evolution zu tun. Füreinander zu sorgen ist nützlich für die Arterhaltung. Gemeinschaft fördert die Immunität.

Solche Gefühle sind auch mit einem niedrigeren Blutdruck, verbessertem Schlaf und verstärkter Gehirnaktivität verbunden. Wenn man sich freut, entfaltet das Gehirn sogar ein wesentlich breiteres Spektrum von Aktivitäten als bei allen Gefühlen von Ärger oder Angst. Wir Menschen wollen uns gerne wohl fühlen, und die Wirkungen dieser angenehmen Gefühle machen sich überall im Hormon-, Immun-, Herz-Kreislauf- und Nervensystem bemerkbar.

Letztlich überschneiden und ergänzen sich natürlich alle drei Bereiche. So sorgt zum Beispiel die unentbehrliche Eigenschaft des Selbstwertgefühls dafür, daß eine «rein» körperliche Leistung (der Sieg bei einem Wettrennen, das Abnehmen oder das Reparieren des Daches) mit den geistig-seelischen Empfindungen von Stolz und Frieden verbunden ist.

Noch faszinierender ist das wachsende Bewußtsein, welch große Rolle die Hormone für unsere Erfahrungswelt spielen. Diese biochemischen Substanzen verbinden uns mit unserer Vergangenheit, denn sie sind die Vermittler, durch die sich der Wandel vollzogen hat. Sie haben uns Kraft und Ausdauer verliehen, so daß wir unter unglaublich widrigen Umständen überleben konnten. Aber in gewisser Hinsicht sind die Belastungen des 20. Jahrhunderts noch schlimmer, einfach weil sie ganz *anders* sind und weil Körper und Geist nicht annähernd genug Zeit hatten, sich darauf einzustellen.

Über eine Million Jahre lang war unsere Ernährung im wesentlichen die gleiche: vorwiegend pflanzliche Nahrung, ergänzt durch recht viel Protein, das wir uns durch Jagen und Fischen verschafften. Das Spektrum der stärkehaltigen (süßen) Kohlenhydrate beschränkte sich auf Wurzeln, Knollen und die Gräser, aus denen viel später der Weizen und die anderen Getreidesorten hervorgingen.

Heute kann man sich im Supermarkt eine Literflasche Limonade und ein paar Schokoriegel kaufen; damit führt man unserem steinzeitlichen Körper mehr Kohlenhydrate zu, als unsere Vorfahren in zwei Wochen konsumierten. Die Vorstellung, man könne so etwas ständig ungestraft tun, ist der Gipfel der Dummheit. Und tatsächlich geben die Hormone bei solchen Angriffen auf den Stoffwechsel eine deutliche, schädliche Antwort.

Die hormonelle Reaktion des Flüchtens oder Kämpfens verlieh uns früher übermenschliche Kräfte, mit denen wir uns in bedrängter Lage befreien konnten, aber die heutigen Probleme haben weder Zähne noch Klauen. Wir brauchen weder einen Adrenalinstoß noch einen Hormon- und Nervenschock, um mit einer Laufmasche in der Strumpfhose, einem nörgelnden Chef, einem Hypothekendarlehen, einem undichten Dach oder dem Hundehäufchen auf dem Teppich fertig zu werden.

DHEA: der wichtigste Prüfstein der Natur

In der Jugend strömt DHEA durch unseren Körper, um sich dann in die Geschlechtshormone Testosteron und Östrogen zu verwandeln. Aber wenn wir das fortpflanzungsfähige Alter hinter uns haben (wenn also unser Zweck, das Überleben der Art zu sichern, erfüllt ist), sinkt der DHEA-Spiegel stetig ab, und um das 75. Lebensjahr nähert er sich einem tödlich niedrigen Wert. Ohne einen ausreichenden DHEA-Spiegel kommt es im Immun- und Herz-Kreislauf-System sowie im Gehirn zu Funktionsstörungen. Die Geweberegeneration hört auf, und bald darauf folgt der Tod.

Mit unserem heutigen Wissen und unseren technischen Möglichkeiten können wir daran endlich etwas ändern. Wenn wir den DHEA-Spiegel auf dem jugendlichen Spitzenwert halten, entschärfen wir die Zeitbombe aus unserer Evolution. Das nach Jahren gemessene Alter verliert an Bedeutung, weil wir dem Gehirn mitteilen: «Dieser Körper ist gesund und sexuell lebendig. Halte Versorgung und Regeneration auf Spitzenniveau.» Mit dieser tiefgreifenden Umstellung der Alterungsuhr können wir uns eines gesunden, kreativen und krankheitsfreien Lebens erfreuen, und das vielleicht 120 oder 150 Jahre lang.

Heute

Jede Facette des DHEA-Programms ist unentbehrlich, aber seine Grundlage ist die Streßbewältigung. Viele Menschen sehen in Streßbewältigung jedoch keinen grundlegenden, unentbehrlichen Bestandteil eines gesunden, erfolgreichen Lebens, sondern nur das Sahnehäubchen auf dem Kuchen. Ich spreche ständig mit Leuten, die so mit ihrem gesunden Leben beschäftigt sind (durch richtige Ernährung und regelmäßige körperliche Betätigung), daß ihnen keine Zeit zum Entspannen bleibt. Sie fragen mich, ob ich etwas kenne, das ihnen helfen könne. «O ja», antworte ich dann, «machen Sie Yoga und Meditation. Oder melden Sie sich im Urlaub freiwillig zum Wiederaufbau eines mittelamerikanischen Dorfes, das bei einem Erdbeben zerstört wurde.»

DHEA wird als Streßtöter angepriesen, aber damit zäumt man das Pferd von hinten auf. Machen Sie es umgekehrt. Lernen Sie, den Streß in eine positive Kraft zu verwandeln, die motivierend und anregend wirkt. Auf diese Weise wird Ihr natürlicher DHEA-Spiegel ansteigen, manchmal sogar höher, als Sie es mit einer Pille erreichen könnten. Vergessen Sie nicht, daß Sie DHEA einnehmen können, aber wenn Ihre Nebennieren Cortisol ausschütten (durch den Streß) und wenn Ihre Bauchspeicheldrüse viel Insulin produziert (weil Sie zuviel Kohlenhydrate zu sich nehmen), bewirkt das DHEA nicht viel. Es ist, als wollte man einen durchlöcherten Eimer mit Wasser füllen. Verstopfen Sie besser zuerst die Löcher.

Eine Perspektive entwickeln

Ein weiteres wichtiges Hilfsmittel ist die Perspektive. Eines Abends kam ich nach Hause und sagte zu meiner Frau: «O Gott, war das ein schrecklicher Tag!» Darauf erwiderte sie aus voller Überzeugung: «Nein, mein Guter, deine Frau liebt dich, und deine Kinder sind gesund. Es war ein großartiger Tag. Diese Menschen hier [und damit zeigte sie auf einen Zeitungsartikel über den Krieg in Bosnien] hatten einen schrecklichen Tag.» Oft gehen uns die Maßstäbe verloren, weil wir das große Bild nicht sehen. Alle in Kapitel 4 beschriebenen Methoden und Programme zur Streßbewältigung haben eines gemeinsam: Sie helfen uns, den Kontakt zu unseren Grundbedürfnissen herzustellen, zu den Dingen, die wirklich wichtig sind.

Morgen

Die Menschen haben unglaublich vielfältige Interessen, aber irgendwann werden wir alle zu Altersforschern. Ob wir es wollen oder nicht: Uns allen ist gemeinsam, daß wir älter werden. Das Gute ist aber, daß unsere Einstellungen zum Altern sich wandeln. Faith Popcorn, eine meiner Lieblingskommentatorinnen, nennt es «Herunterstufen» und stellt dazu fest: «40 ist heute, was früher 30 war, 50 ist wie 40 geworden, und 65 ist der Beginn des zweiten Lebensabschnitts.» Wenn sie etwas über DHEA erfährt, wird sie diese Zahlen vielleicht nach oben korrigieren.

Aber es gibt in diesem Bild auch große Fragezeichen. Die ersten Angehörigen der Nachkriegsgeneration feierten 1996 den 50. Geburtstag. In kurzen 20 Jahren werden sie 70 sein, und die Zahl der älteren Menschen wird mit beispielloser Geschwindigkeit wachsen. Wer die medizinische Versorgung dieser riesigen Bevölkerungsgruppe bezahlen soll, weiß niemand. Schon heute verursachen die über 65jährigen einen großen Anteil aller Gesundheitskosten. Noch aufschlußreicher ist aber, daß beispielsweise in den USA nur neun Prozent der älteren Menschen 70 Prozent dieser Kosten verursachen. Mit anderen Worten: Selbst wenn es gelingt, die Sterblichkeit in dieser Gruppe insgesamt zu vermindern, bleiben astronomische Ausgaben.

Nun könnte man einfach mehr Pflegeheime, Krankenhausbetten und Medikamente anbieten, aber wer soll das bezahlen? Besser wäre es, wenn man Wege fände, die Menschen auch im hohen Alter gesund zu erhalten. Und allmählich geschieht das auch. In den USA ist das National Institute of Aging nach einigen Fehlstarts mittlerweile an der Arbeit, und dort betreibt man mit einem Etat von fast einer halben Milliarde Dollar ein breites Spektrum von Forschungen. Weitere wichtige Arbeiten laufen am National Cancer Institute und anderen Einrichtungen.

Was vorbeugende Maßnahmen angeht, die man schon heute in Angriff nehmen kann, faßt dieses Buch nach meiner Überzeugung die besten verfügbaren Möglichkeiten zusammen. Im Kapitel 6 war vom Nutzen der bioenergetischen Nährstoffe und der Bindegewebsunterstützung die Rede. Ich hoffe, Sie haben beim Lesen darüber nachgedacht, wie Sie mit diesen Substanzen, die im Handel zu haben sind, Ihren Eltern und Großeltern helfen können. Wie gesagt: Aktivität ist der Schlüssel zur Gesundheit, und diese Nährstoffe liefern die Energie, Kraft und Schmerzlinderung, die ältere Menschen brauchen, um aktiv zu bleiben.

Und dann gibt es natürlich noch DHEA. Bei älteren Männern und Frauen, denen man täglich 50 mg des Hormons als Nahrungsergänzung gab, hat man vielversprechende Ergebnisse erzielt. Außerdem führte Verhaltenstherapie, mit der man Einsamkeitsgefühle verminderte, zu einem deutlichen Anstieg des DHEA-Spiegels, *ohne daß man es einnehmen mußte*. Die besten Erfolge erzielt man wahrscheinlich mit einer Kombination beider Verfahren. Ich möchte es noch einmal betonen: Es ist unbedingt notwendig, einen Arzt zu befragen. Viele ältere Menschen nehmen mehrere Medikamente oder unterliegen gesundheitlichen Beschränkungen, die der Arzt beurteilen muß, bevor er einen wirksamen, ungefährlichen Plan für die DHEA-Einnahme aufstellen kann.

Aber die Mühe lohnt sich. Wie ich bereits erläutert habe, steigert DHEA im Organismus die Produktion des Wachstumsfaktors IGF-1, einer der wichtigsten körpereigenen Substanzen für Reparatur und Regeneration. DHEA verbessert die Glucosetoleranz und trägt zum Aufbau von Muskelmasse bei. Es wirkt dem altersbedingten Verfall des Gehirns entgegen und kann in Verbindung mit einem Programm zur Streßbewältigung die Lebensqualität aller über Vierzigjährigen erheblich verbessern.

Wenn wir älter werden, wächst unter anderem unsere Empfindlichkeit gegenüber den verschiedensten Krankheitserregern. Zu einem großen Teil ist das auf eine Verminderung der Abwehrkräfte zurückzuführen, aber die Gleichung hat auch eine andere Seite. Als *Bandbreite der Gesundheit* bezeichne ich den Abstand zwischen den gesamten Fähigkeiten unserer Immunabwehr und der Summe ihrer Belastungen. Wie gesagt: Zur Belastung der Immunabwehr tragen nicht nur Bakterien und Viren bei, sondern auch seelischer und emotionaler Streß, Stoffwechselungleichgewichte, falsche Ernährung und «schwelende Infektionen», beispielsweise am Zahnfleisch.

Das DHEA-Programm nützt Menschen aller Altersgruppen, aber insbesondere eignet es sich für alle über Vierzigjährigen. Wenn Sie den Richtlinien in diesem Buch folgen, erreichen Sie zweierlei: Sie vermindern die Belastung des Immunsystems und steigern gleichzeitig seine Fähigkeiten.

Biologisches und kalendarisches Alter

Wären Sie nicht gern zwanzig Jahre jünger? Es ist möglich. Ich bin schon seit langem überzeugt, daß es unsinnig ist, das Alter in Jahren zu messen. Lieber achte ich auf biologische Kennzeichen des Alterns, so auf den Zustand von Herz und Kreislauf, die Reaktionszeit, die Dicke der Haut, die Stärke der Immunabwehr, die Organfunktion, Atmungseffizienz, Muskelkraft, Glucosetoleranz und Blutdruck. Aus solchen Anzeichen kann man ein *biologisches*, funktionsorientiertes Alter ablesen.

Interessant ist dabei vor allem, daß man das Alter auf diese

Weise nicht nur genauer bestimmen, sondern auch *verändern* kann. Wieder einmal machen wir das kalendarische Alter uninteressant, indem wir erkennen, daß die Entscheidung bei uns liegt. Wir können uns für eine vielseitige, natürliche Ernährung entscheiden. Wir können uns entscheiden, uns regelmäßig körperlich zu betätigen und diese Betätigung zum Krafttraining auszuweiten. Wir können unsere Nährstoffaufnahme mit Nahrungsergänzungen verbessern und die Uhr bei einer Reihe biologischer Kennzeichen zurückdrehen. Wir können uns entscheiden, nicht zu rauchen, und wir können uns bemühen, unsere Aufmerksamkeit auf die Grundbedürfnisse zu konzentrieren.

Und das Schöne an allen diesen Entscheidungen ist, daß sie sich auch positiv auf unsere Umgebung auswirken – nicht nur auf unsere Angehörigen, die von unserer Vitalität, Gesundheit und Unterstützung profitieren, sondern auch auf die Gesellschaft als Ganzes. Wenn sich diese Erkenntnis durchsetzt, wird daraus nach meiner Überzeugung eine Renaissance der Gesundheit erwachsen. Man wird das Alter weniger fürchten und es statt dessen wegen seiner Weisheit, Kraft und Erfüllung zu schätzen wissen.

Glossar

Acetylcholin in Gehirn und Nervensystem gebildete chemische Substanz, die der Übertragung von Nervenimpulsen dient.

ACTH (adrenocorticotropes Hormon, auch Corticotropin oder Adrenocorticotropin genannt); Hypophysenhormon, das auf die Nebennieren wirkt: Es regt das Wachstum dieser Drüsen an und veranlaßt sie zur Produktion von Steroiden wie Adrenalin, Cortison, DHEA und anderen Corticosteroiden. Seine Produktion verstärkt sich bei Streß.

Adaptogen Substanz, die zum «Abfedern» der Streßreaktion beiträgt, so daß der Organismus widerstandsfähiger gegen Anspannung, Ängste und körperliche Belastungen wird.

Adrenalin Hormon, das vor allem in den Nebennieren gebildet wird, in geringerer Menge aber auch in Gehirn und Nervensystem. Adrenalin ist das wichtigste Streßhormon: Es beschleunigt Herzschlag und Atmung und wirkt in vielfältiger Weise auf Blutgefäße, Muskeln und Gehirn.

aerob Eigenschaft von Lebewesen und Stoffwechselvorgängen, die Sauerstoff benötigen.

Aldosteron Steroidhormon, das den Wasser- und Elektrolythaushalt steuert.

Allergen richtiger: Antigen; Substanz, die eine allergische Reaktion auslöst.

Alzheimer-Krankheit Verfallskrankheit, in deren Verlauf die Nervenzellen im Gehirn ihre Funktion einbüßen. Typische Symptome sind Vergeßlichkeit, Gedächtnisverlust, Orientierungslosigkeit, Verlust der Sprachkoordination, Ängste, Stimmungsschwankungen und geistige Verwirrung.

Androgene Hormone wie Testosteron, DHEA, DHEAS und Adrostendion, die männliche Eigenschaften verstärken. Androgene entstehen auch im weiblichen Organismus, stehen dort allerdings im Schatten der Östrogene.

Antigen Substanz, die eine Immunreaktion mit der Bildung von Antikörpern auslöst. Häufige Antigene sind unter anderem Bakterien, Viren, Blütenpollen, Staub, Schimmelpilze und unvollständig verdaute Lebensmittel.

Antikörper Proteine, die vom Immunsystem gebildet werden, wenn Fremdsubstanzen (Antigene) wie Viren oder Bakterien in den Organismus eindringen.

Antioxidans Substanz, die den Organismus vor den schädlichen freien Radikalen schützt. Diese Wirkung entfalten die einzelnen Antioxidantien auf unterschiedliche Weise. Manche verhindern, daß freie Radikale entstehen, andere neutralisieren die vorhandenen freien Radikale, und wieder andere verstärken die Fähigkeit des Organismus, die von freien Radikalen angerichteten Schäden zu reparieren. Die bekanntesten Antioxidantien sind die Vitamine C und E, Beta-Carotin, Coenzym Q10 und der Mineralstoff Selen.

Autoimmunreaktion Angriff des Immunsystems auf normales, körpereigenes Gewebe. Die Folge sind Krankheiten wie rheumatoide Arthritis, Lupus erythematodes oder Multiple Sklerose.

bioenergetische Nährstoffe Gruppe lebenswichtiger Nährstoffe, die bei der Energieproduktion des Organismus mitwirken, wie Coenzym Q, Alpha-Ketoglutarsäure, die Vitamine des B-Komplexes (insbesondere B_6), Asparaginsäure, Kreatin und der Mineralstoff Chrom.

Biofeedback Methode der Streßbewältigung, bei der ein elektronisches Gerät winzige Veränderungen der Anspannung in Körper und/oder Gehirn mißt. Durch optische oder akustische Rückkopplung («Feedback») erfährt der Geist, welche Denkmuster Streß und Entspannung erzeugen; auf diese Weise lernt die betroffene Person, Streßauslöser unschädlich zu machen, bevor sie die Nebennieren und das Herz-Kreislauf-System beeinflussen können. Der Lernprozeß spielt sich sowohl auf bewußten als auch auf unbewußten Wahrnehmungsebenen ab.

Bor Spurenelement, das für die Gesunderhaltung von Knochen und Bindegewebe gebraucht wird. Auch an der Synthese mancher Hormone (zum Beispiel Testosteron und Östrogen) ist Bor beteiligt.

Cholesterin fettartige Steroid-Alkoholverbindung, die in der Leber gebildet oder mit der Nahrung aufgenommen wird. Dient zur Herstellung der Galle und als Ausgangssubstanz für die körpereigene Produktion der Steroidhormone.

Cholin Vitamin aus dem B-Komplex, das in Fleisch und Gemüse vorkommt. Wird auch synthetisch hergestellt. Das Cholin trägt dazu bei, daß kein Fett in der Leber abgelagert wird, und eine besondere Form, das Acetylcholin, ist unentbehrlich für die Nervenfunktion.

Chondroitinsulfat ein primäres Mucopolysaccharid; wichtiger Bestandteil von Knorpel, Sehnen und Bändern (siehe *Mucopolysaccharide*).

Chrom lebenswichtiges Spurenelement, das im Zuckerstoffwechsel als Cofaktor des Insulins wirkt.

Coenzym Q Sammelbezeichnung für die Ubichinone, eine Gruppe biochemischer Substanzen, die wie Vitamine als Coenzyme wirken, sich aber auch wie Enzyme verhalten und in ihrer chemischen Struktur den Fetten ähneln. Dem Namen wird je nach der Molekülstruktur eine Zahl zwischen 6 und 10 hinzugefügt. Das häufigste Ubichinon im menschlichen Organismus trägt die Bezeichnung Coenzym Q10 (CoQ10).

Corticosteroide Steroidverbindungen (einschließlich der Glucocorticoide), die in der Nebennierenrinde gebildet werden.

Cortisol Glucocorticoid der Nebennierenrinde; als pharmazeutischer Wirkstoff Hydrocortison genannt.

Diosgenin Substanz, die meist aus der mexikanischen wilden Yamswurzel gewonnen wird. Im Labor kann man aus dem Diosgenin eine Reihe von Steroiden herstellen, unter anderem Pregnenolon (den Vorläufer von DHEA) und Progesteron. Es wurde behauptet, auch Diosgenin selbst könne den DHEA-Spiegel im Blut ansteigen lassen, aber in Wirklichkeit kann der Organismus diese Umwandlung nicht vollziehen. Möglicherweise hat Diosgenin aber andere nützliche Auswirkungen auf die Gesundheit.

endogen zu einer Zelle oder zum Organismus gehörig; Gegenteil von *exogen*.

endokrine Drüsen Drüsen, die Hormone und andere Botensubstanzen ins Blut ausschütten: Nebennieren, Zirbeldrüse, Hypothalamus, Thymusdrüse, Hypophyse, Bauchspeicheldrüse, Hoden, Eierstöcke und Schilddrüse.

Epidemiologie Forschungsgebiet, das sich mit der Verteilung von Krankheiten bei bestimmten Bevölkerungsgruppen befaßt.

exogen Eigenschaft einer Substanz, die dem Organismus von außen zugeführt wird; Gegenteil von *endogen*.

fettlösliche Vitamine die Vitamine A, D, E und K, die sich nicht in Wasser lösen, sondern zusammen mit Fettmolekülen resorbiert, transportiert und gespeichert werden. Im Gegensatz zu wasserlöslichen Vitaminen werden die fettlöslichen Substanzen in recht großen Mengen im Organismus gespeichert, insbesondere in Leber und Fettgewebe.

Fettsäuren organische Säuren mit gestreckter Molekülkette, Bestandteil der Fette. Man unterscheidet gesättigte Fettsäuren (ohne Doppelbindungen im Molekül) sowie einfach und mehrfach ungesättigte Fettsäuren (mit einer oder mehreren Doppelbindungen). Als essentiell bezeichnet man Fettsäuren, die der Organismus nicht selbst herstellen kann, so daß sie mit der Nahrung aufgenommen werden müssen. In diese Gruppe gehören Linolensäure sowie vielleicht Gamma-Linolensäure und Arachidonsäure.

freies Radikal instabiles, gefährliches Molekülbruchstück mit einem ungepaarten Elektron. Freie Radikale sind höchst reaktionsfreudige Verbindungen, die im normalen Stoffwechsel entstehen und für die Immunabwehr nützlich sind. Die Reaktionen der freien Radikalen müssen aber von anderen Substanzen und Enzymen, den Antioxidantien, sorgfältig unter Kontrolle gehalten werden. Freie Radikale entstehen aber auch durch Strahlung, Umweltgifte und den Fettabbau; ihre Menge kann dann so stark zunehmen, daß die körpereigenen Kontrollmechanismen nicht mehr ausreichen, und dann können sie im umgebenden Gewebe Schäden anrichten. Solche von freien Radikalen verursachten Schäden tragen wahrscheinlich zu zahlreichen Krankheiten bei, unter anderem zu Herzleiden und Krebs.

GABA Gamma-Aminobuttersäure; im Gehirn gebildete biochemische Substanz, die Neurotransmitter hemmt.

Ginseng Zu Tabletten und Tinkturen verarbeitete Arzneipflanze, die nachgewiesenermaßen die zelleigene Energieproduktion fördert, ohne aber als Anregungsmittel zu gelten. Der sibirische Ginseng (Eleutherococcus) wirkt vor allem als Adaptogen, d. h., er unterstützt die Streßbewältigung. In der asiatischen Medizin werden Ginsengwurzeln schon seit Jahrhunderten verwendet.

Glucocorticoide Hormone, die den Kohlenhydratstoffwechsel beeinflussen: Sie fördern in der Leber die Neubildung von Glycogen (Gluconeogenese) und lassen den Blutzuckerspiegel steigen. Auch auf den Fett- und Proteinstoffwechsel wirken sich die Glucocorticoide aus; sie steigern die Muskelspannung, tragen zur Aufrechterhaltung des Blutdrucks in den Arterien bei, hemmen das Entzündungs- und Allergiegeschehen, vermindern die Zahl der Immunzellen im Blut, lassen das lymphatische Gewebe einschrumpfen und verstärken viele Funktionen des Zentralnervensystems.

Gonaden die Keimdrüsen: Hoden und Eierstöcke.

Hilfssubstanz Substanz, die Medikamenten zugesetzt wird, obwohl sie selbst keine pharmazeutische Wirkung hat. Manche Hilfssubstanzen (zum Beispiel Cellulose-Mikrokristalle) sorgen dafür, daß Tabletten im Darm leichter zerfallen. Andere erleichtern die Herstellung, beispielsweise wenn sie den Inhaltsstoffen eine bessere Haftung verleihen, so daß die Tabletten bei der Herstellung nicht an der Presse hängenbleiben.

Hormon Substanz, welche die Funktion bestimmter Gewebe oder Organe reguliert.

Hypophyse Hormondrüse an der Unterseite des Gehirns, die zahlreiche Hormone zur Steuerung wichtiger Körpervorgänge speichert und ausschüttet.

Hypothalamus Teil des Gehirns, der u. a. Vasopressin, Oxytocin und andere Hormone bildet, welche ihrerseits auf die Hypophyse wirken. Der Hypothalamus ist an der Steuerung der Stimmungslage, des Appetits und verschiedener Funktionen der Hormone und des autonomen Nervensystems beteiligt.

In vivo im lebenden Organismus.

Insulin von der Bauchspeicheldrüse gebildetes Hormon, das den Blutzuckerspiegel steuert.

Interferon Substanz aus der Familie der Cytokine; ein Glycoprotein, das Viren abtötet, indem es sie an der RNA- und Proteinsynthese hindert. Es gibt die Typen Alpha-, Beta- und Gamma-Interferon. Alle Tierzellen können Interferone bilden.

Interleukine Gruppe von Cytokinen, die das Immunsystem als Reaktion auf Antigene oder Mitogene bildet. Manche Interleukine werden in der Krebsbehandlung verwendet.

Katabolismus der Teil des Stoffwechsels, durch den aus dem Abbau von Molekülen Energie gewonnen wird.

Katalysator Substanz, welche eine chemische Reaktion beschleunigt, ohne sich selbst dabei zu verändern. Enzyme sind Katalysatoren, aber nicht alle Katalysatoren sind Enzyme.

Libido sexuelles Verlangen.

Lipide Gruppe chemischer Substanzen, zu der u. a. Fette und Öle gehören.

Lymphocyten Gruppe weißer Blutzellen, die außer im Blut auch in Lymphe und Lymphgewebe vorkommen. Die Lymphocyten gehören zum Immunsystem: Sie wachsen, differenzieren sich und werden aktiviert, wenn sie mit einem Antigen in Berührung kommen.

Makrophagen große Zellen des Immunsystems, die als Monocyten im Knochenmark entstehen. In der Regel können Makrophagen sich erst dann bewegen, wenn sie durch eine Entzündung aktiviert werden; dann umschließen sie Krankheitserreger und andere Fremdkörper. Zu ihrer Abwehrfunktion gehört auch, daß sie bestimmte Enzyme produzieren.

Mikroorganismen mikroskopisch kleine Lebewesen, zum Beispiel Bakterien und Viren. Auch «Keime» genannt.

Molekül Gruppe von Atomen, die durch chemische Bindungen zusammengehalten werden. Ein Molekül ist die kleinste Einheit, die noch die charakteristischen Eigenschaften der betreffenden chemischen Verbindung besitzt.

Monocyten Immunzellen, die im Knochenmark gebildet werden und etwa 24 Stunden lang im Blut bleiben; danach wandern die Monocyten ins Gewebe und entwickeln sich zu Makrophagen weiter.

Mucopolysaccharide Gruppe von Polysacchariden (Zuckerverbindungen), die in Verbindung mit Wasser einen wesentlichen Bestandteil von Schleim und Bindegewebe bilden.

natürliche Killerzellen (NK-Zellen); spezialisierte Immunzellen, die insbesondere gegen Krebszellen und Viren kämpfen.

Nebennieren Hormondrüsen, die oben auf den Nieren liegen.

Neuron Nervenzelle.

Neurotransmitter Substanz, die am Axonende eines Neurons ausgeschüttet wird und ein anderes Neuron anregt. Auf diese Weise werden Nachrichten im Organismus weitervermittelt. Neurotransmitter sind zum Beispiel Acetylcholin und Noradrenalin.

Noradrenalin ein Neurotransmitter und Neurohormon; zieht die Blutgefäße zusammen, läßt den Blutdruck steigen und beschleunigt den Herzschlag.

Östrogene Hormone wie Östron, Östradiol und Östriol, die weibliche Eigenschaften verstärken. Auch der männliche Organismus produziert Östrogene, aber sie stehen hier im Schatten der Androgene.

Peroxisomen Körperchen im Zellinneren (insbesondere in Nieren- und Leberzellen), die Enzyme wie Aminosäureoxidase, Katalase und Harnstoffoxidase enthalten. Dienen dem Abbau von Oxidationsprodukten im Gewebe.

Phagocyt Zelle, die Mikroorganismen und andere Fremdkörper in sich aufnehmen kann (der Vorgang heißt Phagocytose).

Pheromone hormonähnliche Substanzen, die von vielen Tieren und auch vom Menschen ausgeschieden werden und bei anderen Angehörigen derselben Spezies sexuelle Reaktionen oder Verhaltensänderungen auslösen.

Placebo unwirksame Substanz, beispielsweise Maisstärke, Zucker oder destilliertes Wasser, die als angebliches Medikament verabreicht wird. Placebos können sich negativ, positiv oder überhaupt nicht auswirken. In der klinischen Erprobung von Arzneimitteln verabreicht man sie häufig der Kontrollgruppe, um echte physiologische Wirkungen von «Placeboeffekten» zu unterscheiden, die durch die Erwartungshaltung der Versuchspersonen entstehen.

Stoffwechsel die Gesamtheit der chemischen Vorgänge, durch die lebendes Gewebe aufgebaut und erhalten wird, einschließlich der Energieerzeugung durch den Abbau von Molekülen. Der Stoffwechsel gliedert sich in den Anabolismus (Aufbau von Molekülen) und den Katabolismus (Molekülabbau und Energiegewinnung).

Zellmembran die Umhüllung der Zellen; besteht vorwiegend aus Fettsubstanzen.

Zwölffingerdarm der obere, etwa 30 Zentimeter lange Abschnitt des Dünndarms zwischen Magen und Leerdarm. Im Zwölffingerdarm spielt sich ein großer Teil der Verdauung ab, und fast alle Nährstoffe werden hier resorbiert.

Bezugsquellen

Das Hormon DHEA ist in Deutschland und vielen europäischen Ländern verschreibungspflichtig. Jeder Arzt kann DHEA verschreiben, und internationale Apotheken werden DHEA, wenn sie es nicht vorrätig halten, rasch beschaffen.

In den USA ist DHEA in Health Food Stores und Vitamin Shops frei käuflich und sehr preiswert. Wenn Sie keine Möglichkeit haben, sich von Freunden oder Verwandten DHEA aus Amerika schicken oder mitbringen zu lassen, können Sie das Produkt per Internet bei zahlreichen Versandhandelsfirmen bestellen.

Internetadressen (Auswahl)

New Way International, Inc.
Fax 001-301-881-2921
http://www.dhea.com

Price's Power International
Fax 001-757-874-261
http://www.prices-power.com

http://www.biosynergy.com
http://www.healthport.com
http://www.nutracell.com
http://www.nticorp.com
http://www.reach4life.com

Versandhandel

Wer keinen Internetzugang hat, kann bei der OMC International, Inc. gebührenfrei telefonisch bestellen und erhält das Produkt gegen Rechnung geliefert.